中国社会科学院老年学者文库

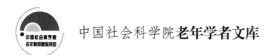 中国社会科学院老年学者文库

中国社科院图书馆
民族学分馆
馆藏西文涉藏书目提要

魏　忠/著

 社会科学文献出版社

SOCIAL SCIENCES ACADEMIC PRESS (CHINA)

前　言

　　目前藏学研究在国内外都属于热点问题，受到高度重视，尤其它还直接关系到我们的国家统一、社会安定和民族团结，意义十分重大。清前期以来西方国家就对西藏有了接触、探索，后来的帝国主义还进行了颠覆和侵略，一些传教士、商人、探险家、学者以至间谍、军人都纷至沓来，他们留下了大量的文献记载，既有政治的、军事的，也有关于历史、地理、文化、宗教、艺术、语言文字等内容的。以此为基础，在西方先后形成了几个藏学研究中心，如匈牙利、法国、意大利，还有后来的英、美等国。他们在藏学研究方面起步较早，多年来做了大量工作，其中确有不足、错误甚至荒谬反动的东西，但也取得了不少成果，他们留下的文献，也可填补某些资料的不足。我们了解这些文献的大致内容，知道他们说了些什么，可以较为全面地分析问题，少走弯路，掌握研究的主动权。本书主要是将中国社会科学院图书馆民族学分馆所藏的西文书（包括英、法、德、意、匈、罗等文种）中涉及西藏和藏族情况的书整理编目，写出内容提要，方便研究人员使用。这些书的年代跨度从1756～2007年，历经清朝、民国、西藏和平解放、平叛到当代，共做条目763条，涉及图书近千册，可以说对多年来民族所馆藏西文涉藏文献进行了较为彻底的清理。每个条目都列有中图分类号、原书的作者、书名、出版社、出版年以及页数等内容，每位作者都尽可能查出其生卒年，然后撰写出内容提要，包括作者和书的基本介绍、背景知识、内容梗概、具体章节等，一次性解决各个文种的问题，如已有中文译本的亦列于其上。全书按《中国图书馆分类法》的办法分类排列，十分方便读者了解、查找和使用，让他们容易知道馆藏概貌，避免逐册翻找之苦。同时也可让研究人员掌握近代以来西方世界对西藏的认识，他们采取的态度和做法，以及西藏与外部世界的联系。

　　本书内容丰富全面，可以说是了解西方与西藏关系的工具书。一些早期与西藏有关系的重要外国人所写著作，一一列于其中。像匈牙利的乔玛；意大利的杜齐、戴伯克;法国的亚历山大莉亚·大卫－妮尔,还有她的义子庸登活佛;英国早期探险家波格尔、涅曼,以及后来的侵略者荣赫鹏、寇松等人的著作都有,形形色色、琳琅满目。还有一些周边国家和地区与西藏文化、宗教、经济相互交流影响的书也酌情收入,以利参照。

本成果形式有三种:数据库(存于中国社会科学院民族学分馆图书目录检索系统中)、光盘和书。文字数量:西文3.9万字,中文14.1万字。

本书目前对研究人员来说,还是比较实用方便的,可以大大提高工作效率。限于作者的水平,内容提要的撰写也会有不足,甚至错误,欢迎广大读者指出,以利于修订。

魏　忠

中国社科院图书馆民族学分馆
馆藏西文涉藏书目提要

（按馆藏分类号排列）

Petech, Luciano.

Aristocracy and government in Tibet, 1728 – 1959... —Roma, Istituto italiano per il Medio ed Estremo Oriente, 1973.

ix, 274 p. 25 cm. — (Rome Oriental series, 45) —《西藏的贵族和政府 1728 – 1959》，沈卫荣，宋黎明译；北京，中国藏学出版社，2008。

Bibliography：p.［250］ – 255. —作者是意大利著名藏学家，专门研究西藏、尼泊尔和拉达克地区的历史和民族关系。写有多种藏学著作，如《18 世纪前期的中原和西藏》《拉达克历史研究》《1728~1959 年西藏的贵族与政府》《旅居西藏、尼泊尔的意大利传教士文献》《1681~1683 年西藏、拉达克及莫卧尔战争》《18 世纪西藏历史注释》等。本书除导言，共 6 章，导言介绍了研究范围、资料来源、历史脉络、西藏政府、贵族与神权政治、贵族头衔的细分等。1. 亚谿家族。2. 第本家族。3. 噶厦中的其他贵族家族。4. 一些与地方军事组织有关的孤扎家族。5. 前姜健统治家族。6. 僧职首相。此外包括名录、职官名称术语、附录、书目和缩写、索引、人名对照表等。—In English.

Stevens, Herbert.

Through deep defiles to Tibetan uplands；the travels of a naturalist from the Irrawaddy to the Yangtse, by Herbert Stevens. —London, H. F. & G. Witherby［1934］

250 p. front. , plates, fold. map, plan. 23 cm. —《经深峡幽谷走进康藏：一个自然科学家经伊洛瓦底江到扬子江的游历》，章汝雯，曹霞译；北京，中国社会科学出版社，2002.9。

本书是英国自然科学家在 20 世纪 20 年代考察中国西南边陲时所写的一部游记。作者详细描述了沿途各地，特别是藏区奇特的自然风光、民风民情、地理概貌、动植物分布等，对我们了解当时的情况具有重要价值。全书 8 章。1. 穿越大分水岭。2. 扬子江大拐弯处。3. 穿越喇嘛之乡。4. 进入终年积雪地区。5. 打箭炉及其周围见闻。6. 在康藏高原。7. 木坪见闻。8. 穿越雅江急流，沿岷江和扬子江顺流而下。

Fergusson，W. N.

Adventure, sport and travel on the Tibetan steppes, by W. N. Fergusson, F. R. G. S. With illustrations from photographs by the author and the late Lieut. Brooke, and two maps. —London, Constable and company, limited, 1911.

xvi, 343, [1] p., incl. illus., plates, ports. front., 2 fold. maps. 25 cm. —《青康藏区的冒险生涯》，张文武译，拉萨，西藏人民出版社，2003.3。

"... Mainly an account of two journeys taken through China and Tibet by the late Lieutenant Brooke, F. R. G. S.... Of [Mr. Brooke diary and photographs]... and my own and Mr. Meares observations... I hope to make something which shall commemorate the real begetter of this volume, and interest the general reader..." —Prefatory. —本书 1911 年在英国伦敦出版，作者是英国皇家地理学会会员，英国内地会成都传教站的传教士。他主要是根据 20 世纪初英国探险家布鲁克的探险日记，描述了布鲁克为弄清当时地理学界尚不清楚的布拉马普特拉河与雅鲁藏布江源流关系，而从青海寻求进入西藏，而最终未能如愿。后又从成都到阿坝、甘孜、康定等藏区的游历，最后在彝族地区被杀的事件。同时还根据与布鲁克同行的米尔斯的笔记，记述了后者的探险经历。另外也叙述了作者本人作为传教士在四川西部和西南部的传教活动和游历。

Tenzin Namdak. Yasuhiko Nagano. Musashi Tachikawa.

Mandalas of the Bon religion: Bon studies 1 / edited by Tenzin Namdak. Yasuhiko Nagano. Musashi Tachikawa. —Osaka: National Museum of Ethnology 2000.

131p. : pictures; 25.5 cm. — (Senri Ethnological Reports; 12) —《苯教的曼荼罗（苯教研究之一）》

List of Titles; List of Texts—本书为大阪日本民族学博物馆出版的馆刊，这一期是系列人类学报告的第 12 期，本册是苯教研究之一，共收集 131 张有关苯教的彩色图案，每张都有题目说明。苯教是西藏本地的原始宗教，约创建于公元前 5 世纪。

ISBN 1340 – 6787

Ekvall，Robert Brainerd，1898 –

Tibetan skylines / Robert B. Ekvall. —New York：Octagon Books，1976，c1952.

240 p.，[8] leaves of plates：ill. ；22 cm. —《西藏的地平线》，刘耀华译，拉萨，西藏人民出版社，1992. 10。

Reprint of the ed. published by Farrar，Straus and Young，New York. —本书作者埃克瓦尔出生于甘肃与青海交界的地方，父母亲都是传教士。他汉藏语皆通，在当地长大，后来在当地的汉、回、藏族群众中传教，1929 年，他曾偕妻儿在藏族聚居的萨姆查地区达仓拉莫居住了 5 年。1935 年移居美国，并在美国芝加哥大学接受人类学培训，在此期间，他写了《甘肃西藏交界地区的文化关系》。1939 年返回拉莫，1941 年再次离开藏区。二战初期，作者在印度支那曾被日本人临时拘留，此后他作为远东事务专家加入美军，为政府提供专门知识服务。1951 年作者写出本书。在书中叙述了自己一家在藏区生活几年中的耳闻目睹，描写了藏族人民的生活、习俗、情感、信仰及纠纷等。作者笔下的藏区是甘青一带的藏区。

ISBN 0374925224：＄13. 00

Ward，Francis Kingdon，1885 –1958.

The mystery rivers of Tibet：a description of the little-known land where Asia's mightiest rivers gallop in harness through the narrow gateway of Tibet，its peoples，fauna，& flora，by Captain F. Kingdon Ward... with many illustrations & 3 maps. —London，Seeley，Service & co. limited，1923.

4 p. l.，11 – 316 p. front.，plates，maps（1 fold. ）23 cm. —《神秘的滇藏河流：横断山脉江河流域的人文与植被》，李金希，尤永弘译；北京，中国社会科学出版社，2002. 9。

本书是 20 世纪初英国植物学家对横断山脉河流及植物考察的游记，向世人介绍了这一地区的水文地理、植物概貌、风土人情、逸闻趣事等，并对那里少数民族的民俗进行了描写。包括藏族、纳西族、怒族、傈僳族等。全书

21 章，并有 20 幅插图。

French，Patrick，1966 –

Younghusband：the last great imperial adventurer / Patrick French. —London：HarperCollins，1994.

xxii，440 p.，［16］p. of plates：ill.，maps；24 cm. —《西藏追踪》，郑明华译，乌鲁木齐，新疆人民出版社，2000.10。

Bibliography：p. 425 – 428. —Includes index. —作者法兰区是英国人，其19 岁游西藏时，引起对荣赫鹏的好奇。25 岁其代表绿党选上英国国会议员，27 岁退出政治活动，旋即写出代表作《西藏追踪》。本书一方面完整记述了荣赫鹏的一生，一方面叙述自己如何沿着荣赫鹏当年的足迹追寻事情的真相。荣赫鹏是个有复杂色彩的人物，他是出生在印度的英国人，作为英帝国的军人，他在 1903～1904 年曾率军侵入西藏，并攻入拉萨。强迫西藏地方政府签订了《藏印条约》。他还是个运动健将，曾保持 200 码的短跑世界纪录。他是个间谍，搜集西藏的情报。也是个探险旅行家，24 岁时，曾从北京出发经新疆，穿越大戈壁，到达克什米尔。他还是个作家，曾任英国皇家地理学会会长，写有大量作品。他是个令人好奇的人物。本书共 3 部 24 章。

ISBN 0002157330：0.00：Formerly CIP

B91/M9623

Mumford，Stan.

Himalayan dialogue：Tibetan lamas and Gurung shamans in Nepal / Stan Royal Mumford. —Madison，Wis.：University of Wisconsin Press，c1989.

xii，286 p.：ill.；24 cm. —（New directions in anthropological writing）—喜马拉雅的对话：西藏喇嘛与尼泊尔萨满大师

Bibliography：p. 265 – 274. —Includes index. —在喜马拉雅尼泊尔一侧的山谷里，住着一支藏族的移民部落，他们信奉喇嘛教，又受着尼泊尔这边原始萨满教的影响。作者从 1983 年年底开始，花了 5 年时间调查和了解这一情况，并对这一现象进行分析。全书分为四个部分 11 章：第 1 部分，喇嘛教与萨满教；第 2 部分，生活仪式；第 3 部分，死亡仪式；第 4 部分，历史观念。书中有插图 12 幅，还有附录、书目和索引。

ISBN 0299119807（hardcover）

ISBN 029911984X（pbk.）

B932/G6621

Gordon, Antoinette K.

Tibetan tales: stories from the dsangs blun / Antoinette K. Gordon. —London: Luzac & Co. , 1953.

72 p. ; 19 cm. —西藏故事

Includes bibliographical reference. —本书是一部西藏传说故事集。

ISBN (hardcover)

B932/T553

Tibetan tales / translated from the Tibetan of the kah-gyur by F. Anton Von Schiefner; done into English from the German, with an introduction, by W. R. S. Ralston. —London: Kegan Paul, Trench, Trubner & Co. Ltd. , 1906.

lxv, 368 p. ; 22 cm. —西藏传说

Includes bibliographical reference and index. —本书为西藏传说故事集，由 Schiefner 据原藏文本译成德文，1906 年又由 Ralston 据德文本译成现在的英文本。全书由 50 个在西藏民间广泛流传的小故事组成。每个故事都生动活泼，反映了藏族人民的理想追求。

ISBN (hardcover)

B933/D2328

Datar, B. N.

Himalayan pilgrimage / by B. N. Datar; foreword by Dr. Rajendra Prasad; introduction by Govind Ballabh Pant. —Delhi: Publications Division, 1961.

103 p. : ill. , map; 22 cm. —喜马拉雅的朝圣者

作者是印度人，此书报道了喜马拉雅山区的民族和宗教信仰，如印度教、佛教、耆那教等，文中也涉及我国西藏地方，如：喀喇斯山和马拉萨湖等。英国人戴维·斯内尔格罗夫（David. Snellgrove）也有一本同名著作。

ISBN (hardcover)

B933/D2491/2:

David-Neel, Alexandra. 1868 - 1969

Magic and mystery in Tibet / Alexandra David-Neel; introduction by Aaron Sussman. —London: Unwin Paperbacks, 1965.

224 p. ; 22 cm. —西藏的巫术和奥义

作者亚历山大莉亚·大卫 - 妮尔是法国著名的东方学家、汉学家、探险家，特别是藏学家，是一位神话般传奇人物，在法国乃至整个学界被誉为"女英雄"。她生前著作等身，其有关东方特别是西藏的论著、日记、资料、游记被译为多种文字，多次再版。她终生对西藏充满热爱和崇敬，从 1912 年在噶伦堡受到十三世达赖接见，1916 年首次进入西藏，她曾先后五次到西藏及周边地区考察，而且还起了一个"智灯"的法号。20 世纪 20 年代，以其《喇嘛教度礼》为前奏，《一位巴黎女子的拉萨历险记》、《西藏的巫术和奥义》、《在贵族——土匪地区》组成了她早期入藏的三部曲。她在西藏旅行时所作的全部笔记很早就已出版，第 1 卷写于 1904 ~ 1917 年，第 2 卷写于 1918 ~ 1940 年。1946 年返法后，大卫 - 妮尔在巴黎大学举办"藏传佛教特征"讲座，此后写出一系列有关西藏的著作，本书便是其中之一。书中有珍贵的照片插图。

ISBN 0042910196

B933／K97

Kvaerne, Per. 1945 –

Tibet Bon religion：a death ritual of the Tibetan Bonpos ／ by Per Kvaerne. —Leiden：E. J. Brill, 1985.

xii, 34 p., xlviii p. of plates：ill. ; 26 cm. — (Iconography of religions. Section XII, East and Central Asia; fasc. 13) —西藏苯教

Bibliography：［xi］ - xii. —作者是挪威科学院院士，奥斯陆大学宗教史教授，重点研究苯教。他还著有《苯教编年史表》（*A chronological table of the Bon Po*，Acta Orientalia vol. 33. 1971）、《在西藏的一个挪威旅行家》（《*A Norwegian traveller in Tibet*》）、《西藏苯教经典》（*The canon of the Tibetan Bon Po*）等论著。挪威奥斯陆大学图书馆藏有西藏喇嘛教宁玛派的一批图籍。

ISBN 90 - 04 - 07083 - 4（pbk. ）：CNY200. 00

B933／S6717

Snellgrove, David.

Himalayan pilgrimage：a study of Tibetan religion by a traveller through western Nepal ／ David Snellgrove. —Oxford：Bruno Cassirer, 1961.

xvi, 304 p. : ill., map; 22 cm. —喜马拉雅的朝圣者——一位穿越尼泊

尔西部的旅行者对西藏宗教的研究

Includes bibliographical references（p. 304）。—作者曾在伦敦大学东方和非洲研究学院学习，掌握藏文，对佛学有一定造诣。还著有《喜马拉雅的佛教》一书。1956 年，作者以夏尔巴人为向导，历时 7 个月，穿越了 1000 多英里的山区和 15 个高达 17000 英尺以上的山口，据此写出了这本游记，他在这次旅行中，特别致力于对西藏宗教的调查研究，实地考察，发现其在这一地区的流传和影响，从而写出研究报告。全书 304 页，8 章，有照片 85 张，地图 9 张。另外，印度学者达塔尔（Datar, B. N.）有一本与此书同名的著作。

ISBN（hardcover）

B94 – 61/R337B94 – 61

Regmi, Jagadish Chandra,, 1946 –

A glossary of Himalayan Buddhism / Jagadish Chandra Regmi; illustrated by Uday Shankar—1st ed. —Jaipur, India: Nirala Publications, 1994.

xvi, 202 p. : ill. ; 22 cm—喜马拉雅佛教术语集

Terminology of Nepali Buddhism. —主要收集以尼泊尔为中心的喜马拉雅地区佛教术语，也涉及中国和印度。书中附有插图。

ISBN 81 – 85693 – 28 – 5：CNY100. 00

B94/B5827/：4

The ngor mandalas of Tibet: listing of the Mandala deities / Sod nams rgya mt-sho; revised by Musashi Tachikawa... ［et al. ］. —Tokyo：Centre for East Asian Cultural Studies, 1991.

xiv, 245 p. : ill. ; 26x26 cm. — （Bibliotheca Codicum Asiaticorum；4） —西藏俄尔曼荼罗

Includes bibliographical references（p. 224）and index（p. 225 – 245）. —曼荼罗是梵语音译，意译为坛场，是密宗修持能量的中心，曼荼罗花也是佛教中的吉祥花。本书是亚洲丛书的第 4 卷，由索南嘉措收集，立川武藏校订，是该丛书第 2 卷所收集的 139 位曼荼罗本尊神明的列表及说明，并附示意图。

ISBN 4896566033

B94/C5396

The Chinese Lama temple, Potala of Jehol：exhibition of historical and ethnological collections made by Dr. Gosta Montell, member of Dr. Sven Hedin's expeditions, and donated by Vincent Bendix. —Chicago: A Century of Progress Exposition, c1932.

64 p. : ill. , plan, port. ; 24 cm. —中国的喇嘛寺,热河的布达拉宫

Written by Gosta Montell and Sven Hedin. Cf. Preface. —本书详细介绍了美国芝加哥重建中国热河布达拉宫模型的始末。1932年,美国在芝加哥举办大型国际博览会,大财阀洛克菲勒采纳了瑞典人斯文赫定的进言,派人对该殿进行测绘,在芝加哥制造了一个与此殿同样大小的模型,又通过各种手段在中国搜集了大批佛像、法器,于1931年用轮船运往芝加哥,在复制的"万法归一殿"中展出,致使芝加哥万国博览会出现了东方文化热。全书共10章,前言:斯文赫定回顾选定复制承德小布达拉宫的过程,搜罗法器、佛像,在北京复制建筑及运输、组装始末,其中列举了大批中国工匠的姓名及各自职责。1.芝加哥的中国喇嘛寺。2.佛教追述。3.喇嘛教起源。4.喇嘛教诸神。5.寺庙建筑。6.寺庙壁画。7.寺庙金顶装饰。8.喇嘛的级别。9.宗教仪式。10.喇嘛舞。

B94/L7221/3:

Rockhill, W. Woodville 1854 – 1914

The life of the Buddha and the early history of his order / translated by W. Woodville Rockhill. —London: Trubner & Co. , 1884, 1941.

xii, 273p. ; 23 cm. —释迦牟尼传

Dervied from Tibetan works in the Bkah-Hgyur and Bstan-Hgyur. —Followed by notices on the early history of Tibet and Khoten. —Includes bibliographical references and index (p. [261] – 273). —本书又称《释迦牟尼的生平及其教派的早期历史》,原书是藏文著作,书的最后两章分别是西藏和于阗的早期历史。柔克义译为英文。本书1884年出版,1941年在北京重印。译者柔克义(W. W. Rockhiii)(1854~1914)是美国外交官、汉学家,曾在法军服役,1884年来华,在美驻华使馆工作,期间曾率科考队两次到蒙古、西藏探险,1901年代表美国签订《辛丑条约》。曾有多部关于西藏的著作如《喇嘛之国》、《1891~1892年蒙藏旅行日记》、《藏族人类学笔记》等,还与夏德将赵汝适的《诸蕃志》合译为英文。

ISBN (pbk)

B94/T772

Translating Buddhism from Tibetan. Joe Bransford Wilson. —Ithaca; New

York：Snow Lion Pub.，c1998.

xxxviii，808 p.：ill.；25 cm. —藏文佛教经典翻译

本书是对经典藏经的翻译，同时也介绍藏语特点，讲解翻译的方法。全书共 3 个部分 19 章，附录 7 章，有注释、书目和索引。第 1 部分：藏语的语音、词汇、字母、符号和词形等。第 2 部分：藏语的词法和句法。第 3 部分：藏文的语法和修辞。

ISBN 0 – 937938 – 34 – 3：CNY728.65

B94/T8825

Tsong-kha-pa，1357 – 1419.

Tantra in Tibet：the great exposition of secret mantra / Tsong-ka-pa；introduced by His Holiness Tenzin Gyatso, the fourteenth Dalai Lama；translated and edited by Jeffrey Hopkins；associate editor for the Dalai Lama's commentary and Tsong-ka-pa's text, Lati Rinpochay；associate editor for Tsong-ka-pa's text, Geshe Gedun Lodro；assistant editor for the Dalai Lama's commentary, Barbara Frye. —London；Boston：G. Allen & Unwin, 1977.

252 p.：ill.；23 cm. —（The Wisdom of Tibet series；3）—西藏的密宗：菩提道次第广论

Includes index. —Bibliography：p. 225 – 237. —本书介绍西藏密宗。主要是宗喀巴大师的名著《菩提道次第广论》，其中是对龙树以来中观哲学进行系统独特的解说。本书第一部分是十四世达赖丹增嘉措对密宗的介绍和评论、注释。第二部分是宗喀巴大师的著作《菩提道次第广论》。第三部分是 Jeffrey Hopkins 进行翻译后，所做的增补和附录。书后有词汇表、参考书目和索引等。本书是英国所出西藏知识丛书的第三本，前两本是 *The Buddhism of Tibet and The Key to the Middle Way*、*The Precious Garland and The Song of the Four Mindfulnesses*。

ISBN 0042940982（hardback）￥23.80

ISBN 0042940990（pbk.）

B94/T886

Tucci，Giuseppe，1894 –1984

The religions of Tibet / Giuseppe Tucci；translated from the German and Italian by Geoffrey Samuel. —London：Routledge & Kegan Paul, c1980.

xii，340 p.，［2］leaves of plates：ill.；23 cm. —西藏的宗教

A translation of the author's Die Religionen Tibets, published in 1970 in Tucci & Heissig's Die Religionen Tibets und der Mongolei; with additions and changes made for the 1976 Italian ed. and this ed. —Includes bibliographical references (p. 275 – 287) and index (p. 289 – 340). —这是意大利著名藏学家杜齐的名著。杜齐是欧洲研究东方古代文化的著名学者，新中国成立前，他到过西藏多次，足迹遍于前后藏及阿里，写过西藏的专著十余种。由于他的努力，在其担任所长的"意大利中东远东研究所"内，有一个享誉世界的西藏研究中心。他培养出一批长期从事西藏历史文化研究的专家，著名藏学家毕达克即是他的学生。研究所自 1950 年出版的《罗马东方丛书》中，即有十几部关于西藏的研究成果。西方学界认为杜齐的作品代表欧洲研究西藏的最高水平。本书是从德文和意大利文转译。全书 7 章，1. 西藏佛教的最初传播，叙述从松赞干布到朗达玛毁佛灭法的西藏宗教史略。2. 佛教的第二次传播，叙述从朗达玛到元代的宗教史。3. 喇嘛教的一般特点。4. 重要教派的教义。5. 僧侣、修炼生活、宗教日历和节庆。6. 民间宗教。如鬼神、灵魂、吉凶祸福等。7. 苯教。佛教传入以前，西藏原有的宗教。另有西藏宗教大事年表、参考书目和索引。

ISBN 0710002041 （hardcover）

B94/Y55

Yongden，Lama. 1899. 12 – 1955. 10

Mipam：the lama of the five wisdoms / a tibetan novel by Lama Yongden. —London：John Lane the Bodley Head，1938.

ix，340 p.；22 cm. —弥旁 五位智慧的喇嘛

本书作者庸登喇嘛出生于锡金一个藏族家庭，又被称为孟喇嘛。他 8 岁离家，在西藏一座寺庙学习佛法，后来成为大卫 - 妮尔的义子，从 14 岁起，便随大卫 - 妮尔游遍亚、非、欧三大洲，多次陪大卫 - 妮尔入藏。与其义母一起生活了 40 年。31 岁时入法国籍，民国政府 1945 年授予他"活佛"称号。本书是作者所写关于西藏喇嘛的小说，书前有作者的序言，全书共 14 章。

ISBN （hardcover）

B941/B6669

Bodhicaryavatara / edited by Lokesh Chandra. —New Delhi：［s. n.］，1976.

1 v. ; 22 × 40 cm. —入菩提行经

Includes bibliographical reference and index. —英译藏传佛教经典。印度拉古维拉博士（Raghu Vira）创立"印度文化国际学院"，在几名藏人的帮助下，用英文翻译出版了很多藏文、蒙文古典文献，均收入由其主编，其子洛克什钱德拉（Lokesh Chandra）编辑的《百藏丛书》（Sata-Pitaka Series）中，1957～1970 年间，即已出版 80 余种。类似的还有《如意宝树》、《智者喜宴》、《白玛噶波史》、《妙吉祥金刚——强贝多吉》等多种。

ISBN（hardcover）

B941/C3574

A catalogue-index of the Tibetan buddhist canons = 西藏大藏经总目录索引：（bkah-hgyur and bstan-hgyur）. —Sendai，Japan：Tohoku Imperial University，1934.

124 p. ; 25 cm.

此为日本仙台东北帝国大学编的西藏大藏经总目索引。用拉丁字母拼写，分为：1. 藏语。2. 梵语。3. 支那语。4. Bru-sha 语。5. 汉译。6. 著者名。7. 西藏藏大正藏番号。8. 大正藏西藏藏番号。

ISBN（hardcover）

B941/C7341/4：

A commentary to the kacyapaparivarta / edited in Tibetan and in Chines by Baron A. Von Stael-Holstein. —Peking：The National Library of Peking and the National Tsinghua University，1933.

xxiv，340 p. ; 26 cm. —某部佛经注释
这是用藏文和汉文内容相对照编写的一部佛经。

B941/E9295

Evans-Wentz，W. Y. 1878 - 1965.

The Tibetan book of the dead，or，the after-death experiences on the Bardo plane，according to Lama Kazi Dawa-Samdup's English rendering / by W. Y. Evans-Wentz. —London：Oxford University Press，1936.

xliv，248 p. : ill. ; 22 cm. —（Galaxy books）—《西藏度亡经》（原名：中阴得度），徐进夫译，北京，宗教文化出版社，1995.8。

Includes bibliographical references and index（p.［242］ – 249）.—The Chikhai Bardo and the Chonyid Bardo—The Bardo of the moments of death—The Bardo of the experiencing of reality—The Sidpa Bardo—The after-death world—The process of rebirth. 本书是一部藏传佛教的密宗名著，原名《中阴得度》，原为莲花生著，伊文思 – 温慈先生 1927 年从藏文翻译的英文译本是本书最初的译本。后来台湾学者徐进夫先生从这个英文译本译出了中文译本。本书大致意思是：1. 它是一本讨论死亡艺术的书。2. 它是一本宗教上的临终治疗手册，以死亡仪式教示、安慰、甚至砥砺即将去过另一种生活的人。3. 它是一本"他方世界旅行指南"，描述亡灵面临中阴时期的经验，并在这段时期对其有所开导。

ISBN（hardcover）

B946. 6/C4561

Chandra, Lokesh.

Mkhas-Pahi-Dgah-Ston：of Dpah-bo-gtsug-lag / part 4 / Dr. Lokesh Chandra. —New Delhi：International Academy of Indian Culture, 1962.

78p. ; 28 cm. — （Sata-Pitaka Series：Indo-Asian Literatures 9 （4））—智者喜宴

leafs—印度拉古维拉博士（Raghu Vira）创立"印度文化国际学院"，在几名藏人的帮助下，用英文翻译出版了很多藏文、蒙文古典文献，均收入由其主编，其子洛克什钱德拉教授（Lokesh Chandra）编辑的《百藏丛书》（Sata-Pitaka Series）中，类似的还有《如意宝树》、《入菩提行经》、《白玛噶波史》、《妙吉祥金刚——强贝多吉》、《隆多喇嘛全集》等多种。此为《百藏丛书》中印度亚洲文化丛书的第 9 卷第 4 部分。本书为 16 世纪噶玛巴喇嘛的著述、经文等。

ISBN（hardcover）

B946. 6/C543

Chitkara, M. G. 1932 –

Buddhism, Reincarnation and Dalai Lamas of Tibet / M. G. Chitkara—New Delhi：A. P. H. Publishing Corporation, 1998

236 p. ; 23 cm. —西藏佛教，转世灵童与达赖喇嘛

Includes bibliographical references and index. —全书 20 章：1. 引言。2. 追

踪 the Tulku。3. 苦难的火焰。4. 转世理论：持续的改变。5. 神的化身。
6. 一些思考：锡克教与佛教。7. 出生即像救世主。8. 瑜伽修行者。9. 具有
信仰。10. 有学者风度的曼戈尔。11. 西藏的创世者。12. 尘世的。13. 学者。
14. 极为软弱的联系。15. 西藏人自己制度的选择。16. 无所不知的。17. 精
通文学的。18. 只当政两年。19. 引人注目的。20. 诺贝尔奖得主。附录列出
了 11 种参考书的摘要，后有参考书目、公元前 127 年以来的西藏大事记 、索
引等。

ISBN 81 - 7024 - 930 - 9：CNY180. 00

B946. 6/H699

Hoffmann，Helmut，1912 –

Symbolik der Tibetischen Religionen und des Schamanismus / von Helmut Hoff-
mann. —Stuttgart：A. Hiersemann，1967.

173 p. ; 24 cm. — （Symbolik der Religionen；12） —西藏宗教和萨满教的
象征意义

Continuation of the author's Die Religionen Tibets. —Bibliography：p. 141 –
146. —作者是慕尼黑大学教授，原西德藏族研究中心的领导人，多年研究西
藏宗教。1969 年移居美国，在印第安纳大学讲授藏学。作者 1954 年曾有一次
亚洲之行，游历了喜马拉雅山周边国家，如锡金、尼泊尔等，与佛教徒有广
泛接触，从而对藏传佛教产生浓厚兴趣。1956 年曾写有《西藏的宗教》，内
容有：古老的苯教，佛教在印度的发展和在西藏的传入，莲花生和莲花教，
第 8、9 世纪的宗教斗争，系统化了的苯教，佛教的再兴，喇嘛教派的兴起，
宗喀巴的改革和达赖喇嘛的僧侣政权等。本书在此基础上，主要谈西藏宗教
和萨满教的象征意义，书分三部分，1. 喇嘛教的象征意义。2. 苯教的象征意
义。3. 萨满教的象征意义。书后有参考书目、注释和附录。此外作者还有大
量藏学著作，如《西藏苯教史资料》、《西藏苯教史》、《藏文文献中的葛逻
禄》、《西藏的编年史及藏人对历史的探讨》、《几个象雄语词源》、《关于西藏
的十二篇论文》、《西藏手册》。

ISBN CNY80. 00

B946. 6/K45

Khenpo Karthar Rimpotche

Bases du bouddhisme：tradition Tibetaine / Khenpo Karthar Rimpotche—Vernegues-France：Claire Lumiere，1997

265 p.；22 cm—佛教的基础：西藏传统

本书介绍西藏佛教情况。包括：前言。1. 佛教介绍。2. 佛最初的教诲。3. 避难所与世俗的戒律。4. 驯化的灵魂。5. 追随菩萨的方法。6. 六种完美的品德：宽宏大量、行为规范、忍耐、勤奋、深思熟虑、明智。7. 修行应采取的步骤。8. 三种途径：大乘、小乘、密宗。书后有注释和词汇表。

ISBN 2 - 905998 - 38 - 5：CNY263. 20

B946. 6/K82B946. 6

Rimpotch？Kongtrul

Le lama eternel：Commentaire de "L'Appel au lama de loin" donn？？ dhagpo Kagyu ling en ao 杢 1990 / Kongtrul Rimpotch？

—Avignon：Editions Claire Lumi，1992.

116 p.：ill.；21 cm. —永生的喇嘛：西藏著名佛经评述

全书包括：前言。1. 作者简介。2. 达赖的呼吁。3. 作者讲经：最初的教诲，第二、第三、第四、第五次教诲。作者是位年轻的大师，书中有他数张照片。

ISBN 2 - 905998 - 21 - 0：CNY145. 58

B946. 6/M998B92

Mysticism in Tibet / edited by Sadhu Santideva—New Delhi：Cosmo Publications Div. of Genesis Publishing PVT. LTD. ，c2000

ix，286 p.：ill.；23 cm—西藏的神秘主义

本书分析西藏神秘文化，包括宗教、巫术、瑜伽等的理论体系和修炼方法。全书6章：1. 神秘主义的信仰体系。2. 西藏的巫术和宗教仪式。3. 转移的途径：意识转移的瑜伽术。4. 神秘献祭的途径：征服较弱自身的瑜伽术。5. 神秘的智慧。6. 创造幻觉的部分。

ISBN 81 - 7755 - 003 - 9：CNY296. 86

B946. 6/R6829

Rockhill，W. Woodville. 1854 - 1914

The life of the Buddha：and the early history his order / W. Woodville Rockhill. —London：Trubner & Co. ，1884，1941.

273 p.；21 cm. —释迦牟尼传

Includes index. —本书又称"释迦牟尼的生平及其教派的早期历史"，原书是藏文著作，书的最后两章分别是西藏和于阗的早期历史。柔克义译为英文。本书 1884 年出版，1941 年在北京重印。译者柔克义（W. W. Rockhiii）（1854～1914）是美国外交官、汉学家，曾在法军服役，1884 年来华，在美驻华使馆工作，期间曾率科考队两次到蒙古、西藏探险，1901 年代表美国签订《辛丑条约》。曾有多部关于西藏的著作如《喇嘛之国》、《1891～1892 年蒙藏旅行日记》、《藏族人类学笔记》等，还与夏德将赵汝适的《诸蕃志》合译为英文。

ISBN（pbk.）

B946. 6／T553／2B946. 6

Evans-Wentz, W. Y. 1878－1965

The Tibetan book of the great liberation, or, The method of realizing nirvana through knowing the mind：preceded by an epitome of Padma-Sambhava's biography... ／ introductions, annotations, and editing by W. Y. Evans-Wentz—Oxford [England] New York：Oxford University Press，c2000

261 p. ：ill. ；21 cm. —藏人论解脱：由认识内心而超脱

Includes bibliographical references and index. —作者是位人类学家，对探索宗教经验有浓厚兴趣，他认为人类是个大家庭，永远超越国家、地域限制。他还有几本关于西藏宗教的著作，如《西藏瑜伽和密宗》、《西藏度亡书》等，其作品被多种著作引用。作者在本书中向西方读者介绍藏传佛教的要义，并说要把本书献给探索智慧的人。全书分 4 部分：1. 一般介绍。2. 西藏莲花生宗师的生活和传习。3. 了解心智的瑜伽，观察现实，呼唤自身的解放。4. 宗师 Phadampa Sangay 的最后遗训。

ISBN 0－19－513315－3（pbk.）：CNY259. 20

B946. 6／T553B946. 6

Karma-glin-pa, 14th cent.

The Tibetan book of the dead：or, The after-death experiences on the Bardo plane, according to Lama Kazi Dawa-Samdup's English rendering ／ compiled and edited by W. Y. Evans-Wentz—New York：Oxford University Press，2000

lxxxiv, 264 p. ：ill. ；22 cm. —《西藏度亡经》（原名：中阴得度），徐进

夫译，北京，宗教文化出版社，1995.8。

Includes bibliographical references（p.［255］–256）and index. —本书是一部藏传佛教的密宗名著，原名《中阴得度》，为莲华生著，伊文思－温慈先生 1927 年从藏文译为英文是本书最初的译本。后来台湾学者徐进夫先生将这个英译本译为中文译本。本书大致意思是：1. 它是一本讨论死亡艺术的书。2. 它是一本宗教上的临终治疗手册，以死亡仪式教示、安慰、甚至砥砺即将去过另一种生活的人。3. 它是一本"他方世界旅行指南"，描述亡灵面临中阴时期的经验，并对亡灵有所开导。

ISBN 0 – 19 – 513311 – 0：CNY396. 00

ISBN 0 – 19 – 513312 – 9（pbk.)

B946. 6/W116

Waddell, L. Austine. 1854 – 1938

The buddhism of Tibet or lamaism：with its mystic cults, symbolism and mythology, and in its relation to indian buddhism / by L. Austine Waddell. —2nd ed. —Cambridge：W. Heffer & Sons, 1939.

598 p. : illus. ; 21 cm. —西藏的喇嘛教

Includes bibliographical references and index. —作者主要研究锡金一带的喇嘛教，懂藏文，1904 年曾随英军侵入拉萨，以最早研究西藏历史、宗教的英国人著称。本书介绍西藏的佛教或是喇嘛教，它的神秘文化，象征意义，神话传说以及与印度佛教的关系。初版于 1894 年 10 月。前面有 5 项内容：1. 第二版前言。2. 第一版前言。3. 插图表。4. 发音说明。5. 缩略语表。以下是内容目次：1. 历史。2. 教义。3. 僧侣。4. 建筑。5. 神话与神。6. 宗教仪式和巫术。7. 节日和庆典。8. 受欢迎的喇嘛教。9. 附录，包括参考书目表和索引。书中有很多珍贵插图。

ISBN（hardcover）

B946. 9/R382

Religions of Tibet in practice / Donald S. Lopez, Jr. , editor—Princeton, N. J. : Princeton University Press, c1997

x, 560 p. ; 24 cm—（Princeton readings in religions）—实际中的西藏宗教

Includes bibliographical references and index. —It provides a wealth of voices that together lead to a new and more nuanced understanding of the religions of Tibet. —本书介绍了现阶段西藏宗教的情况，以及宗教对藏族人民社会生活的影响。编者称：本书提供了对西藏宗教大量丰富的观点，使读者能够对西藏宗教有一个新的更加细致入微的理解。

ISBN 0691011842（cloth：alk. paper）：CNY305. 40

ISBN 0691011834（pbk. ：alk. paper）

B948/B2152

Banerjee, Anukul Chandra, 1911 –

Aspects of Buddhist culture from Tibetan sources / Anukul Chandra Banerjee. —Calcutta：Firma KLM，1984.

iv，118 p. ；22 cm. —源于西藏方面的佛教文化

Includes bibliographical references and index（p. ［111］ –118）. —作者曾是印度加尔各答大学教授、艺术系主任、巴利文部主任、锡金藏学和其他佛学研究部主任。本书 6 章，包括：前言。1. 佛教首先传入西藏的优越条件。2. 藏传佛教介绍。3. 印度大师在西藏的佛教传播。4. 西藏佛教宗派。5. 西藏的寺院。6. 佛教对西藏生活和文化的影响。另有索引。

ISBN（hardcover）

B948/T886

Tucci, Giuseppe, 1894 – 1984

The religions of Tibet / Giuseppe Tucci；translated from the German and Italian by Geoffrey Samuel. —Berkeley：University of California Press，c1980.

xii，340 p. ，［2］leaves of plates：ill. ；23 cm. —西藏的宗教

A translation of the author's Die Religionen Tibets，published in 1970 in Tucci & Heissig's Die Religionen Tibets und der Mongolei；with additions and changes made for the 1976 Italian ed. and this ed. —这是意大利著名藏学家杜齐的名著。杜齐是欧洲研究东方古代文化的著名学者，新中国成立前，他到过西藏多次，足迹遍于前后藏及阿里，写过西藏的专著十余种。由于他的努力，在其担任所长的"意大利中东远东研究所"内，有一个享誉世界的西藏研究中心。他培养出一批长期从事西藏历史文化研究的专家，著名藏学家毕达克即是他的学生。研究所自 1950 年出版的《罗马东方丛书》中，即有十几部关于西藏的研究成果。西方学界认为杜齐的作品代表欧洲研究西藏的最高水平。本书是从德文和意大利文转译。全书 7 章：1. 西藏佛教的最初传播，叙述从松赞干

布到朗达玛毁佛灭法的西藏宗教史略。2. 佛教的第二次传播，叙述从朗达玛到元代的宗教史。3. 喇嘛教的一般特点。4. 重要教派的教义。5. 僧侣、修炼生活、宗教日历和节庆。6. 民间宗教。如鬼神、灵魂、吉凶祸福等。7. 苯教。佛教传入以前，西藏原有的宗教。另有西藏宗教大事年表、参考书目和索引。

ISBN 0520038568 （hardcover）

B949. 35/N294

Naudou, Jean.

Buddhists of Kasmir / Jean Naudou. —Delhi：Agam Kala Prakashan，1980.

xv，308 p. ；23 cm. —克什米尔的佛教徒

Includes bibliographical references （p. ［279］ – 284） and indexes （p. ［285］ – 308）. —本书讲述克什米尔佛教徒的情况，其第 1 章谈到中世纪佛教的知识和从西藏的来源，在涉及年代顺序问题时，用西藏年代顺序作对比。第 3 章讲了从克什米尔到西藏的通道，并且讲了在西藏的克什米尔僧人，以及他们在西藏对法律的传播。在第 8 章讲了从 7 ~ 9 世纪，西藏和孟加拉的情况。总之全书有多处提到西藏的情况。

ISBN CNY22. 50 （hardcover）

B949. 6/T553

Tibetan Buddhism：reason and revelation / edited by Steven D. Goodman and Ronald M. Davidson—Albany：State University of New York Press，c1992.

ix，215 p. ；24 cm. — （SUNY series in Buddhist studies） —藏传佛教

Includes bibliographical references and indexes. —此为美国纽约州立大学佛教研究系列丛书的一部。全书分两部分，由不同作者的 8 篇文章组成，包括：编者前言、内容介绍。第一部分，哲学探索：1. rdzogs-chen 思想的某些方面。2. 佛教的逻辑是什么？3. 关于死亡的对话。第二部分，景象探索：4. 来自敦煌的一份西安文书。5. 关于 Mani Bka-bum 的评论和西藏的观音崇拜。6. 风格、原作者和佛教图像的传播。7. 关于两位欢喜金刚的研究。8. 关于两位活佛。书后有注释、作者联系方式、人名索引等。

ISBN 0 – 7914 – 0785 – 3：CNY276. 56

ISBN 0 – 7914 – 0786 – 1 （pbk. ）

B949. 9/J31

Jamgon Kongtrul Lodro Thaye 1813 – 1900

Autobiography of Jamgon Kongtrul：A Gem of Many Colors / Jamgon Kongtrul Lodro Thaye. —Ithaca，New York；c2003.

xxii，549 p. ：ill；25 cm. —詹姆高·康卓自传：多彩的宝石

Ringu Tulku 在前言中介绍此书时说：如果读者要了解藏传佛教的全部情况以及它的内部特点，我想没有一本书能比此书更值得一读了，这是一本瑜伽修行者的自传，作者在西藏研究、实践中发现了各种宗教的精髓和心灵的轨迹，作者是一位真正的圣徒、伟大的学者、典范的教师、著名医师、和平主义者，关于西藏的多产作家。在西方，作者是关于藏传佛教最有影响、最多产的作家，他是在东部西藏逐渐兴盛，今天还留有余迹的无宗派运动的创始人和最重要的支持者。书中还附了两篇文章，讨论他早先的生活和最后的时光。

ISBN 1 – 55939 – 184 – 7 （hbk）：CNY391. 79

B949. 9/K92

Kretschmar，Andreas

Brug pa kun legs/ Das wundersame leben eines verrucketen heiligen Andreas Kretschmar—Sankt Augustin：VGH Wissenschaftsverlag，1981.

184 p. ：ill. ；26 cm. —古怪圣者奇特的一生

本书为西藏中世纪高僧竹巴贡勒（1455～1529）的传记。高僧的行为有些疯癫，是藏传佛教噶举派下面分支主巴噶举的传人。主巴噶举深入下层，在民间流传较广，故藏谚有"天下人一半是主巴，主巴中一半是乞丐"的说法。由于竹巴贡勒贴近民间、特立独行的做法，有关他的传说在藏地广为人知。关于竹巴贡勒的材料有很多藏文文献，本书据这些材料研究整理而成。书有前言，共 8 章。

ISBN 3 – 88280 – 010 – 0：CNY50. 00.

B949. 9/Y11

Ya，Han-chang.

The biographies of the Dalai Lamas / by Ya Hanzhang；translated by Wang Wenjiong. —1st ed. —Beijing：Foreign Language Press：Distributed by China International Book Trading Corp. 1991.

vii, 442 p. : ill. （some col.）; 21 cm. —《达赖喇嘛传》, 牙含章编著, 北京, 人民出版社, 1984.9。

With special emphasis on the times of Thub-bstan-rgya-mtsho, Dalai Lama XI-II, 1876 – 1933 and his political role in Tibet. —Includes bibliographical references (p.439 – 442). —这是牙含章先生《达赖喇嘛传》的英文版。原书是在1952~1953 年间写成的, 出版后多次再版。这实际上是一本关于西藏历史——主要是关于西藏近现代史的著作。之所以起这样的书名, 主要是根据资料来源和缘于西藏人民喜闻乐见的传记体裁。书分上中下编, 上编 12 章, 讲述一至十二世诸达赖喇嘛。中编 47 章, 讲述十三世达赖喇嘛土登嘉措。下编 5 章, 讲述十四世达赖喇嘛丹增嘉措。后附参考书目。

ISBN 7 – 119 – 01267 – 3HBK: CNY17.50

ISBN 0 – 8351 – 2266 – 2

B949.92/B433

Bell, Charles. 1870 – 1945

Portrait of a Dalai Lama: the life and times of the great thirteenth / Sir Charles Bell—Delhi; Book Faith India, 1998.

414 p. : ill.; 21 cm. —《十三世达赖喇嘛传》, 冯其友等译, 拉萨, 西藏社会科学院编印, 1985。

Includes index. —本书作者查尔斯·贝尔原是英国驻锡金的行政官, 先后在西藏及其邻近地区任职约 21 年, 是西方所谓"西藏通"。在藏期间, 他经常同达赖密谈, 离间西藏和中央的关系, 培植亲英势力, 策动西藏独立。他应是帝国主义势力在西藏的代表人物。本书共 8 部分, 60 章。1. 政治舞台。2. 达赖喇嘛的来历。3. 苦难的岁月。4. 双重权力。5. 拉萨的风暴与宁静。6. 外交事务。7. 后来的年代。8. 圆寂。

ISBN 81 – 7303 – 097 – 9: CNY128.30

B949.92/B6153/: 1

Biographical dictionary of Tibet and Tibetan buddhism. vol.1, the arhats, siddhas, and panditas of India / compiled by Khetsun Sangpo. —Dharamsala, H.P.: Library of Tibetan Works and Archives, 1973.

1005 p. : ill.; 22 cm. —西藏和藏传佛教传记辞典: 印度的阿罗汉悉地和班智达

达赖集团出逃印度后，成立了一个研究机构"西藏著作及档案图书馆"，该馆设在达尔木萨拉（Dharmsala），当时由馆内的凯尊桑波主编《西藏宗教历史丛书》，已出版藏文、英文著作数十种。这部词典即其中一种，原文为藏文，本书为第 1 卷《印度的阿罗汉、悉地和班智达》。

ISBN（hardcover）

B949. 92/B6153/：10（1）

Biographical dictionary of Tibet and Tibetan buddhism. vol. 10, the sa-skya-pa tradition. part 1 / compiled by Khetsun Sangpo. —Dharamsala, H. P. : Library of Tibetan Works and Archives, 1979.

590 p. ; 22 cm. —西藏和藏传佛教传记辞典：西藏佛教萨迦派的阿罗汉、悉地和班智达

达赖集团出逃印度后，成立了一个研究机构"西藏著作及档案图书馆"，该馆设在达尔木萨拉（Dharmsala），当时由馆内的凯尊桑波主编《西藏宗教历史丛书》，已出版藏文、英文著作数十种。这部词典即其中一种，原文为藏文，本书为第 10 卷《西藏佛教萨迦派的阿罗汉、悉地和班智达》。

ISBN（hardcover）

B949. 92/B6153/：3（1）

Biographical dictionary of Tibet and Tibetan buddhism. vol. 3, the rnin-ma-pa tradition. part 1 / compiled by Khetsun Sangpo. —Dharamsala, H. P. : Library of Tibetan Works and Archives, 1973.

820, 19 p. : ill. ; 22 cm. —西藏和藏传佛教传记辞典：西藏佛教宁玛派的阿罗汉、悉地和班智达

达赖集团出逃印度后，成立了一个研究机构"西藏著作及档案图书馆"，该馆设在达尔木萨拉（Dharmsala），当时由馆内的凯尊桑波主编《西藏宗教历史丛书》，已出版藏文、英文著作数十种。这部词典即其中一种，原文为藏文，本书为第 3 卷《西藏佛教宁玛派的阿罗汉、悉地和班智达》。

ISBN（hardcover）

B949. 92/B6153/：4（2）

Biographical dictionary of Tibet and Tibetan buddhism. vol. 4, the rnin-ma-pa tradition. part 2 / compiled by Khetsun Sangpo. —Dharamsala, H. P. : Library of

Tibetan Works and Archives, 1973.

767 p.；22 cm. —西藏和藏传佛教传记辞典：西藏佛教宁玛派的阿罗汉、悉地和班智达

达赖集团出逃印度后，成立了一个研究机构"西藏著作及档案图书馆"，该馆设在达尔木萨拉（Dharmsala），当时由馆内的凯尊桑波主编《西藏宗教历史丛书》，已出版藏文、英文著作数十种。这部词典即其中一种，原文为藏文，本书为第4卷《西藏佛教宁玛派的阿罗汉、悉地和班智达》。

ISBN（hardcover）

B949. 92/B6153/：5（1）

Biographical dictionary of Tibet and Tibetan buddhism. vol. 5, the bka'-gdams-pa tradition. part 1 / compiled by Khetsun Sangpo. —Dharamsala, H. P. : Library of Tibetan Works and Archives, 1973.

923, 26 p.；22 cm. —西藏和藏传佛教传记辞典：西藏佛教噶当派的阿罗汉、悉地和班智达

达赖集团出逃印度后，成立了一个研究机构"西藏著作及档案图书馆"，该馆设在达尔木萨拉（Dharmsala），当时由馆内的凯尊桑波主编《西藏宗教历史丛书》，已出版藏文、英文著作数十种。这部词典即其中一种，原文为藏文，本书为第5卷《西藏佛教噶当派的阿罗汉、悉地和班智达》。

ISBN（hardcover）

B949. 92/B6153/：6（1）

Biographical dictionary of Tibet and Tibetan buddhism. vol. 6, the bka'-gdams-pa tradition. part 1 / compiled by Khetsun Sangpo. —Dharamsala, H. P. : Library of Tibetan Works and Archives, 1975.

629 p. : ill.；22 cm. —西藏和藏传佛教传记辞典：西藏佛教噶当派的阿罗汉、悉地和班智达

达赖集团出逃印度后，成立了一个研究机构"西藏著作及档案图书馆"，该馆设在达尔木萨拉（Dharmsala），当时由馆内的凯尊桑波主编《西藏宗教历史丛书》，已出版藏文、英文著作数十种。这部词典即其中一种，原文为藏文，本书为第6卷《西藏佛教噶当派的阿罗汉、悉地和班智达》。

ISBN（hardcover）

B949. 92/B6153/：7（1）

Biographical dictionary of Tibet and Tibetan buddhism. vol. 7, the bka'-brgyud-pa tradition. part 1 / compiled by Khetsun Sangpo. —Dharamsala, H. P. ：Library of Tibetan Works and Archives，1977.

658，14 p.；22 cm. —西藏和藏传佛教传记辞典：西藏佛教主巴噶举派的阿罗汉、悉地和班智达

达赖集团出逃印度后，成立了一个研究机构"西藏著作及档案图书馆"，该馆设在达尔木萨拉（Dharmsala），当时由馆内的凯尊桑波主编《西藏宗教历史丛书》，已出版藏文、英文著作数十种。这部词典即其中一种，原文为藏文，本书为第7卷《西藏佛教主巴噶举派的阿罗汉、悉地和班智达》。

ISBN （hardcover）

B949. 92/C549

Chopra, P. N.

The ocean of wisdom：the life of dalai lama xiv / P. N. Chopra. —New Delhi：Allied Publishers Private Limited，1986.

164 p.：ill.；22 cm. —智慧的海洋

Includes bibliographical references （p. ［153］ – 158 ）and index （p. ［159］ –164）. —作者是印度学者、教授，有多部关于印度社会、文化、经济、历史的著作。本书叙述十四世达赖喇嘛的情况。全书14章：1. 十四世达赖喇嘛的发现。2. 即位和早年。3. 改革。4. 背叛。5. 如芒在背。6. "黑暗的道路"进入流放。7. 智慧的海洋和丹增嘉措。8. 现在达赖喇嘛的宗教思想。9. 达赖喇嘛的宗教思想。10. 达赖喇嘛和难民问题。11. 达赖喇嘛对联合国的呼吁。12. 现在西藏藏民的生活条件。13. 达赖喇嘛和他的人民现在印度的家。14. 结论——和平之路。

ISBN 8170230861 （hardcover）

B949. 92/G767K297. 5

Grasdorff, Gilles van

Guendun，l'enfant oublie du Tibet / / Gilles Van Grasdorff—Paris：Presses de la Renaissance，1999

257 p.；23 cm. —被西藏遗忘的孩子

Includes bibliographical references. —有作者前言，全书9章：1. 时间不再

沉默。2. 老人与孩子。3. 夜里，所有角落都很黑。4. 在暗夜漫步。5. 一盏灯划过暗夜。6. 在亚利桑那的自由生长。7. 人的生命，脆弱、珍贵的资产。8. 茫然走过。9. 一个时代流去了，新的再生开始了。书后附有西藏地图，难词表，班禅、达赖的世系表，参考书目等。

ISBN 2 - 85616 - 751 - 9：CNY199. 50

B949. 92/T882

Tsering, Diki. 1901 - 1980

Dalai Lama, my son: a mother's story / Diki Tsering; edited and introduced by her grandson, Khedroob Thondup. —New Delhi: Penguin, 2000.

xx, 176 p. : ill. ; 22 cm. —达赖喇嘛，我的儿子：一个母亲讲述的故事

本书作者是十四世达赖喇嘛的侄子，1952 年出生，少时在印度大吉岭的教会学校念书。他根据自己祖母（达赖的母亲）口述的回忆，记述了一个母亲眼中的达赖。此书分两部分，以口语写成，1. 父母的女儿。回忆自己的过去时光。2. 慈悲的母亲。回忆到拉萨及出逃的情况。

ISBN 0140297111：￥79. 70

B949. 92/T885B946

Thubten, Samphel.

The Dalai Lamas of Tibet / [text, Thubten Samphel and Tendar; foreword, His Holiness the Dalai Lama] —New Delhi: Lustre Press, 2000.

128 p. : col. ill. ; 29 cm. —西藏的达赖喇嘛

Includes bibliographical references (p. 126). —这是一本主要介绍十四世达赖喇嘛的画册，大部分内容是介绍他出逃以后的情况。书前有达赖本人撰写的前言，画册共 5 章：1. 1959 年纪事。2. 达赖喇嘛的源起。3. 现代世界的神王。4. 历代达赖喇嘛的回顾。5. 丹增嘉措：第十四世达赖喇嘛。

ISBN 81 - 7436 - 085 - 9：CNY187. 70

B949/B917 （2）

Bu-Ston.

The history of buddhism in India and Tibet / by Bu-Ston; translated from Tibetan by Dr. E. Obermiller. —2nd ed. —Delhi: Sri Satguru Publications, 1986.

231 p. ; 22 cm. — (Bibliotheca indo-buddhica; no. 26) —印度、西藏佛

教史

Includes bibliographical reference. —本书是对 Bu-Ston 所著《印藏佛教史》的英文翻译本，原书分为两部分，讲述印度和西藏佛教发展的历史，原文为藏文和梵文，最早是 1908 年版。由 E. Obermiller. 博士译为英文，印度藏学家达斯（Sarat Chandra Das. 1849 ~ 1917）对本书部分内容进行了校勘。书中包括：佛的生活，佛的涅槃，对教义的详细阐述，印度有名的佛学大师，西藏佛教发展史，早期藏王的宗谱，各代藏王政权，郎达玛的灭佛运动等内容。

ISBN 8170300266 （hardcover）

B949/L373

Lauf，Detlef I.

Eine Ikonographie des Tibetischen Buddhismus / by Detlef I. Lauf. —Graz：Akademische Druck-u. VerlaGsanstalt，1979.

204p. ：pictures；19 cm. —西藏佛教图像

Includes bibliography. —精装画册，收集各种藏传佛教画像 92 幅，每幅都附有说明文字。原文为德文。

ISBN 3201010928 （hbk）：¥82.50.

B949/T7844

The treasury of good sayings：a Tibetan history of bon / edited and translated by Samten G. Karmay. —London：Oxford University Press，1972.

365 p. ：illu. ，mpa；21 cm. —格言的宝库：西藏本教史

Includes bibliographical references and index. —本书编译者是西藏苯教活佛桑丹·吉参·卡梅。他 1959 年从西藏到印度，1961 ~ 1970 年在伦敦东方非洲研究院工作，后来到巴黎讲授藏文。本书是从苯教经典《善语藏》译出的一部分，作为伦敦东方学集刊的第 26 种印行，书末附有东方学集刊第 1 ~ 25 种的目录。本书内容：1. 图片说明。2. 序言。论及苯教研究的有关著作和历史。3. 导论。4. 英译，格言的宝库。5. 书目。6. 格言的宝库藏文的拉丁转写。7. 索引。8. 地图。此书是苯教史籍第一次印成欧洲文字。

ISBN （hardcover）：CNY78.00

B979.36/W515

Wessels，C.

Early jesuit travellers in central Asia 1603 – 1721 / by C. Wessels. —The Hague：Martinus Nijhoff，1924.

xvi，344 p. ：ill. ，map；25cm. —早期天主教士中亚之行 1603 – 1721

Includes index. —此书为耶稣会教士威塞尔所写关于早期耶稣会士中亚之行的情况。很多人都有进藏的经历，其中最早的是葡萄牙耶稣会士鄂本笃（1562 ~ 1607），他曾在印度当兵，入耶稣会后奉命从陆路赴华，1602 年 10 月从印度亚格拉动身，经 11 个月旅行，到达我国新疆莎车，在该地逗留一年，1607 年病死于肃州。他只是在西藏边缘行走，并没有进入西藏内地，但了解了最初的情况。后来还有很多在西藏进行了各种活动的传教士，如安夺德神父、阿则维多神父、卡塞拉神父、卡布拉尔神父、白乃心神父、吴尔铎神父等人，这些都是当年最早和西藏接触的外国人。作者提供了大量早期传教士在西藏活动的历史资料。

ISBN（hardcover）

C912. 4/L373

Laufer，Berthold. 1874 – 1934

Use of human skulls and bones in Tibet / Berthold Laufer. —Chicago：Field Museum of Natural History，1923.

16 p. ；20 cm. —在西藏人类头骨和骨头的用途

Includes bibliographical reference. —作者是著名的东方学者，出生于德国，长期在美国任教。在人类学、语言学方面著作很多，懂汉、藏、满、蒙古、梵、波斯文，研究范围极广。有很多关于中国和伊朗古代文明相互影响的论著，1898 ~ 1923 年间，他曾到亚洲实地调查 4 次，其对于藏族古代史和本教的论文陆续发表在 20 世纪初的《通报》（T'oung Pao）上，其中《鸟卜》、《藏语借词》等文，常为人引用。1976 年西德出版了劳弗尔文集《Kleinere Schriften von Berthold Laufer》。

ISBN（pbk. ）

C951/B622C951K350. 8

Bisht，B. S.

Tribes of India，Nepal，Tibet borderland：a study of cultural transformation / B. S. Bisht—New Delhi：Gyan Publishing House，1994.

viii，282 p. ：ill. ；22 cm. —印度、尼泊尔及西藏边地的部落：文化演进

过程研究

Includes bibliographical references. —本书有前言，共 7 章：1. 情况介绍。
2. 观念分析及文献评价。3. 设计与方法的探索。4. 样本结构。5. 部落的社
会组织：部落生活中的地位和角色。6. 法定条款和文化演进。7. 部落、非部
落内部联系系统和文化演进过程。后附书目和索引。

ISBN 81 - 212 - 0454 - 2：CNY120.00

C955/M135

Macdonald, David.

Twenty years in Tibet, intimate & personal experiences of the closed land a-
mong all classes of its people fro the highest to the lowest [by] David Macdonald.
With a foreword by the Earl of Lytton. —Philadelphia：J. B. Lippincott company,
[1932]

318p. : front. , plates, ports. , fold. map. 22 cm. —在西藏的二十年

Print in Great Britain. —1905～1925 年期间，作者曾在江孜和亚东两地担
任英国驻藏商务代办 20 年，熟悉藏语和西藏的历史、风俗等。书中所述有这
一时期发生的很多重要事件，包括 1904 年荣赫鹏使团进入拉萨，1910 年达赖
喇嘛的出逃，及 1912 年返回拉萨等。作者还有一些涉藏著作。如《西藏的文
化遗产》(Cultural heritage of Tibet) 等。

ISBN 81 - 212 - 0784 - 3：CNY145.80

D562/M9593/：49

Mullin, Chris.

The Tibetans. R. 49 / by Chris Mullin. —London：Expedite Graphic Limited,
1981.

16 p. ; 26 cm. —西藏

Includes bibliographical reference. —这是少数民族权力组织 (The Minority
Rights Group Ltd) 的一个研究报告，该组织是设立在英国的一个国际性研究
和信息机构。内容如下：1. 地图。2. 介绍。3. 中国的少数民族政策及理论。
4. 西藏。5. 西藏的地位。6. 20 世纪 50 年代以前的西藏。7. 1959～1966 年之
后。8. "文化大革命" 及其以后 (1966～1979)。9. 今日西藏。10. 结论。
11. 选择书目。12. 注释。13. 附录：中国少数民族附表、基础研究指导等。

D651. 9/M8275

Moraes, Frank. 1907 – 1974

The revolt in Tibet / Frank Moraes. —New York：The Macmillan Co. , 1960.

223 p. ; 21 cm. —西藏叛乱

作者是印度独立后多家报纸的著名编辑，本书是关于 1959 年西藏叛乱的情况。全书 8 章：1. 来自拉萨的战斗。2. 世界屋脊。3. 龙的飞跃。4. 喇嘛国。5. 印度、中国和西藏。6. 外部世界。7. 汉帝国主义。8. 痛苦的重新评价。

ISBN（pbk.)

D669. 68/B985

Butler, Alex.

Feminism, nationalism, and exiled Tibetan women / Alex Butler. —New Delhi：Kali for Women, 2003.

viii, 242 p. : ill. , 1 map; 23 cm. —女权、民族主义和被流放的西藏妇女

Includes bibliographical references（p. ［234］–242). —作者自称本书追踪北京会议之前 40 年间，跟随达赖集团的西藏流亡妇女组织的活动，描述和分析了"西藏妇女联盟"的发展，称其是西藏流亡社区大多数妇女的组织，特别是讲其在女权运动方面的影响。全书 7 章：1. 介绍。2. 起源，历史与象征。3. "西藏妇女联盟"的会员资格。4. 领导。5. "西藏妇女联盟"在流亡社区，1985 ~ 1992。6. "西藏妇女联盟"在世界上，1991 ~ 1995。7. 在流亡地，"西藏妇女联盟"的新世界。后有附录和参考文献。

ISBN 81 – 86706 – 52 – 6：CNY81. 00

D735. 10/I3911/：1

India office records. — ［S. l.]：[s. n.], ［19?］.

1 v. ; 26 cm. —印度事务处档案：1

Includes bibliographical reference. —此为原英国外交部印度事务处档案，其中内容很多涉及近现代史上的中印关系、西藏问题。我所研究人员伍昆明等人 1985 年前后赴英购买档案的缩微胶卷，此为缩微胶卷复原的材料。档案共十余册，时间大约为 1910 ~ 1947 年。

ISBN（hardcover)

D735. 10/I3911／：10

India office records. — ［S. l. ］：［s. n. ］，［19？］．

338 p. ：maps；26 cm. —印度事务部档案：10

Includes bibliographical reference. —此为原英国外交部印度事务处档案，其中内容很多涉及近现代史上的中印关系、西藏问题。我所研究人员伍昆明等人 1985 年前后赴英购买档案的缩微胶卷，此为缩微胶卷复原的材料。档案共十余册，时间大约为 1910～1947 年。

ISBN（hardcover）

D735. 10/I3911／：11

India office records. — ［S. l. ］：［s. n. ］，［19？］．

391 p. ：maps；26 cm. —印度事务部档案：11

Includes bibliographical reference. —此为原英国外交部印度事务处档案，其中内容很多涉及近现代史上的中印关系、西藏问题。我所研究人员伍昆明等人 1985 年前后赴英购买档案的缩微胶卷，此为缩微胶卷复原的材料。档案共十余册，时间大约为 1910～1947 年。

ISBN（hardcover）

D735. 10/I3911／：12

India office records. — ［S. l. ］：［s. n. ］，［19？］．

213 p. ：maps；26 cm. —印度事务部档案：12

Includes bibliographical reference. —此为原英国外交部印度事务处档案，其中内容很多涉及近现代史上的中印关系、西藏问题。我所研究人员伍昆明等人 1985 年前后赴英购买档案的缩微胶卷，此为缩微胶卷复原的材料。档案共十余册，时间大约为 1910～1947 年。

ISBN（hardcover）

D735. 10/I3911／：13

India office records. — ［S. l. ］：［s. n. ］，［19？］．

1 v. ：maps；26 cm. —印度事务部档案：13

Includes bibliographical reference. —此为原英国外交部印度事务处档案，其中内容很多涉及近现代史上的中印关系、西藏问题。我所研究人员伍昆明等人 1985 年前后赴英购买档案的缩微胶卷，此为缩微胶卷复原的材料。档案共十余册，时间大约为 1910~1947 年。

ISBN （hardcover）

D735. 10/I3911/：14

India office records. — ［S. l. ］：［s. n. ］，［19？］.

372 p. ：maps；26 cm. —印度事务部档案：14

Includes bibliographical reference. —此为原英国外交部印度事务处档案，其中内容很多涉及近现代史上的中印关系、西藏问题。我所研究人员伍昆明等人 1985 年前后赴英购买档案的缩微胶卷，此为缩微胶卷复原的材料。档案共十余册，时间大约为 1910~1947 年。

ISBN （hardcover）

D735. 10/I3911/：15

India office records. — ［S. l. ］：［s. n. ］，［19？］.

1 v. ：maps；26 cm. —印度事务部档案：15

Includes bibliographical reference. —此为原英国外交部印度事务处档案，其中内容很多涉及近现代史上的中印关系、西藏问题。我所研究人员伍昆明等人 1985 年前后赴英购买档案的缩微胶卷，此为缩微胶卷复原的材料。档案共十余册，时间大约为 1910~1947 年。

ISBN （hardcover）

D735. 10/I3911/：2

India office records. — ［S. l. ］：［s. n. ］，［19？］.

1 v. ；26 cm. —印度事务处档案：2

Includes bibliographical reference. —此为原英国外交部印度事务处档案，其中内容很多涉及近现代史上的中印关系、西藏问题。我所研究人员伍昆明等人 1985 年前后赴英购买档案的缩微胶卷，此为缩微胶卷复原的材料。档案共十余册，时间大约为 1910~1947 年。

ISBN （hardcover）

D735. 10/I3911/：3

India office records. — ［S. l. ］：［s. n. ］，［19？］.

1 v. ；26 cm. —印度事务处档案：3

Includes bibliographical reference. —此为原英国外交部印度事务处档案，其中内容很多涉及近现代史上的中印关系、西藏问题。我所研究人员伍昆明等人 1985 年前后赴英购买档案的缩微胶卷，此为缩微胶卷复原的材料。档案共十余册，时间大约为 1910～1947 年。

ISBN（hardcover）

D735. 10/I3911／：4. 1

India office records. — ［S. l. ］：［s. n. ］，［19?］.

1 v. ; 26 cm. —印度事务部档案：4.1

Includes bibliographical reference. —此为原英国外交部印度事务处档案，其中内容很多涉及近现代史上的中印关系、西藏问题。我所研究人员伍昆明等人 1985 年前后赴英购买档案的缩微胶卷，此为缩微胶卷复原的材料。档案共十余册，时间大约为 1910～1947 年。

ISBN（hardcover）

D735. 10/I3911／：4. 2

India office records. — ［S. l. ］：［s. n. ］，［19?］.

1 v. ; 26 cm. —印度事务部档案：4.2

Includes bibliographical reference. —此为原英国外交部印度事务处档案，其中内容很多涉及近现代史上的中印关系、西藏问题。我所研究人员伍昆明等人 1985 年前后赴英购买档案的缩微胶卷，此为缩微胶卷复原的材料。档案共十余册，时间大约为 1910～1947 年。

ISBN（hardcover）

D735. 10/I3911／：5

India office records. — ［S. l. ］：［s. n. ］，［19?］.

1 v. ; 26 cm. —印度事务部档案：5

Includes bibliographical reference. —此为原英国外交部印度事务处档案，其中内容很多涉及近现代史上的中印关系、西藏问题。我所研究人员伍昆明等人 1985 年前后赴英购买档案的缩微胶卷，此为缩微胶卷复原的材料。档案共十余册，时间大约为 1910～1947 年。

ISBN（hardcover）

D735. 10/I3911/：6

India office records. — ［S. l. ］：［s. n. ］，［19?］.

1 v. ：maps；26 cm. —印度事务部档案：6

Includes bibliographical reference. —此为原英国外交部印度事务处档案，其中内容很多涉及近现代史上的中印关系、西藏问题。我所研究人员伍昆明等人 1985 年前后赴英购买档案的缩微胶卷，此为缩微胶卷复原的材料。档案共十余册，时间大约为 1910～1947 年。

ISBN （hardcover）

D735. 10/I3911/：7

India office records. — ［S. l. ］：［s. n. ］，［19?］.

1 v. ：maps；26 cm. —印度事务部档案：7

Includes bibliographical reference. —此为原英国外交部印度事务处档案，其中内容很多涉及近现代史上的中印关系、西藏问题。我所研究人员伍昆明等人 1985 年前后赴英购买档案的缩微胶卷，此为缩微胶卷复原的材料。档案共十余册，时间大约为 1910～1947 年。

ISBN （hardcover）

D735. 10/I3911/：8

India office records. — ［S. l. ］：［s. n. ］，［19?］.

457 p. ：maps；26 cm. —印度事务部档案：8

Includes bibliographical reference. —此为原英国外交部印度事务处档案，其中内容很多涉及近现代史上的中印关系、西藏问题。我所研究人员伍昆明等人 1985 年前后赴英购买档案的缩微胶卷，此为缩微胶卷复原的材料。档案共十余册，时间大约为 1910～1947 年。

ISBN （hardcover）

D735. 10/I3911/：9

India office records. — ［S. l. ］：［s. n. ］，［19?］.

1 v. ：maps；26 cm. —印度事务部档案：9

Includes bibliographical reference. —此为原英国外交部印度事务处档案，其中内容很多涉及近现代史上的中印关系、西藏问题。我所研究人员伍昆明等人 1985 年前后赴英购买档案的缩微胶卷，此为缩微胶卷复原的材料。档案共十余册，时间大约为 1910 ~ 1947 年。

ISBN （hardcover）

D822. 235. 5/M266

Manandhar，Vijay Kumar，1952 –

Cultural and political aspects of Nepal-China relations / Vijay Kumar Mana-
ndhar—1st ed. —Delhi：Adroit Publishers，1999

168 p. ；22 cm—文化政治方面的尼中关系

Includes bibliographical references （p. ［149］ – 162） and index. —本书收
集了作者 12 篇文章，论述从古代到 20 世纪 40 年代，尼泊尔和中国关系的各
个方面。如第 7 篇文章讲述 20 世纪初，中国招募混有尼泊尔和西藏血统的人
到军队服役等。

ISBN 81 – 87392 – 06 – 1：CNY90. 00

D822. 3/C518

Chengappa，Bidanda M.

India-China relations：post conflict phase to post cold war period / Bidanda M.
Chengappa. —New Delhi：A. P. H. Pub. Corp. ，2004.

vi，327 p. ；22 cm. —印中关系

Includes bibliographical references and index. —本书讲述从过去冲突阶段到
后冷战时期的印中关系，其中涉及西藏问题。书有前言，共 7 章：1. 1947 ~
1964 年，印度对中国的外交政策。2. 边境争端。3. 中巴关系与印度。4. 双
边关系的正常状态。5. 中国：多重挑战。6. 后冷战时期。7. 观察结论。

ISBN 81 – 7648 – 538 – 1 ［hbk］：CNY214. 70

D823/F5331

Fisher，Margaret Welpley，1903 –

Himalayan battleground：Sino-Indian rivalry in Ladakh / by Margaret W. Fish-
er，Leo E. Rose and Robert A. Huttenback. —New York：Praeger，1963.

viii，205 p. ：maps. ；22 cm. —喜马拉雅战场：中印在拉达克的对抗

Includes index. —Bibliography：p. 177 – 184. —全书内容如下：前言。
1. 位置。2. 拉达克在中亚的角色：公元 600 ~ 900 年。3. 拉达克作为一个独
立国家的出现。4. 对于拉达克的冲突压力：公元 1300 ~ 1600 年。5. 17 世纪

拉达克与西藏和印度的关系。6. 森巴对拉达克的征服。7. 1841～1842 年森巴
对西藏的战争。8. 拉达克与强力对抗：1845～1950 年。9. 中国共产党征服西
藏与对拉达克的影响。10. 中印边境会谈。11. 关于边境冲突的分析。12. 最
近发展和趋势。后有注释、附录、书目、地图、索引。

ISBN （hardcover）

D823／G813

Greenhut, Frederic A.

The Tibetan frontiers question：from Curzon to the Colombo Conference ／ by
Frederic A. Greenhut. —New Delhi：S. Chand & Company Ltd. , 1982.

xiv, 178p. ; 22cm. —西藏边界问题：从寇松到科伦坡会议（印中关系一
个悬而未决的因素）

Includs bibliography. —该书研究中印边界争论的由来，时间从寇松勋爵担
任印度总督到科伦坡会议。作者主要使用了英国、印度、西藏和中国的资料，
分析了边界争论的复杂性和特点，有历史、地理、文化、宗教和政治的因素。
作者认为印度政府和中国谈判，会忽略藏人的要求，与藏人谈判，会使中国
政府难堪，无论怎样解决印中边境问题，西藏人都扮演着一个关键的角色。

ISBN （hbk）：￥16. 25

D823／M665

The Ministry of Foreign Affairs of the People's Republic of China

Report of the officials of the Government of the People's Republic of China and
the Government of India on the boundary question ／ The Ministry of Foreign Affairs
of the People's Republic of China. —Beijing：The Ministry of Foreign Affairs of the
People's Republic of China，1960.

225, 358p. ; 26 cm. — （；）—中华人民共和国和印度政府关于边境问题
的正式报告

这是 1960 年中国政府和印度政府关于边境问题达成的正式报告。报告分
两部分，一是在两国政府会议期间，中方的正式声明和所做的解释。二是会
议期间，印方的正式声明和所做的解释。

ISBN PBK

D823／M9849

Murty, T. S.

Paths of peace：studies on the Sino-Indian border dispute / T. S. Murty. —New Delhi：ABC Publishing House，1983.

319 p.；21 cm. —和平之路

Includes bibliographical reference and index. —作者是印度学者，曾在北京大学和牛津大学工作，后在新德里防卫研究所工作。本书是关于中印边境争端的研究，特别涉及藏南地区。内容如下：前言。1. 理解我们的边界问题。2. 分界是什么？3. 边境和地图。4. 流域和边境。5. 传统边界的证据。6. 边界问题综述。7. 中国对阿鲁纳恰尔邦（我藏南地区）的要求。8. Neville Maxwell 关于达旺。9. 早期喜马拉雅史中的 Mon 人。10. 早期 Mon 人和达旺寺的建立。11. 一个在阿鲁纳恰尔的 Ahom 要塞。12. 印度的边境研究。13. 在喜马拉雅的牧场实践。书后有注释索引。

ISBN 0861444884（hardcover）

D823/R215

Rao，Gondker Narayana.

The India-China border / Gondker Narayana Rao. —Bombay：Asia Publishing House，1968.

106 p.：ill. 7；22 cm. —印中边界

著者在印度的迈索尔大学获硕士学位，1944～1950 年间在该大学任教。他用 20 多年时间研究国际事务，并对印中关系和边界问题做了特别研究。1960 年，他作为印度代表团的顾问与中国官员在北京、新德里、仰光讨论边界问题。全书共 10 章：1. 争论的性质。2. 传统与地理。3. 证据的性质。4. 西藏和新疆，英国和中国政治。5. 1864 年，拉达克东部的分界线。6. 1875 年，阿克赛钦地区的分界线。7. 1947 年之前，克什米尔新疆之间的分界线。8. 1914 年之前，印度的东北边疆。9. 1914～1947 年，东北边疆的管理。10. 一些结论。书中有前言、序言、附录，还附有 7 张地图。

ISBN （hbk.）

D823/S6179

The Sino-Indian border question a historical review / edited by S. P. Sen. —Calcutta：Institute of Historical Studies，1971.

xix，203 p.：ill.；21 cm. —中印边境问题的历史回顾

Includes bibliographical reference. —这是本论文集，收入不同作者的 7 篇文

章，编者想通过此书展现给读者，从 NEFA 到拉达克一带喜马拉雅的全部历史，以便读者了解从 1950～1962 年，中印边境问题的发展。1. 印度边界研究。2. 流域界线的一些问题。3. 喜马拉雅历史。4. 印中界线：西部。5. 印中界线：中部。6. 印中界线：东部。7. 1951 年以来中印关系中的西藏。后列参考书目。

ISBN (hardcover)

D827. 75/D533

Dhanalaxmi, Ravuri.

British attitude to Nepal's relations with Tibet and China (1814 – 1914) / by Ravuri Dhanalaxmi. —New Delhi: Bahri Publications Private Limited, 1981.

183p. ; 22 cm. —英国对尼泊尔与西藏和中国关系的态度 (1814 – 1914)

Includes bibliographical references and index. —作者主要研究印度现代史，现为 Paradip 学院讲师。本书是她申请哲学博士时的研究报告，经充分修订后出版。书中认为，英印政府在明确对尼泊尔政策的情况下，十分重视加德满都与拉萨和北京的关系，这种关系远早于尼泊尔与英印政府的关系，而且常常给加尔各答（后来是新德里）以重要影响。尼泊尔能充分利用这种传统关系避免来自英国的压力，而且能在北方邻国中进一步抬高身价。作者收集了大量原始材料，包括政府文件、政策制定者的私人文书等，对喜马拉雅诸国的内部关系进行了解读、分析。全书 7 章：1. 尼泊尔与西藏和中国的早期关系。2. 英国对廓尔喀军国主义的反应，1767～1816 年。3. 尼泊尔对外政策，1816～1846 年。4. 尼泊尔对外政策再定位，1846～1877 年。5. 喜马拉雅政策，1877～1900 年。6. 尼泊尔和西藏的关键时刻，1900～1904 年。7. 混乱的西藏，1905～1914 年。

ISBN (hbk): $ 14. 00.

D829. 12/A398

Ali, S. Mahmud

Cold war in the high Himalayas: the USA, China and South Asia in the 1950s/ S. Mahmud Ali—Richmond, Surrey: Curzon, 1999

xxxviii, 286 p. : map; 24 cm—20 世纪 50 年代美、中、南亚在喜马拉雅的冷战

Includes bibliographical references and index. —本书叙述了 20 世纪 50 年代

美国与印度、巴基斯坦的关系和国家安全问题，他们曾想联手沿西藏的喜马拉雅山边境，反对共产党领导中国，最后由于印巴之间的克什米尔争端，这一愿望落空。全书7章：1. 早期条约。2. 围绕喜马拉雅的表演。3. 克什米尔的落尘。4. 在外交与战争方面的隐蔽勾结。5. 聚集的战争乌云。6. 结局。7. 后记。书后有附录、注释、参考书目、索引等。

ISBN 0－7007－1169－4；CNY832.71

D829.35/C5393/：1

China south Asian relations 1947－1980. V. 1, India / edited by R. K. Jain. —New Delhi：Radiant Publishers, 1981.

599 p.；21 cm. —中国与南亚关系1947－1980 第1卷：印度

Includes bibliographical reference and index. —这部书共编辑两卷，第1卷是中印关系，第2卷是南亚其他诸国关系，包括巴基斯坦的情况，印巴冲突，孟加拉危机，印巴战争，孟加拉，尼泊尔和斯里兰卡的情况。本书是第1卷，主要收集中印两国领导人以及其他重要人物发表的涉及两国关系的讲话和文章，包括一些政府文件和报纸媒体刊登的文章，其中一些是直接关于西藏问题的。附录包括：中印之间的互访，中印之间签订的条约，中印贸易等。

ISBN（hardcover）

D829.35/C5393/：2

China south Asian relations 1947－1980. V. 2, pakistan, 1947－965. the kutch conflict indo-pak conflict of 1965 pakistan, 1966－1980 bangladesh crisis and indo-pak war of 1971 bangladesh, 1972－1980. nepal, 1950－1980 sri lanka, 1951－1980 / edited by R. K. Jain. —New Delhi：Radiant Publishers, 1981.

690 p.；21 cm. —中国南亚关系1947－1980 第2卷

Includes bibliographical reference and index. —这部书共编辑两卷，第1卷是中印关系，第2卷是南亚其他诸国关系，包括巴基斯坦的情况，印巴冲突，孟加拉危机，印巴战争，孟加拉，尼泊尔和斯里兰卡的情况。本书是第2卷。

ISBN（hardcover）

D829.351/G9753/2：

Gunawardhana, Theja.

Whither India-China relations? / by Theja Gunawardhana. —Colombo：

Swadeshi Printers，1961.

87，vii p.；23 cm. —向何处去的印中关系？

Includes bibliographical reference. —著者在本书开头声明，将此书献给有悠久历史的印中友谊，并希望和平共处五项原则之花在印中的呵护下盛开。全书 8 章：1. 印中友谊。2. 边界。3. 西藏。4. 达赖喇嘛的离去与其后的事件。5. 尼赫鲁总理的讲话。6. 中国解决缅甸和尼泊尔边界问题对印度的影响。7. 印度经济与其对政治的冲击。8. 印度可以修复损坏。有 3 个附录：希姆拉会议草约；中国西藏协议的 17 项条款；达赖喇嘛的所谓"Tezpur"提兹普尔声明。

D829. 351/H9721

Hussain，T. Karki.

Sino-Indian conflict and interantional polities in the Indian sub-continent，1962 – 1966 / T. Karki Hussain. —India：Thomson Press Limited，1977.

190 p.；23 cm. —中印冲突与印度次大陆的国际政治 1962 – 1966

Includes bibliographical reference. —全书 5 章：1. 中印冲突：一个简要的调查。2. 对印巴关系的影响。3. 美国扮演的角色。4. 苏联扮演的角色。5. 结论。有附言和参考书目。

ISBN（hardcover）

D829. 351/J587

Jetly，Nancy.

India China relations，1947 – 1977：a study of parliament's role in the making of foreign policy / Nancy Jetly. —New Delhi：Radiant Publishers，1979.

344 p.；21 cm. —印中关系 1947 – 1977

Includes bibliographical reference and index. —本书是一部对印度国会在对外政策方面所起作用的研究，主要是针对 1947 ~ 1977 年的印中关系。共 11章，有前言，1. 内容介绍。2. 初始阶段，1947 ~ 1954 年。3. Panchsheel 遵守和平共处五项原则的年代，1954 ~ 1959 年。4. 西藏叛乱，1959 年。5. 边境紧张，1959 ~ 1960 年。6. 分歧扩大，1960 ~ 1962 年。7. 入侵与停火。8. 科伦坡提案与之后。9. 敌对与共存，1964 ~ 1968 年。10. 继续僵局，1969 ~ 1977 年。11. 结论。后有注释、参考书目和索引。

ISBN（hardcover）

D829. 351/P9623

El problema de la frontera Chino-Hindu. —Peking：Ediciones en Lenguas Ex-
tranjeras，1962.

129 p.；20 cm. —中印边界问题

Includes bibliographical reference. —此书是关于中印边界问题的文件，由
北京外国语出版社出版。包括：1. 中华人民共和国声明，1962 年 10 月 24 日。
2. 周恩来总理致亚非理事会，关于中印边界问题的信。3. 中华人民共和国声
明，1962 年 11 月 21 日。4. 周恩来总理致尼赫鲁总理的信，1959 年 11 月 7
日。5. 中华人民共和国外交部给印度驻华大使馆的照会，1959 年 12 月 26 日。
6. 人民日报编辑部文章：尼赫鲁的哲学与中印边境问题，1962 年 10 月 27 日。

D829. 351/Q54

La question de la frontiere Sino-Indienne. —Peking：Editions en Langues
Etrangeres，1962.

146 p.；20 cm. —中印边界问题

Includes bibliographical reference. —此书是关于中印边界问题的文件，由
北京外国语出版社出版。包括：1. 中华人民共和国声明，1962 年 10 月 24 日。
2. 周恩来总理致亚非理事会，关于中印边界问题的信。3. 中华人民共和国声
明，1962 年 11 月 21 日。4. 周恩来总理致尼赫鲁总理的信，1959 年 11 月 7
日。5. 中华人民共和国外交部给印度驻华大使馆的照会，1959 年 12 月 26 日。
6. 人民日报编辑部文章：尼赫鲁的哲学与中印边境问题，1962 年 10 月 27 日。

D829. 351/S4644/2：

Selected documents on Sino-Indian relations：（december 1961 – may 1962）.
—Peking：Foreign Languages Press，1962.

78 p.；18 cm. —中印关系文选 1961. 12 – 1962. 5

Includes bibliographical reference. —文件包括：1. 中华人民共和国外交部
新闻发言人 1962 年 4 月 13 日发布的声明。关于公布中印政府之间的 22 项照
会和中印关于边界问题的正式报告。2. 中国外交部公布的中印政府之间互换
的照会，1962 年 4 月 13 日。3. 中国外交部 1962 年 4 月 13 日给印度驻华大使
馆的照会，关于印度军队连续侵入中国领土并且建立军事据点的问题。4. 中
国外交部 1962 年 5 月 11 日给印度驻华大使馆的照会，关于印度拒绝谈判，并
且反对达成一项新的双边贸易和往来协定。附录包括印度外交部 1962 年 4 月

11 日给中国驻印大使馆的照会，中印关于边界问题的正式报告等。

D829. 351/S6179

The Sino-Indian boundary question. —Peking：Foreign Languages Press，1962.

133 p. ; 20 cm. —中印边界问题

Includes bibliographical reference. —此书是关于中印边界问题的文件，由北京外国语出版社出版。包括：1. 中华人民共和国声明，1962 年 10 月 24 日。2. 周恩来总理致亚非理事会，关于中印边界问题的信。3. 中华人民共和国声明，1962 年 11 月 21 日。4. 周恩来总理致尼赫鲁总理的信，1959 年 11 月 7 日。5. 中华人民共和国外交部给印度驻华大使馆的照会，1959 年 12 月 26 日。6. 人民日报编辑部文章：尼赫鲁的哲学与中印边境问题，1962 年 10 月 27 日。

D829. 351/V316

Varma，Shanti Prasad.

Struggle for the Himalayas：a study in Sino-Indian relations / Shanti Prasad Varma. —New Delhi：Sterling Publishers，1965.

316 p. ; 21 cm. —对喜马拉雅的争夺

Includes bibliographical reference and index. —本书是对中印关系的研究，作者 Varma 博士是印度拉贾斯坦大学政治系主任和资深教授，还担任该大学南亚研究中心主任。本书分三个部分，共 14 章。第 1 部分，历史背景：1. 印度、中国和西藏，关系变化的模式。2. 中印友谊的高潮。3. 万隆会议，中国重返亚洲。4. 印度的中国政策。第 2 部分，重要的年代：5. 中国进入喜马拉雅。6. 跨越边境的争吵。7. 军事建设与外交联盟。8. 印度与邻国的合作关系。第 3 部分，中国的入侵与之后：9. 对抗策略。10. 中国对印度的军事入侵。11. 中国进攻背后的动机。12. 印度对中国进攻的反应。13. 印度的外交政策。14. 防卫、发展和外交。书后有索引。

ISBN （hardcover）

D829. 561/C5921

Clark，Grver.

Tibet，China and Great Britain / Grover Clark. —Peing：Peking Leader Press，1924.

57 p.；23 cm. —西藏、中国和英国

本书介绍早期西藏、中国和英国的关系。1. 介绍。2. 早期条约。3. 1904 年的进攻。4. 中国的重新认识。5. 1908 年法规。6. 中国的武力尝试。7. 对达赖的愤怒。8. 来自拉萨的驱动。9. 最后一场战斗。10. 英国最近的行动。11. 达赖与班禅。12. 下一步。

ISBN（pbk.）

D871. 21/S7742

Srivastava, Mahavir P.

British diplomacy in Asia：Persian gulf, Soviet central Asia, Tibet, China, India and Burma / Mahavir P. Srivastava. —New Delhi：Ess Ell Publications, 1978.

321 p.；20 cm. —英国在亚洲的外交

Includes bibliographical reference and index. —本书主要分析英国在亚洲的外交政策，包括波斯湾、苏联中亚地区、西藏、中国、印度和缅甸。其中第 5 章 108 ~ 122 页，专门讨论中国西藏问题。

ISBN（hardcover）

E39. 1/R4547

The revolution in Tibet and Nehru's philosophy. —Beijing：The Editorial Department of People's Daily, 1959.

18 p.；26 cm. —西藏革命与尼赫鲁的哲学

Includes bibliographical reference. —这是人民日报编辑部于 1959 年 5 月 6 日发表的文章。

F127/B259K92

Barnett, A. Doak. 1921 –

China's far West：four decades of change / A. Doak Barnett. —Boulder：Westview Press, 1993.

xiii, 688 p. : ill. , maps；25 cm. —中国西部：四十年沧桑

Includes bibliographical references and index. —本书作者鲍大可（A. Doak Barnett），1921 年出生于上海，是与费正清（John Fairbank）、斯卡拉宾诺（Robert Scalapino）齐名美国的"三大中国通"，是美国当代中国学的开拓者

和奠基人之一，毕生致力于推动中美关系的改善和发展。鲍大可一家人都与中国有着极深的渊源，父母是 19 世纪末 20 世纪初来华的传教士。他在中国度过少年时代，1936 年随父母回国。1947 年取得耶鲁大学硕士学位，他先后担任过报社记者、大学教授、多个学术机构的项目主持人及美国政府顾问等职。他在中国生活、工作几十年，著有多部关于中国的著作，毕生致力于促进中美两国人民的友谊和了解，为两国人民怀念。本书介绍中国西部地区的情况，其中第 5 章是青海，第 7 章是四川甘孜的情况。

ISBN 0 - 8133 - 1773 - 8：CNY453. 43

ISBN 0 - 8133 - 1774 - 6（pbk）

F135／P197

Pant, S. D.

The social economy of the Himalayans: based on a survey in the kumaon Himalayas / by S. D. Pant; with a foreword by Edward Blunt. —London: George Allen & Unwin Ltd. , 1935.

264 p. : ill. , map; 22 cm. —喜马拉雅地区的社会经济

Includes bibliographical references（p. 248 - 249）and index（p. 250 - 264）—本书讲述 20 世纪 30 年代前期印度喜马拉雅地区的经济，其中多处提及西藏。

ISBN（hardcover）

G255／S646

Smith, E. Gene, 1936 -

Among Tibetan texts: history and literature of the Himalayan Plateau / E. Gene Smith; edited by Kurtis R. Schaeffer; with a foreword by Jeffrey Hopkins. —Boston: Wisdom Publications, 2001.

xiii, 384 p. ; 24 cm. —（Studies in Indian and Tibetan Buddhism）—藏文典籍中：喜马拉雅高原的历史和文献

Includes bibliographical references（p. 341 - 355）and index. —主编史密斯是位美国学者，是美国藏族研究中心的活跃人物。30 年来，他奔走于国会图书馆的藏学文献出版工程，呼吁抢救和出版那些亟待保护的文献，这些文献是流亡到锡金、不丹、印度、尼泊尔的藏人搜集、携带的。史密斯为这部文献集作了序，以帮助人们搞清这些特殊文献的情况。这些文献的影印件曾被

学者们手手相传，现在终于能聚成册出版，史密斯本人对这些文献中涉及的藏族历史、宗教思想、文学的研究也产生了广泛的影响。

ISBN 0 – 86171 – 179 – 3（acid-free paper）CNY447. 84

G853. 51/E9295

Evans-wentz, W. Y. 1878 – 1965

Tibetan yoga and secret doctrines：or seven books of wisdom of the great path，according to the late lama kazi dawa-samdup's english rendering / W. Y. Evans-wentz. —London：Oxford University Press，1935.

389 p.：illus.；21 cm. —西藏瑜伽和密宗

Includes bibliographical references and index. —作者是位人类学家，对探索宗教经验有浓厚兴趣，他认为人类是个大家庭，永远超越国家、地域限制。他还有几本关于西藏宗教的著作，如《藏人论解脱》、《西藏度亡书》等，其作品被多种著作引用。作者在本书中向西方读者介绍藏传佛教的要义，特别是了解人心智的瑜伽和密宗的情况。全书除序言外，共7卷。

ISBN（hardcover）

H214 – 62/H4961

Henderson, Vincent C.

Tibetan manual / Vincent C. Henderson. —Calcutta：The Baptist Mission Press，1903.

129 p.；27 cm. —藏语手册

Includes bibliographical reference. —加尔各答1903年出版的藏语学习手册。分两部分，1. 包括预备系列，语法注释，短语和练习。2. 英藏词汇。

ISBN（hardcover）

H214. 1/G696

Gould, Basil.

Tibetan syllables / by Basil Gould. —Oxford：Oxford Univerisity Press，1943.

119 p.；18 cm. —藏语拼音

Includes bibliographical reference. —分析藏语拼音和音节的著作，有藏、英和国际音标的排列对照。

ISBN（hardcover）

H214. 1/G696

Gould, Basil. 1883 – 1956

Elementary Tibetan syllables / Basil Gould. —London: Oxford University Press, 1943.

119 p. ; 17 cm. —藏语基本音节

作者是一名英国官员，曾在温彻斯特学院和牛津大学学习，1912 ~ 1913 年间在西藏江孜担任英国贸易代表。1935 ~ 1945 年间在锡金、不丹、西藏任职，1936 年，他率一个代表团去拉萨与西藏政府商谈关于九世班禅返回西藏的可能性，同时也讨论英军帮助拉萨及英国官员派驻拉萨的问题，这些遭到西藏政府的拒绝。1940 年，他参加了十四世达赖喇嘛的坐床仪式。1945 年，英国在他的操持下，在拉萨办了一所学校，后迫于宗教势力关闭。作者最后在拉萨去世。

ISBN （hardcover）

H214. 2/L6931

Li, Fang Kuei.

A study of the old Tibetan inscriptions / by Fang Kuei Li, W. South Coblin. —Taipei; Taiwan: Nankang, 1987.

486 p. ; 27 cm. —古代西藏碑文研究

Includes bibliographical reference. —本书为台湾中央研究院历史语言研究所专刊之九十一。作者为李方桂，柯蔚南。全书分 3 部分 16 章。第 1 部分导言，1. 古代西藏碑文的语言历史背景。2. 古代西藏碑文研究。第 2 部分正文，从 821 ~ 822 年汉藏条约碑文直到敦煌石窟的碑文，共 14 种，既有碑文，又有英文译文。第 3 部分，难词词汇表和文献目录。

ISBN （hardcover）

H214. 2/P391/：1

Pelliot, Mission Paul. 1878 – 1945

Choix de documents Tibetains. T. 2 / Mission Paul Pelliot. —Paris: Bibliotheque Nationale, 1979.

304 p. ; 32 cm. —法藏敦煌吐蕃文献 （2）

Includes bibliographical references. —此书是法国国家图书馆藏伯希和所收敦煌吐蕃文献。伯希和是法国汉学家，曾从著名汉学家沙畹、高第等学汉文，

1902 年起在北京法国使馆任职 2 年，1908 年和斯坦因同往敦煌，窃取我国文物 5000 余件。他通晓汉、满、藏、蒙、阿拉伯、伊朗等东方语言，研究中西交通史，曾主编《通报》，他的大部分文章均发表在《通报》上。西方认为他是 20 世纪最具权威的汉学家。全书 2 卷，此为第 2 卷。

ISBN （hardcover）

H214. 2/P391／：1

Pelliot，Mission Paul. 1878 – 1945

Choix de documents Tibetains. T. 1 / Mission Paul Pelliot. —Paris：Bibliotheque Nationale，1978.

304 p. ；32 cm. —法藏敦煌吐蕃文献（1）

Includes bibliographical references. —此书是法国国家图书馆藏伯希和所收敦煌吐蕃文献。伯希和是法国汉学家，曾从著名汉学家沙畹、高第等学汉文，1902 年起在北京法国使馆任职 2 年，1908 年和斯坦因同往敦煌，窃取我国文物 5000 余件。他通晓汉、满、藏、蒙、阿拉伯、伊朗等东方语言，研究中西交通史，曾主编《通报》，他的大部分文章均发表在《通报》上。西方认为他是 20 世纪最具权威的汉学家。全书 2 卷，此为第 1 卷。

ISBN （hardcover）

H214. 4 / H2435

Hannah，Herbert Bruce.

A grammar of the Tibetan language literary and colloquial / by Herbert Bruce Hannah. —Calcutta：Printed at the Baptist Mission Press，1912.

396 p. ；25 cm. —藏语语法：书面语和口语

Includes bibliographical reference. —本书为研究藏语语法的著作，共 3 章 39 节，第 1 章，初级阶段；第 2 章，词源学；第 3 章，句法分析。包括规范的书面语和口语。原书 1912 年在加尔各答出版，1996 年在德里再版。

ISBN （hardcover）

H214. 4 / H2435

Hannah，Herbert Bruce

A grammar of the Tibetan Language：Literary and Colloquial / Herbert Bruce Hannah—Delhi：Motilal Banarsidss Publishers Private Limited，1912.

xvii, 398 p. ; 25 cm—藏语语法: 书面语和口语

本书为研究藏语语法的著作, 共 3 章 39 节, 第 1 章, 初级阶段; 第 2 章, 词源学; 第 3 章, 句法分析。包括规范的书面语和口语。原书 1912 年在加尔各答出版, 1996 年在德里再版。

ISBN 81 – 208 – 0786 – 3 (Cloth): CNY85. 50

ISBN 81 – 208 – 0787 – 1 (Paper)

H214. 4/D2291

Das, Sarat Chandra. 1849 – 1917

An introduction to the grammar of the Tibetan language with the texts of situhi sum-rtags, dag-je sal-wai me-long and situhi shal-lun / Sarat Chandra Das. —India: the Darjeeling Branch Press, 1915.

1 v. ; 27 cm. —藏语语法导论

Includes bibliographical reference. —作者瑟拉特钱德拉达斯是印度佛教协会秘书长, 孟加拉亚洲学会会员。1874 年, 他被任命为大吉岭藏族寄宿学校的校长。他到西藏进行了一些探险, 与十三世达赖喇嘛结识, 并对研究藏族的语言、文化深感兴趣, 写有很多关于藏学的研究著作。1902 年编成《藏英词典》。1915 年在印度出版《藏语语法导论》, 很有影响, 1941 年中华民国重新影印出版此书。

ISBN (hardcover)

H214. 4/D2291

Das, Sarat Chandra, 1849 – 1917.

An introduction to the grammar of the Tibetan language: with the texts of Situhl sum-rTAGs, Dag-je sal-wai me-long, and Situi shal lun / by Sarat Chandra Das. — Darjeeling: Printed at the Darjeeling Branch Press, 1915.

various pagings; 28 cm. —藏语语法导论

作者瑟拉特钱德拉达斯是印度佛教协会秘书长, 孟加拉亚洲学会会员。1874 年, 他被任命为大吉岭藏族寄宿学校的校长。他到西藏进行了一些探险, 与十三世达赖喇嘛结识, 并对研究藏族的语言和文化深感兴趣, 写有很多关于藏学的研究著作。1902 年编成《藏英词典》。1915 年在印度出版《藏语语法导论》, 很有影响, 1941 年中华民国重新影印出版此书。

ISBN (hardcover)

H214. 6/D2291/3

Das, Sarat Chandra. 1849 – 1917

A Tibetan-English dictonary with sanskrit synonyms / by Sarat Chandra Das, Graham Sandberg. —Caloutta： the Bengal Secretariat Book Depot，1951.

1353 p. ; 26 cm. —藏英词典

Includes bibliographical reference. —作者瑟拉特钱德拉达斯是印度佛教协会秘书长，孟加拉亚洲学会会员。1874 年，他被任命为大吉岭藏族寄宿学校的校长。他于 1879、1881 年两度进藏，与十三世达赖喇嘛结识，并对研究藏族的语言和文化深感兴趣，写有很多关于藏学的研究著作。1915 年在印度出版的《藏语语法导论》，很有影响，1941 年中华民国重新影印出版此书。这本《藏英词典》1902 年初版，1951 年再版。每一词条除藏英对照外，都附梵文同义词。

ISBN （hardcover）

H214. 6/G624H316

Goldstein, Melvyn C.

English-Tibetan dictionary of modern Tibetan / compiled by Melvyn C. Goldstein with Ngawangthondup Narkyid—Rev. ed. —Dharamsala： Library of Tibetan Works & Archives，1999

xix, 342 p. ; 25 cm. —现代英藏词典

English and Tibetan. —The first scholarly English-Tibetan dictionary, as well as the only one that is semantically sensitive, this work specifies the Tibtan terms that correspond to the submeanings of a single English term. Containing roughly 16, 000 main entries, most of which have multiple subentries, the Dictionary treats a total of 45, 000 lexical items. Each entry includes the written Tibetan orthography. Grammatical features are also noted, and all the examples of usage are presented with both the Tibetan orthography and the romanization of the written Tibetan. —这本现代英藏词典是 1984 年初版，1986 年再印，1999 年又修订再版的。包括大概 16000 个主要款目，约 45000 个对应词条，一些专业术语也有准确对应。

ISBN CNY121. 50

H214. 6/G696

Gould, Basil.

Tibetan word book / by Basil Gould, Hugh Edward Richardson. —Oxford：Oxford University Press, 1943.

447 p. ; 25 cm. —藏语词汇

Includes bibliographical reference and index. —全书收藏语词汇 3950 个。两位作者都曾是英印官员，一位是驻西藏和不丹的政治代表，一位担任过英国使团驻江孜和拉萨的商务代办。本书系罗常培先生所赠。

ISBN （hardcover）

H214. 6/K848

Koros, Alexender Csoma de 1784 – 1842.

A dictionary of Tibetan and English / by Alexender Csoma de Koros；assisted by Sangs-Rgyas Phun-Tshogs. —New Delhi：Cosmo, 1978.

xxii, 351 p. ; 29 cm. —藏英词典

Reprint of the 1834 ed. published by the Baptish Mission in Calcutta with title：Essay towards a dictionary, Tibetan and English. —作者乔玛是匈牙利著名东方学家、藏学创始人。年轻时曾在罗马尼亚的一个基督教学院学习，后在德国的哥廷根大学学习。掌握多种语言。他为了寻找匈牙利人的起源，向东旅行。历尽坎坷，曾于 1823 年 6 月 20 日至 1824 年 10 月 22 日，1825 年 6 月 6 日至 1827 年 1 月，1827 年 8 月至 1830 年秋三次进入西藏，并结交了达赖喇嘛，以他为师学习藏族文化。编成了第一部藏英词典，包括藏字、语法、佛教用语的术语表，出版了英文版本的 Mahāvyutpatti。收集汇编了大量来自各个领域的藏文资料。1842 年，他再次打算去西藏首府拉萨，并从那里向北方中国进发，进入维吾尔和蒙古人的地区，找到一些有关古代匈牙利人的消息来源，途中不幸患疟疾去世。这是他在一位藏族助手的帮助下编写的历史上第一部藏英词典，以此为交换条件，争取英国人的经费赞助，以便再次赴藏。词典 1834 年在加尔各答初版，本书为 1978 年重印。

ISBN HBK

H214. 6/N532H214. 6

The new Tibetan-English dictionary of modern Tibetan / Melvyn C. Goldstein, editor—Berkeley：University of California Press, c2001

xvi, 1195 p. ; 29 cm—现代藏语新藏英词典

这是美国加利福尼亚大学最新版的现代藏英词典，词典按藏文字母排序。

ISBN 0 – 520 – 20437 – 9 （alk paper：CNY488.00

H214.6/R535

Richter, Eberhardt

Worterbuch Tibetisch-Deutsch ／ Eberhardt Richter—Leipzig Berlin Munchen Wien Zurich New York：Langenscheidt, Verlag Enzyklopadie, 1992.

444 p.；20 cm.—藏德词典

最早在德国 1966 年出版的藏德词典，1992 年再版。按三十个藏文字母顺序排列，标出词性，用德文解释。

ISBN 3 – 324 – 00274 – 5：CNY662.00

H214.6/T553

A Tibetan-English dictionary ／ H. A. Jaschke—Richmond Surrey：Curzon Press, 1998

xxii, 671p.；22 cm—藏英词典

作者海因里希·雅施克是基督徒传教士，他是摩拉维亚赴西藏传教使团的《圣经》翻译。这本藏英词典初版于 1881 年，是在作者于此几年前出版的藏德词典的基础上完成的，后经多次再版。作者在完成藏德词典时，曾在 Ladakh、Lahoul 和 Spiti 交界地区的藏族中生活了多年，进行考察研究。本词典对各类词汇做了非常有用的文本解释，特别是对佛教哲学，还吸收了很多流行的土语方言。词典还提供了梵语对照，并增加了英藏词汇表。

ISBN 0 – 7007 – 0681 – X：CNY650.50

H214.6/T553

Tibetan-English dictionary of new words ／ editor, Paul G. Hackett. —Springfield, VA：Dunwoody Press, 2001.

iv, 268 p.；24 cm. —藏英新词词典

收集大量藏语新词汇。

ISBN 1 – 881265 – 30 – 7：CNY434.40

H214.9/D699

Dorje, Lama Lobzang Mingyur.

A Tibetan-English primer ／ by Lama Lobzang Mingyur Dorje. —Calcutta：The

University of Calcutta，1938.

    37 p.；21 cm. —藏语初阶

Includes bibliographical reference. —加尔各答大学 1938 年编的藏语识字课本，用英文解说，共 6 部分。原书为罗常培先生赠。

ISBN PBK￥0.50

H214/A4568

Alphabetum tangutanum sive Tibetanum. — ［S.l.］：Romae Mdcclxxiii，1800.

    138 p.；18 cm. —藏语字母学习

Includes bibliographical reference. —本书为意大利文，是 18 世纪时学习藏文的课本，书中有拉丁文与藏文字母的对照。

H214/A529

Amundsen，Edward.

Primer of standard Tibetan / by Edward Amundsen. —Darjeeling：The Scand all Tibetan Mission Press，1903.

    180 p.；25.5 cm. —初级标准藏语

Includes bibliographical reference. —英文初级藏语教科书，共分三部分 144 节。包括字母、发音、家庭用语、词汇、会话、使用字典等。

ISBN（hardcover）

H214/B4331（2）/2：

Bell，C. A. 1870 - 1945

Grammar of colloquial Tibetan / C.A. Bell. —2nd ed. —Calcutta：Bengal Secretariat Book Depot，1905

    224 p.；18 cm. —藏语口语语法

作者贝尔，英国人。1891 年进入英印政府，1904～1921 年间，在我国西藏及不丹和锡金充当英国政府代理人。是西方所谓"西藏通"。在藏期间，他经常同达赖密谈，离间西藏和中央的关系，培植亲英势力，策动西藏独立。他是帝国主义势力在西藏的代表人物。著有《藏语口语语法》、《英藏口语词典》、《西藏今昔》、《西藏的宗教》、《西藏的人民》、《达赖喇嘛画像》等书。这是本书的第二版。全书 17 章：第 1 章，字母和发音。第 2 章，定冠词和不定冠词。第 3 章，名词。第 4 章，形容词。第 5 章，助动词。第 6 章，动词。第 7 章，动词续。第 8 章，数词。第 9 章，代词。第 10 章，副词。第 11 章，助词、连词和感叹词。第 12 章，句子中的词序。第 13 章，敬语。第 14 章，杂项，货币体系、度量衡、时间、年、季、日期、每周的天和每天中的时间。第 15 章，会话翻译，直译和意译。第 16 章，会话练习，一般会话、会话续、与服务员交谈、食物、每天的时间、每周的天、日期、季节、天气、与老师会话、亲属、行进中、过河、与路人谈话、在某地问话、为部队采购物资、到集市买肉等。第 17 章，藏文手写练习。

ISBN（hardcover）

H214/B4631

Benedict，Paul K.

Sino-Tibetan a conspectus / Paul K. Benedict. —Cambridge：The University Press，1972.

229 p.；21×26 cm. —汉藏语系大纲

Includes bibliographical reference and index. —本书为汉藏语言纲要，包括藏缅语的语言结构，Karen 语和汉语的情况。

ISBN（hardcover）

H214/B573

Beyer，Stephan V.，1943 –

The classical Tibetan language / Stephan V. Beyer—Albany：State University of New York Press，c1992.

xxiv，503 p.：ill.；24 cm. —（SUNY series in Buddhist studies）—古典藏语

Includes bibliographical references（p. 424 – 498）and index. —著者具有博士学位，曾专注于佛学研究，并写有关于藏传佛教的专著《塔拉的崇拜：巫术、藏传佛教仪式的体验》。藏语文在亚洲诸语言中使用的历史最为悠久，仅次于汉语，可以追溯到 7～8 世纪，用字母记录的手稿保留了当时语言发音的特点。本书是一部综合描述藏语的著作，作者用研究其他语言的描述类别来分析古代藏语，介绍了藏语文文学表达的特点，全面论述了各种语言现象、方言的变化、各种成语的发展等。全书内容包括：藏文课文、书写系统、发音、音节、词汇、变化、词组、简单结构、复合结构、句子、跨越句式、参

考书目等。

ISBN 0 – 7914 – 1100 – 1 （pbk）：CNY276. 56

ISBN 0 – 7914 – 1099 – 4

H214/B5825/：1

Shafer, Robert.

Bibliography of Sino-Tibetan languages. v. 1 / Robert Shafer. , Berkeley. — Wiesbaden：Otto Harrassowitz, 1957.

211 p. ; 24 cm. —汉藏语言学书目

Includes bibliographical reference. —这是首次收集出版，所有已知关于汉藏语言的书目。大约有 400 种语言和方言，从很少有人说的几种语言，直到有 6 亿人说的汉语。本书开始是一个私人进行比较研究的书目，后来逐步扩展到印度非印欧语言的调查。书目包括的文献从 50 年前一直到现在。

ISBN PBK ￥22. 80

H214/B5825/：2

Shafer, Robert.

Bibliography of Sino-Tibetan languages. v. 2 / Robert Shafer. , Berkeley. — Wiesbaden：Otto Harrassowitz, 1963.

141 p. ; 24 cm. —汉藏语言学书目

Includes bibliographical reference. —这是首次收集出版，所有已知关于汉藏语言的书目。大约有 400 种语言和方言，从很少有人说的几种语言，直到有 6 亿人说的汉语。本书开始是一个私人进行比较研究的书目，后来逐步扩展到印度非印欧语言的调查。书目包括的文献从 50 年前一直到现在。这是第二卷，1957 年出版的第一卷。

ISBN PBK ￥82. 80

H214/C4561/：1

Chandra, Lokesh.

Tibetan-sanskrit dictionary. Vol. 1 / by Dr. Lokesh Chandra. —New Delhi：International Academy of Indian Culture, 1958.

1 vol. ; 27 cm. —藏梵语词典 第 1 卷

载于洛克什钱德拉主编的《印度亚洲丛书之西藏文选》。

ISBN（hardcover）

H214/C4561/：2

Chandra，Lokesh.

Tibetan-sanskrit dictionary. Vol. 2 / by Dr. Lokesh Chandra. —New Delhi：
International Academy of Indian Culture，1959.

1 vol.：ill.；27 cm. —藏梵语词典 第 2 卷

载于洛克什钱德拉主编的《印度亚洲丛书之西藏文选》。

ISBN（hardcover）

H214/C4561/：3

Chandra，Lokesh.

Tibetan-sanskrit dictionary. Vol. 3 / by Dr. Lokesh Chandra. —New Delhi：
International Academy of Indian Culture，1959.

1 vol.：ill.；27 cm. —藏梵语词典 第 3 卷

载于洛克什钱德拉主编的《印度亚洲丛书之西藏文选》。

ISBN（hardcover）

H214/C4562/：2

Chang，Kun.

Spoken Tibetan texts：2 / by Kun Chang，Betty Shefts Chang. —Taipei：Nan-
kang，1978.

295 p.；27 cm. —（Institute of history and philology academia sinica；No.
74）—西藏口语语料

Includes bibliographical reference. —此书为台湾中央研究院历史语言研究
所专刊之74，西藏口语语料第二卷，共13 节，内容为去邮局、商店、购物、
会面、看病、游园等日常生活口语，藏英文对照，张琨等著。

H214/C934

Ishikawa，Mie

A critical edition of the sgra sbyor bam po gnyis pa：an old and basic commen-
tary on the mahavyutpatti / Mie Ishikawa. —Toyo：The Toyo Bunko，1990.

137p.；26 cm. —（Studia Tibetica No. 18；2）—藏传佛教用语翻译

Includes bibliographical references and index. —本书是 1961 年以来，东洋文库对西藏语言、历史、宗教、社会综合研究的成果。从公元 814 年墀德松赞统一佛经译语开始，到后来各种版本的大藏经出现。本书对各种藏经的译语进行了整理编排，以求有利于后人掌握。

ISBN PBK

H214/D2291

Das，Sarat Chandra. 1849 – 1917.

An introduction to the grammar of the Tibetan language：with the texts of situhl sum-rtags，dag-je sal-wai me-long and situhi shal-lun / Sarat Chandra Das. — [S. l.：s. n.]，1915.

1 vol.；27 cm. —藏语语法导论

作者瑟拉特钱德拉达斯是印度佛教协会秘书长，孟加拉亚洲学会会员。1874 年，他被任命为大吉岭藏族寄宿学校的校长。他到西藏进行了一些探险活动，与十三世达赖喇嘛结识，并对研究藏族的语言和文化深感兴趣，写有很多关于藏学的研究著作。1902 年编成《藏英词典》。1915 年在印度出版《藏语语法导论》，很有影响，1941 年中华民国重新影印出版此书。

ISBN （hardcover）

H214/E135/2：

Go，Minoru.

An eastern Tibetan dictionary （revised） and a study of the eastern Tibetan language：with special reference to the initial consonants / edited by Minoru Go... ［et al.］；published by Minoru Go. —Japan：［s. n.］，1954.

1 vol.：ill.；26 cm. —东部藏语词典 （修订本）

东部藏语词典 （修订本） 包括 2282 个词条，用音标、英文、日文和汉文对照，还有藏文索引。分别按类别、音序排列。本书为日本学者编写，可以作为学习东部藏语的重要参考。

ISBN （hardcover）

H214/J391

Jaschke，H. A. 1817 – 1883

Tibetan grammar / H. A. Jaschke；supplement of readings with vocabulary by

John L. Mish. —New York：Frederick Ungar Publishing Co. , 1954.

126 p. ; 25 cm. —藏语语法

作者是摩拉维亚使团的一名传教士，曾去拉胡尔和拉达克，精通藏语。他为藏族儿童写了很多教科书，并且把《圣经》译为藏文，还写了简明实用的藏语语法，其中特别提到口语方言问题。他于 1865 年出版了罗马字的《藏英词典》，1866 年把印地语和乌尔都语译为藏语，还编写了藏语语法词典，于 1881 年在伦敦出版。他还写了一些关于藏语语音的论文，并把米拉日巴的诗歌译为德文出版。

ISBN （hardcover）

H214/K472

Kielhorn，F.

A grammar of the Sanskrit language ／ by F. Kielhorn. —N. Delhi：Cosmo Publications，1976.

266 p. ; 22 cm. —梵语语法

Includes bibliographical reference. —梵语是印欧语系最古老的语言之一，已经成为一种属于学术和宗教性质的专门用语。梵语原是西北印度上流知识阶层运用的语言，后成为古代印度的标准书面语，对藏语和藏传佛教都有影响。

ISBN hardcover

H214/K784

Koerber，Hans Nordewin von. 1896 – 1979

Morphology of the Tibetan language：a contribution to comparative indosinology／ Hans Nordewin von Koerber. —Suttonhouse：Los Angeles，1935.

230 p. ; 27 cm. —藏语语法

本书系用英文撰写的藏语语法，全书 7 章，并带附录词表。作者是美国人，曾任中国厦门大学东方语言学教授、美国南加州大学东方研究所教授等。—Includes index.

ISBN （hardcover）

H214/K848

Koros，Alexander Csoma de. 1784 – 1842

A grammar of the Tibetan language in English / by Alexander Csoma de Koros. —Calcutta: Printed at The Baptist Misson Press, 1834.

1 v.; 26 cm. —英文藏语语法

Includes bibliographical reference. —作者乔玛是匈牙利著名东方学家、藏学创始人。年轻时曾在罗马尼亚的一个基督教学院学习，后在德国的哥廷根大学学习。掌握多种语言。他为了寻找匈牙利人的起源，向东旅行。历尽坎坷，曾于 1823 年 6 月 20 日至 1824 年 10 月 22 日，1825 年 6 月 6 日至 1827 年 1 月，1827 年 8 月至 1830 年秋三次进入西藏。并结交了达赖喇嘛，以他为师学习藏族文化。编成了第一部藏英词典，包括藏字、语法、佛教用语的术语表，出版了英文版本的 Mahāvyutpatti。收集汇编了大量来自各个领域的藏文资料。1842 年，他再次打算去西藏首府拉萨，并从那里向北方中国进发，进入维吾尔和蒙古人的地区，找到一些有关古代匈牙利人的消息来源，途中不幸患疟疾去世。这是他研究藏语，使用英文撰写的藏语语法书，本书为 1834 年加尔各答原版。全书 256 节，包括音节表和各种字母型体。

ISBN （hardcover)

H214/K848

Koros, Alexander Csoma de. 1784 – 1842

A grammar of the Tibetan language in English / by Alexander Csoma de Koros. —New York: The Altai Press, 1834.

204，40 p.; 27.5 cm. —英文藏语语法

Includes bibliographical reference. —作者乔玛是匈牙利著名东方学家、藏学创始人。年轻时曾在罗马尼亚的一个基督教学院学习，后在德国的哥廷根大学学习。掌握多种语言。他为了寻找匈牙利人的起源，向东旅行。历尽坎坷，曾于 1823 年 6 月 20 日至 1824 年 10 月 22 日，1825 年 6 月 6 日至 1827 年 1 月，1827 年 8 月至 1830 年秋三次进入西藏。并结交了达赖喇嘛，以他为师学习藏族文化。编成了第一部藏英词典，包括藏字、语法、佛教用语的术语表，出版了英文版本的 Mahāvyutpatti。收集汇编了大量来自各个领域的藏文资料。1842 年，他再次打算去西藏首府拉萨，并从那里向北方中国进发，进入维吾尔和蒙古人的地区，找到一些有关古代匈牙利人的消息来源，途中不幸患疟疾去世。这是他研究藏语，使用英文撰写的藏语语法书，1834 年在加尔各答出版原版，本书为 1995 年以后重印。全书 256 节，包括音节方案和各种字母型体。

ISBN 0877980098 （hardcover）

H214/M2941

Bell，Charles Alfred，Sir，1870 – 1945.

Manual of colloquial Tibetan / Charles Bell. — ［S. l. ］：［s. n. ］，［19?］．

562 p. ； 20 × 26 cm. — 藏语口语手册

Includes bibliographical reference. — 作者贝尔，英国人。1891 年进入英印政府，1904～1921 年间，在我国西藏及不丹和锡金充当英国政府代理人。是西方所谓的"西藏通"。在藏期间，他经常同达赖密谈，离间西藏和中央的关系，培植亲英势力，策动西藏独立。他是帝国主义势力在西藏的代表人物。著有《藏语口语语法》《英藏口语词典》《西藏今昔》《西藏的宗教》《西藏的人民》《达赖喇嘛画像》等书。此《手册》将原《藏语口语语法》《英藏口语词典》合二为一，初版于 1905 年，曾于 1919 年、1939 年和 1965 年多次重印。1979 年收入《喜马拉雅丛书》时，加印了一张彩色西藏详细地图。此书第 1 册语法部分，190 页；第 2 册词典部分，562 页。这是该书第 2 册。

ISBN （hardcover）

H214/M5283

Melong，Dag-je Sal-wai.

An introduction to the grammar of the Tibetan language / Dag-je Sal-wai Melong，Situi Shal Lung. — Delhi：Motilal Banarsidass，1983.

1 v. ； 26 cm. — 藏语语法导论

Includes bibliographical reference. — 本书初版于 1915 年，1972 年和 1983 年再版。所叙述的藏语语法结构，不仅适于一般读者了解藏语书面语，对宗教人员掌握藏传佛教文献的语法构成也有极大帮助，因为它几乎分析了大部分印度佛教著作的情况。同时它还对梵语学习提供了帮助，对存在于藏语中的梵语词汇进行了解读和翻译，包括礼貌、风俗、观点、知识、愚昧、迷信、希望和恐惧，特别是印度古代时期的用语。

ISBN 0895819880 （hardcover） Rs. 150

H214/M6471

Miller，Roy Andrew. 1924 –

The Tibetan system of writing / Roy Andrew Miller. —Washington: American Council of Learned Societies, 1956.

30 p. ; 22 cm. — (American council of learned societies; number 6) 一藏文书写系统

作者 1950 年曾在印度北部调查藏语口语，后来在东京国立基督教大学和美国耶鲁大学学习工作。1953 年获美哥伦比亚大学汉文和日文博士。1970 年在华盛顿大学任教授兼亚洲语言文学系主任。著述颇丰，除本书外，还有《西藏传统语法研究》《日本语言》《日本和其他阿尔泰语言》等。本书专门讲述藏文的书写规则、语法等。

H214/R717

Roerich, George N.

Textbook of colloquial Tibetan / George N. Roerich. and Lobsang Phunshok Lhalungha—New Delhi: Manjusri, 1978.

vi, 280 p. ; 25 cm. 一藏语口语会话

Includes bibliographical reference. —本书是关于西藏中部方言的藏语口语读本，1952 年新德里首版，包括语法、会话练习、词汇等，附引用书目。作者为英人乔治·罗埃里奇和藏人罗桑·彭错·拉隆，他们曾在大吉岭照料藏族学生进行教学工作。此书初版于 1952 年，1972 年在新德里出增订二版，1978 年再版。此书已收入《喜马拉雅丛书》第二辑第三卷。

ISBN (hardcover)

H214/R768

Rona-Tas, A.

Tibeto-Mongolica: the Tibetan loanwords of Monguor and the development of the archaic Tibetan dialects / by A. Rona-Tas. —Budapest: Publishing House of the Hungarian Academy of Sciences, 1966.

232 p. ; 23 cm. 一藏语－蒙古语

Includes bibliographical reference and index. —作者罗纳陶什是二战后，在匈牙利科学院院士利盖蒂（Lajos Ligeti）指导下成长起来的藏学家，写有一些藏学论文。本书主要讲述甘肃、青海地区土族语言中的藏语借词和古代藏语方言的发展问题。全书 7 章：1. 资料来源。2. 土族语言中的藏语借词表。3. 语音体系的比较。4. 关于发展的评论。5. 藏语方言的发展。6. 借词的来

源。7. 历史和社会背景。另外包括结论、参考书目和索引。

ISBN （hardcover）

H214/T553

Goldstein，Melvyn C.

Tibetan-English dictionary of modern Tibetan / editor Melvyn C. Goldstein. —
Kathmandu Nepal：Ratna Pustak Bhandar，1978.

1234 p. ; 21 cm. — （Bibliotheca Himalayica Series 2 Vol. 7. ）—现代藏英
词典

此书为尼泊尔加德满都出版的现代藏英词典。首版于 1975 年。主编为美
国藏学家梅尔文·戈尔茨坦，才仁多吉扎西任助理编辑，参加此书编辑的还
有：丘登·戈尔茨坦、杨和晋、央金等。全书收现代藏语词汇 4 万多个，词
典之首有藏语构词法和藏语语法说明。此书系《喜马拉雅丛书》第 2 卷第 9
种。此书较有特点，质量也较好，上海辞书出版社的《辞书研究》1981 年第
3 期第 155 ~ 156 页对此书有评价。

ISBN hardcover ￥3. 60

H316/J391

Jaschke，H. A. 1817 – 1883

A Tibetan-English dictionary：with special reference to the prevailing dialects /
H. A. Jaschke. —London：Routledge & Kegan Paul Ltd. ，1958.

671 p. ; 22 cm. —藏英词典

作者海因里希·雅施克是基督徒传教士，他是摩拉维亚赴西藏传教使团
的《圣经》翻译。这本藏英词典初版于 1881 年，是在作者于此几年前出版的
藏德词典的基础上完成的，后多次再版。作者在完成藏德词典时，曾在 Lada-
kh、Lahoul 和 Spiti 交界地区的藏族中生活了多年，进行考察研究。本词典对
各类词汇做了非常有用的文本解释，特别是对佛教哲学，还吸收了很多流行
的土语方言。词典还提供了梵语对照，并增加了英藏词汇表。

ISBN （hardcover）

H4/S5251

Shafer，Robert.

Introduction to Sino-Tibetan / by Robert Shafer. —Wiesbaden：Otto Harrassowitz, 1974.

525 p.; 28 cm. —汉藏语系介绍

Includes bibliographical references and index. —对汉藏语系各语族情况进行介绍。

ISBN (hardcover)

H42/S531

Sharma, D. D. 1928 –

A comparative grammar of Tibeto-Himalayan languages of Himachal Pradesh & Uttarakhand / D. D. Sharma—1st ed. —New Delhi, India: Mittal Publications, 1994.

xi, 286 p.; 22 cm. — (Studies in Tibeto-Himalayan languages; 4) —西藏—喜马拉雅地区诸语言文法比较

Includes bibliographical references (p. [281] –282) and index. —著者曾是印度旁遮普大学的教授，在那里工作了 28 年。他是著名的梵文和语言学专家，曾获哲学、文学博士和最高东方奖。著有 20 多卷专著，并写有大量关于语言、文化、文学的论文。该书是第一部研究喜马拉雅山区诸语言语法的专著，对该地区全部 15 种语言做了比较分析，并对其中四种主要母语进行了更为深入全面的解析。

ISBN 81 – 7099 – 515 – 9 (Vol. IV): CNY297. 00
ISBN 81 – 7099 – 048 – 3 (Series)

H42/T456

Thomas, F. W. 1867 – 1956

Nam: an ancient language of the Sino- Tibetan bordenland / Text, with introduction, vocabulary and linguistic studies by F. W. Thomas. —London: Oxford University Press, 1948

x, 469, X p.: ill., map.; 21 28 cm. — (Publications of the philological society; xiv) —南语：汉藏语系的古老语言

[复印本] —With 10 facsimile plates and a sketch map. —Includes bibliographical references and index. —作者曾是牛津大学梵文教授，伦敦大学比较文献学、藏语讲师，英国学士院院士。他长期研究藏族古代史，并整理翻译出一部分伦敦所藏由斯坦因盗去的古藏文资料。出版了《新疆藏文文书资料集》

四卷，《西藏东北部古代民间文学》以及《南语》（Nam）等藏学著作。本书材料引自斯坦因从敦煌石窟带去的一些早期藏文抄本，这些抄本记载了藏东北青海湖地区的民间传说，作者据此揭示南国、南人、南语的情况。

ISBN CNY110. 00

H429. 4/K86

Koshal，Sanyukta

Ladakhi grammar / Sanyuka Koshal；edited by B. G. Misra—Delhi：Motilal Banarsidass，1979.

xxviii，338 p. ：ill. ；22 cm. —拉达克语语法

Includes index. —拉达克位于印度次大陆北部克什米尔东部地区，面积11. 7 万平方公里，范围包括喜马拉雅山西部的拉达克山区，境内拉达克山属喀喇昆仑山脉一部分。拉达克在元代以后曾划入西藏境内，是西藏西端重镇。拉达克后来是印巴争夺的焦点之一，现在南部由印度控制，其余部分由巴基斯坦控制。拉达克语与藏语应该有天然联系。

ISBN 0 – 89684 – 052 – 2：CNY350. 00

H429/L755

Linguistics of the Himalayas and beyond / edited by Roland Bielmeier，Felix Haller. —Berlin；New York：Mouton de Gruyter，c2007.

xii，442 p. ：ill. ，map；24 cm. — （Trends in linguistics. Studies and Monographs；196） —喜马拉雅山及周边地区语言学

Includes bibliographical references and index. —Reasons for language shift：theories，myths，and counterevidence / D orte Borchers—Directionals in Tokpe Gola Tibetan discourse / Nancy J. Caplow—The language history of Tibetan / Philip Denwood—Dzala and Dakpa form a coherent subgroup within East Bodish，and some related thoughts / George van Driem—Stem alternation and verbal valence in Themchen Tibetan / Felix Haller—A comparative and historical study of demonstratives and plural markers in Tamangic languages / Isao Honda—Grammatical peculiarities of two dialects of southern Kham Tibetan / Krisadawan Hongladarom—The Sampang word accent：phonetic realisation and phonological function / Renae Huysmans—A low glide in Marphali / Martine Mazaudon—Pronominally marked noun determiners in Limbu / Boyd Michailovsky—About Chaurasia / Jean Robert

Opgenort—Implications of labial place assimilation in Amdo Tibetan / Karl A.
Peet—Context shift and linguistic coding in Kinnauri nar

ISBN 978 – 3 – 11 – 019828 – 7：hardcover：alk. paperCNY1146. 99

ISBN 3110198282（hardcover：alk. paper）

H711/K472

Kielhorn, F.

A grammar of the sanskrit language / by F. Kielhorn. — ［S. l. ］：
［s. n. ］, 1912.

285 p. ; 20 cm. —梵语语法

Includes bibliographical reference. —梵语是印欧语系最古老的语言之一，
已经成为一种属于学术和宗教性质的专门用语。梵语原是西北印度上流知识
阶层运用的语言，后成为古代印度的标准书面语，对藏语和藏传佛教都有
影响。

ISBN（hardcover）

I207. 7/M953I207. 914C912. 4

Mukherji, Priyadarsi, 1962 –

Chinese and Tibetan societies through folk literature / Priyadarsi Mukherji—
New Delhi：Lancers Books, 1999

xxii, 415 p. ; 23 cm—民间文学中的汉藏社会

Includes bibliographical references（p. ［393］ – 402）and index. —作者认
为本书沿着汉藏民间文学的主旋律，分析对比了两个文化体系之间的联系和
共同点，从中找出了反映两个社会的文化历史根源和价值观。全书包括：前
言、字母表、汉藏对译系统注释、汉藏民间文学题目介绍等，第 1 章，创世
神话。第 2 章，一般的民间神灵。第 3 章，关于妇女的传说。第 4 章，民间道
德标准。结论。后附书目和索引。

ISBN 81 – 7095 – 073 – 2（hbk. ）：CNY174. 00

I207. 9/T4541

Thomas, F. W. 1867 – 1956

Ancient Folk-Literature from North-Eastern Tibet / F. W. Thomas. —Berlin：
Akademie-Verlag, 1957.

206 p. ill. ；28 cm. —西藏东北部古代民间文学

Includes bibliographical reference and index. —作者曾是牛津大学梵文教授，伦敦大学比较文献学、藏语讲师，英国学士院院士。他长期研究藏族古代史，并整理翻译出一部分伦敦所藏斯坦因盗去的古藏文资料。出版了《新疆藏文文书资料集》4 卷，以及《南语》（Nam）等藏学著作。

ISBN （pbk.）

I247. 5/T131I247. 5K297. 5

Tailing，W 1934 –

The secret tale of tesur house：a Tibetan novel，a chronicle of old Tibet / W. Tailing—Beijing：China Tibetology Publishing House，c1998

353 p. ：ill. ；19 cm—斋苏府秘闻

这是一篇关于西藏的小说，讲述旧西藏的历史。作者 1934 年出生在江孜一个小贵族的家庭，受旧式教育，1946 年进入印度大吉岭的 St. Joseph 学院。1953 年返回西藏，在江孜和日喀则工作，先当教师，后当工人，1977 年调到拉萨西藏教育局工作。1985 年，他进入西藏旅游局。期间他因公务去过美国、加拿大、尼泊尔、玻利维亚、香港等地。1992 年退休后，从事写作和翻译工作。有多部作品问世。

ISBN 7 – 80057 – 361 – 3：CNY18. 50

I277. 275/C4561/2：1

Chandra，Lokesh.

Materials for a history of Tibetan literature. part 1 / Dr. Lokesh Chandra. — New Delhi：International Academy of Indian Culture，1963.

882 p. ；26 cm. —西藏文学史材料之一

印度拉古维拉博士（Raghu Vira）创立"印度文化国际学院"，在几名藏人的帮助下，用英文翻译出版了很多藏文、蒙文古典文献，均收入由其主编，其子洛克什钱德拉教授（Lokesh Chandra）编辑的《百藏丛书》（Sata-Pitaka Series）中，类似的还有《如意宝树》《入菩提行经》《白玛噶波史》《妙吉祥金刚——强贝多吉》《隆多喇嘛全集》等多种。钱德拉博士本人也是重要藏学家和出版家，这是他搜集出版的西藏文学史材料的第一部分。

ISBN （hardcover）

I277. 275/C4561/：2

Chandra, Lokesh.

Materials for a history of Tibetan literature. part 2 / Dr. Lokesh Chandra. — New Delhi：International Academy of Indian Culture, 1963.

1 vol. p. ; 26 cm. —西藏文学史材料之二

印度拉古维拉博士（Raghu Vira）创立"印度文化国际学院"，在几名藏人的帮助下，用英文翻译出版了很多藏文、蒙文古典文献，均收入由其主编，其子洛克什钱德拉教授（Lokesh Chandra）编辑的《百藏丛书》（Sata-Pitaka Series）中，类似的还有《如意宝树》《入菩提行经》《白玛噶波史》《妙吉祥金刚——强贝多吉》《隆多喇嘛全集》等多种。钱德拉博士本人也是重要藏学家和出版家，这是他搜集出版的西藏文学史材料的第二部分。

ISBN （hardcover）

I277. 275/D9111

Duncan, Marion H.

Love songs and proverbs of Tibet / by Marion H. Duncan. —London：The Mitre Press, 1961.

239 p. ; 22 cm. —西藏的情歌和谚语

作者在西藏东部生活了 15 年，收集了大量西藏情歌和谚语，这些情歌包括六世达赖仓央嘉措创作的在民间流传的歌谣，谚语也大都反映了西藏人民的爱情和生活。这是作者所出关于西藏四部作品中的一部。本书分两部分：一是情歌，共 9 章；二是谚语，包括介绍、分类表、内容。书中有 4 张照片插图。

ISBN （hardcover）

I277. 275/T3559/：1

Texts of Tibetan folktales. vol. 1 / edited by The Seminar on Tibet. —Tokyo：The Toyo Bunko, 1979.

xii, 292 p. ; 26 cm. — （Studia tibetica; no. 5) —西藏民间故事 第 1 卷

本书是自 1961 年以来，日本西藏学者在西藏研究课题下，所作关于西藏民间文学的研究。本书是第 1 卷，从 1971 年开始，编者收集了西藏民间文学中关于风俗习惯、传统和藏族民间传说的大量材料，这些材料主要来自到日本进行访问的藏族学者。本卷材料主要来自 Mr. Sonam Gyatso。本卷共有 29

篇故事。

I277. 275/T3559/：2

Texts of Tibetan folktales. vol. 2 / edited by The Seminar on Tibet. —Tokyo：
The Toyo Bunko, 1981.

xiv, 338 p. ; 26 cm. — （Studia tibetica; no. 6） —西藏民间故事 第 2 卷

本书是自 1961 年以来，日本西藏学者合作，在西藏研究课题下，所做关
于西藏民间文学研究的成果，本书为第 2 卷，共收集 36 篇民间传说，这些故
事来自 1971～1973 年间的藏族访日学者 Bangrim Rinpoche Thupten Datak。

I29/T889

Tudast Orzo Tiszta Tenger/ Tibeti Dalok Sari Laszlo—Budapest；Europa
Konyvkiado 1984.

102 p. : ill. ; 21 cm. —藏族民间文学

本书收集六世达赖仓央嘉措的情歌，共 64 首，译为匈牙利文。

ISBN 963 – 07 – 3207 – 6：CNY50. 00.

J121/S6173

Singh，Madanjeet.

Himalayan art：wall-painting and sculpture in ladakh, lahaul and spiti, the
siwalik ranges, Nepal, Sikkim and Bhutan / by Madanjeet Singh. —New York：
The Macmillan Company, 1968.

287 p. : ill. ; 22 cm. — （Uuesco art books） —喜马拉雅艺术

Includes bibliographical reference （p. 281 – 282）. —本书是联合国教科文
组织所出艺术丛书之一种，讲述喜马拉雅地区的艺术。如拉达克、拉胡尔、
斯比提地区的壁画和雕塑，也包括西瓦里克山脉、尼泊尔、锡金和不丹。按
地区分章，书中有大量绘画、照片、彩色插图。

ISBN CNY30. 00

J231/T553

Tibetan tripitaka / edited by Daisetz T. Suzuki. —Tokyo, Japan：Tibetan-
Tripitaka Research Institute，［19？］.

1 vol. : ill. ; 28 cm. —西藏大藏经

这是对日本京都大谷大学重印北京版西藏大藏经的一个情况介绍。

J521. 75/N5763/2：

The ngor mandalas of Tibet：plates ／ Sod nams rgya mtsho and Musashi Tachikawa. —Tokyo：Centre for East Asian Cultural Studies, 1989.

xxxv, 149 p. : ill. （some col. ）；26x26 cm. — （Bibliotheca Codicum Asiaticorum；2）—西藏的俄尔曼陀罗

曼陀罗是梵语音译，意译为坛场，是密宗修持能量的中心，曼陀罗花也是佛教中的吉祥花。本书为亚洲丛书的第 2 卷，索南嘉措和立川武藏共同收集编辑了西藏曼陀罗图片，黑白共 139 幅，彩色 8 幅，对这些图片都有文字说明，并介绍了曼陀罗的结构和功能。

ISBN 4896566017

J528/D416

Denwood, Philip.

The Tibetan carpet ／ Philip Denwood. —Warminster, Eng. : Aris and Phillips, 1974.

ix, 101 p. , [8] leaves of plates：ill. （some col. ）；31 cm. —西藏地毯

Includes index. —Bibliography：p. 98 – 99. —本画册图文并茂的介绍了西藏地毯的情况，有前言、内容介绍，共 7 章：1. 西藏和它的地毯。2. 材料。3. 贸易的手段。4. 地毯的制造。5. 传统的地毯。6. 难民的地毯。7. 工艺的起源。后有彩页、题录、参考书目、索引。

ISBN 0856680222 （hardcover）：CNY96. 00

J657. 55/C4561

Chandola, Anoop

Folk drumming in the Himalayas：a linguistic approach to music ／ by Anoop Chandola. —New York：AMS Press, 1977.

xi, 155 p. : ill. ; 24 cm. —喜马拉雅地区的民间击鼓

Bibliography：p. 153 – 155. —作者是讲印度语的喜马拉雅当地人，语言学博士，获有阿拉哈巴德、勒克瑙、加利福尼亚和芝加哥等多所大学学位。本书主要研究印度喜马拉雅地区的民间击鼓传统，认为这是一种接近音乐的语言，尚未广为人知。全书共 5 章，有插图，附录部分包括一些鼓谱。后有参

考书目。

ISBN 0404154034（hardcover）

K207.8/A187K203

Across the Himalayan gap：an Indian quest for understanding China / edited by Tan Chung——New Delhi：Indira Gandhi National Centre for the Arts，c1998

xxvi, 553 p. ; ill. ; 29 cm. —跨越喜马拉雅峡谷：印度对认识中国的探求

本书由印度甘地国家艺术中心出版，Tan Chung 编辑，主要反映印度对中国的认识。全书分八部分，59 章。1. 印度领导人在中国大学里的讲话。2. 印度学者关于中国的评论。3. 观点展示。4. 文化和艺术。5. 社会政治的变化和经济的发展。6. 历史和文学。7. 外交回忆。8. 更好的理解。

ISBN 81－212－0585－9（hbk）：CNY360.00

K251.4/E9295

Evans-wentz, W. Y. 1878－1965

The Tibetan book of the great liberation：or the method of realizing nirvana through knowing the mind / W. Y. Evans-wentz. —London：Oxford University Press，1954.

261 p. : illus. ; 21 cm. —藏人论解脱

Includes bibliographical references and index. —作者是位人类学家，对探索宗教经验有浓厚兴趣，他认为人类是个大家庭，永远超越国家、地域限制。他还有几本关于西藏宗教的著作，如《西藏瑜珈和密宗》、《西藏度亡书》等，其作品被多种著作引用。作者在本书中向西方读者介绍藏传佛教的要义，并说要把本书献给探索智慧的人。全书分四部分：1. 一般介绍。2. 西藏莲花生宗师的生活和传习。3. 了解心智的瑜伽，观察现实，呼唤自身的解放。4. 宗师 Phadampa Sangay 的最后遗训。

ISBN（hardcover）

K253/H882

HUC, M. 1813－1860

Recollections of a journey through Tartary, Thibet, and China / by M. HUC. —New York：D. Appleton & Company，1860.

248 p. ; 20 cm. —鞑靼、西藏和中国游记

Includes bibliographical references. —作者是法国遣使会教士，1839 年来华，1843 年同秦神甫到蒙古、西藏游历，1848 年转赴浙江传教，1852 年回国，逝世于巴黎。他 1850 年出版《鞑靼、西藏、中国游记》，原书为法文本。后又出英译本。本书为 2 卷本合订，记述他 1844～1846 年间在中国的游历。第 1 卷 12 章，插图 50 幅。第 2 卷 9 章，插图 48 幅。

ISBN（hardcover）

K280. 4/L3647

Lattimore，Owen. 1900 –

Inner Asian frontiers of China ／ by Owen Lattimore. —Boston：Beacon Press，1962.

585 p. ；ill. 11 20 cm. —中国在亚洲内陆的边疆

Includes bibliographical references and index. —本书叙述中国内陆边疆发展的历史，从北京人的石器时代，直到 20 世纪 40 年代。全书共 4 部分 17 章。第 1 部分是关于长城的历史地理，其中第 7 章是关于西藏的。包括西藏的地理因素，西藏人口的社会组织，西藏的农业和游牧，西藏与内陆的早期联系，西藏的政治统一，喇嘛教的政治功能，8 世纪西藏征服中国西部和新疆，喇嘛教的早期优势（800～1100），蒙古影响时期（1206～1700），满族统治下达赖和班禅的地位，现代中英在西藏利益上的冲突。书中有地图 11 幅。

ISBN CNY8. 26

K280. 75 – 64/M1113

Mele，Pietro Francesco.

Tibet ／ by Pietro Francesco Mele. —London：George Allen & Uniwin Ltd.，1957.

76 p. ：ports. ；23 cm. —西藏

Includes bibliographical references. —作者当时是位意大利年轻人，从撒哈拉到中国去过很多国家，作者此次参加了罗马大学杜齐教授赴西藏的探险队，本书是他从印度到达西藏后拍摄的照片集。照片共 80 幅，涉及西藏的自然风貌、民俗、人物、宗教等内容。人物包括老人、孩子、少女等，宗教有寺庙、神像、僧侣等，照片质量很好。

ISBN（hardcover）

K280. 75/F9923/2：1 – 2

Further correspondence respeoting the affairs of Thibet. P. 1 – 2. — ［S. l. ］：
［s. n. ］, 1903.

120 p. ; 26 cm. —西藏事务函件

Includes bibliographical references. —此为英国外交部档案，主要是当年英
印政府涉及西藏事务的文件，原件藏于英国外交部，我所根据购买的胶片复
制后，按年装订成册，主要是 1903 ~ 1922 年间的文件。

ISBN（hardcover）

K280. 75/F9923/：10 – 11

Further correspondence respeoting the affairs of Thibet. P. 10 – 11. —
［S. l. ］：［s. n. ］, 1907.

106 p. ; 26 cm. —西藏事务函件

Includes bibliographical references. —此为英国外交部档案，主要是当年英
印政府涉及西藏事务的文件，原件藏于英国外交部，我所根据购买的胶片复
制后，按年装订成册，主要是 1903 ~ 1922 年间的文件。

ISBN（hardcover）

K280. 75/F9923/：12 – 13

Further correspondence respeoting the affairs of thibet. P. 12 – 13. — ［S. l. ］：
［s. n. ］, 1909.

163 p. ; 26 cm. —西藏事务函件

Includes bibliographical references. —此为英国外交部档案，主要是当年英
印政府涉及西藏事务的文件，原件藏于英国外交部，我所根据购买的胶片复
制后，按年装订成册，主要是 1903 ~ 1922 年间的文件。

ISBN（hardcover）

K280. 75/F9923/：14 – 15

Further correspondence respeoting the affairs of Thibet. P. 14 – 15. —
［S. l. ］：［s. n. ］, 1911.

1 vol. ; 26 cm. —西藏事务函件

Includes bibliographical references. —此为英国外交部档案，主要是当年英
印政府涉及西藏事务的文件，原件藏于英国外交部，我所根据购买的胶片复

制后，按年装订成册，主要是 1903～1922 年间的文件。

ISBN（hardcover）

K280. 75/F9923/：16. 1

Further correspondence respeoting the affairs of Thibet. P. 16. 1. — ［S. l. ］：［s. n. ］，1913.

239 p. ; 26 cm. —西藏事务函件

Includes bibliographical references. —此为英国外交部档案，主要是当年英印政府涉及西藏事务的文件，原件藏于英国外交部，我所根据购买的胶片复制后，按年装订成册，主要是 1903～1922 年间的文件。

ISBN（hardcover）

K280. 75/F9923/：16. 2

Further correspondence respeoting the affairs of Thibet. P. 16. 2. — ［S. l. ］：［s. n. ］，1913.

240－476 p. ; 26 cm. —西藏事务函件

Includes bibliographical references. —此为英国外交部档案，主要是当年英印政府涉及西藏事务的文件，原件藏于英国外交部，我所根据购买的胶片复制后，按年装订成册，主要是 1903～1922 年间的文件。

ISBN（hardcover）

K280. 75/F9923/：17

Further correspondence respeoting the affairs of Thibet. P. 17. — ［S. l. ］：［s. n. ］，1914.

297 p. ; 26 cm. —西藏事务函件

Includes bibliographical references. —此为英国外交部档案，主要是当年英印政府涉及西藏事务的文件，原件藏于英国外交部，我所根据购买的胶片复制后，按年装订成册，主要是 1903～1922 年间的文件。

ISBN（hardcover）

K280. 75/F9923/：18－22

Further correspondence respeoting the affairs of Thibet. P. 18－22. — ［S. l. ］：［s. n. ］，1915.

1 vol. ; 26 cm. —西藏事务函件

Includes bibliographical references. —此为英国外交部档案，主要是当年英印政府涉及西藏事务的文件，原件藏于英国外交部，我所根据购买的胶片复制后，按年装订成册，主要是1903～1922年间的文件。

ISBN（hardcover）

K280. 75/F9923/：23 – 24

Further correspondence respeoting the affairs of Thibet. P. 23 – 24. —［S. l.］：［s. n.］，1920.

1 vol. ; 26 cm. —西藏事务函件

Includes bibliographical references. —此为英国外交部档案，主要是当年英印政府涉及西藏事务的文件，原件藏于英国外交部，我所根据购买的胶片复制后，按年装订成册，主要是1903～1922年间的文件。

ISBN（hardcover）

K280. 75/F9923/：25 – 27

Further correspondence respeoting the affairs of Thibet. P. 25 – 27. —［S. l.］：［s. n.］，1921.

1 vol. ; 26 cm. —西藏事务函件

Includes bibliographical references. —此为英国外交部档案，主要是当年英印政府涉及西藏事务的文件，原件藏于英国外交部，我所根据购买的胶片复制后，按年装订成册，主要是1903～1922年间的文件。

ISBN（hardcover）

K280. 75/F9923/：3

Further correspondence respeoting the affairs of Thibet. P. 3. — ［S. l.］：［s. n.］，1904.

148 p. ; 26 cm. —西藏事务函件

Includes bibliographical references. —此为英国外交部档案，主要是当年英印政府涉及西藏事务的文件，原件藏于英国外交部，我所根据购买的胶片复制后，按年装订成册，主要是1903～1922年间的文件。

ISBN（hardcover）

K280. 75/F9923/：3 -4

Further correspondence respeoting the affairs of Thibet. P. 3 – 4. — ［S. l.]：［s. n.]，1904.

201 p. ；26 cm. —西藏事务函件

Includes bibliographical references. —此为英国外交部档案，主要是当年英印政府涉及西藏事务的文件，原件藏于英国外交部，我所根据购买的胶片复制后，按年装订成册，主要是 1903 ~ 1922 年间的文件。

ISBN （hardcover）

K280. 75/F9923/：4

Further correspondence respeoting the affairs of Thibet. P. 4. — ［S. l.]：［s. n.]，1904.

201 p. ；26 cm. —西藏事务函件

Includes bibliographical references. —此为英国外交部档案，主要是当年英印政府涉及西藏事务的文件，原件藏于英国外交部，我所根据购买的胶片复制后，按年装订成册，主要是 1903 ~ 1922 年间的文件。

ISBN （hardcover）

K280. 75/F9923/：5

Further correspondence respeoting the affairs of Thibet. P. 5. — ［S. l.]：［s. n.]，1904.

126 p. ；26 cm. —西藏事务函件

Includes bibliographical references. —此为英国外交部档案，主要是当年英印政府涉及西藏事务的文件，原件藏于英国外交部，我所根据购买的胶片复制后，按年装订成册，主要是 1903 ~ 1922 年间的文件。

ISBN （hardcover）

K280. 75/F9923/：5 -6

Further correspondence respeoting the affairs of Thibet. P. 5 – 6. — ［S. l.]：［s. n.]，1904 – 1905.

151 p. ；26 cm. —西藏事务函件

Includes bibliographical references. —此为英国外交部档案，主要是当年英印政府涉及西藏事务的文件，原件藏于英国外交部，我所根据购买的胶片复制后，按年装订成册，主要是 1903 ~ 1922 年间的文件。

ISBN（hardcover）

K280. 75/F9923/：6

Further correspondence respeoting the affairs of Thibet. P. 6. — ［S. l.］：
［s. n.］，1904.

151 p.；26 cm. —西藏事务函件

Includes bibliographical references. —此为英国外交部档案，主要是当年英
印政府涉及西藏事务的文件，原件藏于英国外交部，我所根据购买的胶片复
制后，按年装订成册，主要是 1903 ~ 1922 年间的文件。

ISBN（hardcover）

K280. 75/F9923/：7 – 8

Further correspondence respeoting the affairs of Thibet. P. 7 – 8. — ［S. l.］：
［s. n.］，1906.

120，82 p.；26 cm. —西藏事务函件

Includes bibliographical references. —此为英国外交部档案，主要是当年英
印政府涉及西藏事务的文件，原件藏于英国外交部，我所根据购买的胶片复
制后，按年装订成册，主要是 1903 ~ 1922 年间的文件。

ISBN（hardcover）

K280. 75/F9923/：9

Further correspondence respeoting the affairs of Thibet. P. 9. — ［S. l.］：
［s. n.］，1904.

192 p.；26 cm. —西藏事务函件

Includes bibliographical references. —此为英国外交部档案，主要是当年英
印政府涉及西藏事务的文件，原件藏于英国外交部，我所根据购买的胶片复
制后，按年装订成册，主要是 1903 ~ 1922 年间的文件。

ISBN（hardcover）

K280. 75/S5611

Kawaguchi，Ekar

Three years in Tibet：with the original japanese illustrations ／ by The Shramana

Ekai Kawaguchi. —Benares；London：Theosophical Publishing Society，1909.

719 p.：illus.；23 cm. —旅藏三年记

Includes bibliographical references. —日本僧人河口慧海的西藏旅行记。河口慧海曾于 20 世纪初穿越尼泊尔，包括穆斯塘和多尔波地区，进入西藏。此书记其沿途见闻。此书 1909 年初版，1979 年重印，全书有地图 1 张，图片 11 张和大量版刻。此书记述很多重要历史内容，如第三章，英国利用烟台条约先后派人深入西藏盗走大批文献和手稿，挑拨达赖和班禅的关系制造不和等。

ISBN （hardcover）

K280. 75/W5821

White，J. C.

Tibet and Lhasa / J. C. White. —Calcutta：Johnston and Hoffmann，1904.

1 vol.：ill.；20 ×26 cm. —西藏和拉萨

这是作者清末时期进入西藏和拉萨地区拍摄的照片集，封面有 1905 年赠书的题款。全书照片清晰，反映清末西藏及拉萨地区的自然风光、建筑、人物、民生等情况，最为珍贵的是绝大部分照片都附有说明文字。

ISBN （hardcover）

K280. 75/Y193

Yamaguchi，Zuiho.

Catalogue of the toyo bunko collection of Tibetan works on history / edited by Zuiho Yamaguchi. —Tokyo：The Toyo Bunko，1970.

249 p.；26 cm. —东洋文库收集藏文历史文集目录

Includes bibliographical references and index. —本书是东洋文库收集的藏文关于历史的书目。全书包括：前言、说明和注释、藏文字母，书目（包括索书号、藏文书名、拼音、书名翻译等），后面有书名索引和著者索引。

ISBN （hardcover）：CNY99. 20

K281. 4 / L274

Lange，Kristina

Die werke des regenten Sans Rgyas Rgya Mc'o （1653 – 1705） / by Kristina. Lange. —Berlin：Akademie-Verlag，1976.

254p.：24 cm. — （Veroffentlichungen des Museums fur Volkerkunde zu Leipzig；27）—摄政王桑结嘉措之作品

Includes bibliographical references and index. —本书介绍第司·桑结嘉措（1653～1705）的作品。桑结嘉措是清代藏学大师，布达拉宫的重建者，拉萨人，自幼跟从高僧学习多种知识，成年后出任第司要职。1682年，五世达赖圆寂，他秘不发丧，凡事假达赖之命以行达15年之久。他写有《四部医典·蓝琉璃》、《浦派历算嘉言》、《格鲁派教法史·黄琉璃》、《医学总纲·仙家盛宴》、《法典名鉴》、《五世达赖灵塔记》、《布达拉宫志》、《六世达赖转》、《文化史集》等多部著作。1705年被拉藏汗杀害。

ISBN：

K281.4 – 53/G316

Gelek 1950 –

Collected works on Tibetology and anthropology/ Gelek—Beijing；中国藏学出版社 2008.

305p. ：ill.，；24 cm. — （现代中国藏学文库；）—藏学、人类学论文集

本书是格勒所著《藏学、人类学论文集》的英文卷。作者格勒是藏族人，1950年出生于四川甘孜藏族自治州甘孜县，1978年考入西南民族学院，1981年获中国社会科学院中国少数民族历史与民族学专业硕士学位，1986年获广州中山大学人类学博士学位。被称为新中国培养的第一个人类学博士和藏族博士。现任中国藏学研究中心党组成员、副总干事、研究员。本书收入作者13篇文章，共分三部分：1. 藏族文化研究。2. 藏区的社会经济变化。3. 人类学研究。

ISBN 978 – 7 – 80253 – 046 – 1：CNY35.00

K281.4 – 53/T413

Theses on Tibetology in China / compiled by Liao Zugui, Zhang Zuji—Beijing：China Tibetology Pub. House，1996.

vi，599 p.；21 cm. —中国藏学研究论文集

Colophon title in Chinese. —Includes bibliographical references. —此为廖祖桂主编，中国藏学出版社出版的《中国藏学研究论文集》。共收入16篇文章。这些文章是从《中国藏学》杂志于1990～1994年间发表的文章中挑选出来的。该杂志为季刊，由中国藏学研究中心主编，用藏汉两种文字出版。所刊文章多为研究藏族的历史、经济、文化、语言、宗教等。

ISBN 7 - 80057 - 247 - 1：［？］

K281. 4 - 53/T413/2

Theses on Tibetology in China / compiled by Hu Tan—Beijing：China Tibetology Pub. House，1991.

iv，444 p. ；21 cm. —中国藏学研究论文集

W010594：hbk. ；W010547：pbk. —Colophon title in Chinese：Chung-kuo Tsang hs 鐕 eh yen chiu lun wen chi. —Collection of articles translated from the journal China Tibetology，1988 - 1990. —Includes bibliographical references. —此为胡坦主编，中国藏学出版社出版的《中国藏学研究论文集》。共收入 11 篇文章。这些文章是从《中国藏学》杂志于 1988 年春到 1990 年夏期间发表的文章中挑选出来的。该杂志为季刊，由中国藏学研究中心主编，用藏汉两种文字出版。所刊文章多为研究藏族的历史、经济、文化、语言、宗教等。

ISBN 7 - 800 - 57060 - 6：CNY22. 00

K281. 4/A318D677. 5

Alam，Jayanti

Tibetan society in exile / Jayanti Alam. —New Delhi；Raj Publications，2000.

240 p. ；23 cm. —流亡的西藏社会

Includes bibliographical references and index. —本书共 8 章，内容如下：前言，内容介绍。1. 历史背景。2. 西藏和藏族社会介绍。3. 佛教的基本庇护，藏传佛教和喇嘛教。4. 达赖喇嘛的独特制度。5. 西藏流亡政府的民主宪法。6. 西藏流亡政府的妇女地位。7. 作为模范的两性平等社会。（流亡的西藏妇女）8. 拥有全部经验和实验的理解社会。结论。参考书目、附录和索引。

ISBN 81 - 86208 - 12 - 7：CNY121. 50

K281. 4/A659K351. 8

Arakeri，A. V.

Tibetans in India：the uprooted people and their cultural transplantation / A. V. Arakeri—New Delhi：Reliance Publishing House，1998

xx，326 p. ；22 cm. — （Sociological publication in honour of Dr. K. Ishwaran；vol. 14） —印度的西藏人：被驱逐的人与他们的文化变迁

Includes bibliographical references. —Case study on the process of rehabilitation of Tibetan refugees conducted at Mundgod in South India. —此书对南印度蒙哥德西藏难民的文化变迁及复原进程的个案研究。全书 9 章：书前有前言，编者注释，各种图表，照片目录等。1. 内容介绍。2. 各个阶段的西藏。3. 土地和人民。4. 社会组织。5. 婚姻与结婚。6. 经济组织。7. 领导层与社会控制。8. 西藏宗教。9. 结论。书后有附录。

ISBN 81 – 85972 – 68 – 0 （hbk）：CNY112. 50

K281. 4/B397

Beckwith, Christopher I. 1945 –

The Tibetan Empire in Central Asia：A History of the Struggle for Great Power among Tibetans, Turks, Arabs, and Chinese during the Early Middle Ages / Christopher I. Beckwith—Princeton New Jersey：Princeton University Press，1987.

xxii, 279 p. ：maps. ；22 cm. —中亚的西藏帝国

Bibliography：p. 243 – 255. —Includes Index：p. 257 – 269. —本书讲述中世纪早期西藏与突厥、阿拉伯和中国内地之间在中亚地区力量角逐的历史。全书 6 章：前言：帝国之前的西藏与中亚。1. 进入中亚。2. 西部地区的西藏帝国。3. 阿拉伯和西突厥。4. 突厥联盟。5. 唐朝和阿拉伯。6. 后来的帝国。结语：西藏与中世纪的欧亚大陆。后有附录、年表、参考书目、目录、索引、地图等。

ISBN 0 – 691 – 05494 – 0 （hbk）：CNY547. 04
ISBN 0 – 691 – 02469 – 3：203. 78

K281. 4/B5181/2：

Bernard，Theos. 1908 – 1947

Land of a thousand buddhas：a pilgrimage into the heart of Tibet and the sacred city of Lhasa / by Theos Bernard. —London：Rider，1940，1957 printing.

320 p. ：ill. ；22 cm. —千佛之国：朝拜西藏腹地和拉萨圣城

Includes index. —作者出生于美国亚利桑那州，大学时读了有关瑜伽的书，非常感兴趣，完成学业后即去印度专门研究瑜伽术，他关于瑜伽的博士论文不断重印。为进一步研究，他穿越西藏，从江孜到达圣城拉萨，进入宗教寺院，参加多种宗教仪式，并讨论了西藏著名寺院喇嘛教大师的理论，作者在本书中介绍了 1939 年自己对西藏的这次访问。作者是哥伦比亚大学印度和西藏研究的先驱，是第三个徒步进入拉萨的美国人，而且是第一个接受西藏佛

教入教仪式的美国人。他编写了藏语语法,并且计划把印度和西藏文学译为英文。本书 13 章,有照片 59 张,书后附索引。

ISBN (hardcover)

K281. 4/C313

Carrasco Pizana, Pedro, 1921 –

Land and polity in Tibet / by Pedro Carrasco. —Seattle: University of Washington Press, 1959.

vii, 307 p. : maps (part fold.) tables. ; 23 cm. —《西藏的土地与政体》,陈永国译,拉萨,西藏社会科学院编印,1985. 6。

At head of title: The American Ethnological Society, Verne F. Ray, editor; with the cooperation of the Far Eastern and Russian Institute of the University of Washington. —Includes index. —Bibliography: p. 283 – 295. —作者是美国藏学家,本书 1959 年出版后,1972 年再版,并被刊为美国民族学协会的专著。全书共 5 章,1. 引言,包括西藏的基本经济、政治单位及历史回顾。2. 农民,讲述西藏西部、中部、东部农牧民的情况,包括锡金、不丹等地。3. 达赖王国,讲其政治组织、土地制度及统治阶级。4. 较小王国,讲康区和安多地区、古拉达克、拉胡尔以及锡金、不丹的情况。5. 结论,讲述土地制度、贸易与工业、统治阶级、教会的作用、地区差异及西藏社会的历史发展。还附有注释。

ISBN (hardcover)

K281. 4/E9295

Evans-Wentz, W. Y. 1878 – 1965.

The Tibetan book of the dead: or the after-death experiences on the bardo plane, according to lama kazi dawa-samdup's english rendering / by W. Y. Evans-Wentz. —London: Oxford University Press, 1957.

249 p. : illus. ; 23 cm. —《西藏度亡经》(原名:《中阴得度》),徐进夫译,北京,宗教文化出版社,1995. 8。

Includes bibliographical references and index. —本书是一部藏传佛教的密宗名著,原名《中阴得度》,原为莲花生著,伊文思 – 温慈先生 1927 年从藏文翻译的英文译本是本书最初的译本。后来台湾学者徐进夫先生从这个英文译本译出了中文译本。本书大致意思是:1. 它是一本讨论死亡艺术的书。2. 它是一本宗教上的临终治疗手册，以死亡仪式教示、安慰、甚至砥砺即将去过另一种生活的人。3. 它是一本"他方世界旅行指南"，描述亡灵面临中阴时期的经验，并在这段时期对其有所开导。

ISBN（hardcover）

K281. 4/F983

Furer-Haimendorf, Christoph von.

The ApaTanis and their neighbours: a primitive civilization of the Eastern Himalayas / Christoph von Furer-Haimendorf. —London: Routledge & Kegan Paul, 1962.

viii, 166 p. : ill. , map; 18 cm. —阿帕坦尼人及其邻居

Includes bibliographical reference and index. —著者兹里斯托夫·费雷尔 - 海门多夫是奥地利出生的英国人类学家，20 多年一直从事喜马拉雅山区民族、历史地理和人类学的调查研究。1952 年，他到尼泊尔旅行，此后多次在喜马拉雅山区活动，后在伦敦大学东方非洲研究院主持和从事研究工作。其著述颇丰，仅与藏学有关的即有《喜马拉雅山里的商人》、《一个喜马拉雅山区的部落》、《尼泊尔的夏尔巴人》等。本书讲述东喜马拉雅山区的原始文明。

ISBN（hardcover）

K281. 4/G7219

Lama Anagarika Govinda. 1898 – 1985

Foundations of Tibetan mysticism / by Lama Anagarika Govinda. —London: Rider & Company, 1959.

310 p. : port. ; 21 cm. —西藏密宗基础

Includes bibliographical references and index. —作者戈文达喇嘛是位德国人，出生于德国瓦尔德海姆，在西藏的喇嘛寺生活了 20 多年。本书是他介绍西藏密宗基础的著作，讲解了密宗仪式后面更深层的意义和对其独特做法的认识。本书是西方人对于藏传佛教第一部权威的说明。戈文达深入研究了咒语的含义，特别是唵嘛呢叭咪吽、声音和振动理论、魔法石和炼金术、精神与物质、象征意义、精神中心等。他认为：我们这个时代藏族传统的重要性在于西藏是最后一个人类精神发展的活链接，连接着人类一个遥远的过去文明。古埃及，美索不达米亚，古希腊，印加人和玛雅人都死了，他们的文明也随之毁灭，西藏不仅在维护，而且永葆最遥远的过去传统的成功。全书共 6

部分，1. 普遍性的途径。2. 普遍性的途径与内心平等。3. 先觉的途径。4. 整合的途径。5. 大咒语的途径。6. 结语和综述。最后有附录，包括注释、词解、书目和索引。另外书中有若干插图。

ISBN（hardcover）

K281. 4/G886

Grueber, Johannes 1623 –1680

Als Kundfchafter des Papstes nach China: 1656 – 1664; Die erste Durchquerung Tibets / Johannes Grueber; Hrsg. von Franz Braumann—Stuttgart: Thienemann, Edition Erdmann, 1985.

197 p. : ill. ; 21 cm. — （Alte abenteuerliche Reiseberichte）—教皇派往中国的信使

作者自取汉文名字叫白乃心，耶稣会神父。本书记述作者于 17 世纪中叶（1656～1664），受教皇委派前往中国布道的经历。作者是奥地利人，1656 年去罗马，从威尼斯出发，走海路，从澳门登陆，然后从陆路到达北京。来京后他在北京天文台工作。1661 年，他和另一传教士吴尔铎奉耶稣会之命寻找欧亚陆路交通的捷径，从北京向西出发。作者一行经长途跋涉，过沙漠戈壁，翻越巴颜喀拉山和唐古拉山脉，进入西藏，到达拉萨后晋见五世达赖喇嘛，成为第一批进入西藏，后经尼泊尔、印度返回的欧洲人。

ISBN 3 –522 –60710 –4: CNY315. 10

K281. 4/H296

Harrer, Heinrich 1912 –2006

Sieben Jahre in Tibet: Mein Leben am Hofe des Dalai Lama Mit 47 Abbildungen / Heinrich Harrer—Berlin: Ullstein, 1996.

443 p. : ill. ; 17 cm. — （Ullstein; Nr. 23095）—西藏七年

作者为奥地利登山家，二战时，他撇下怀孕妻子，参加德国登山队前往珠峰，登顶失败后下撤，被驻印英军俘获关进战俘营，几经越狱，最后和几名同伴逃出战俘营。他和 Pete 经历重重险阻，装扮成前往拉萨朝拜的僧侣，翻越喜马拉雅山进入西藏，并绕道藏北来到拉萨。在拉萨幸运地得到西藏高官的款待，最后与十四世达赖喇嘛结下终生友谊。作者在拉萨生活了七年，于 1950 年解放军进藏后离开那里，经印度回到奥地利，并写下这部作品。达赖喇嘛 1952 和 1996 年两次为此书作序。作者后来重返拉萨并著有《重返西藏》一书。原书首版于 1950 年，最后一版完成于 1996 年，1997 年本书被法国著名导演排成电影。

ISBN 3 - 548 - 23095 - 4；CNY122. 90

K281. 4/H454/：1

Hedin, Sven. 1865 - 1952

Transhimalaja：ontdekkingen en avonturen in Tibet. deel 1 / Sven Hedin；voor nederland bewerkt en van een inleiding voorzien door Dr. H. Blink. —Amsterdam：Uitgevers-Maatschappy Elsevier, 1910.

xiv, 238 p. ：ill. , maps；22 cm. —穿越喜马拉雅：西藏的发现和探险（1）

这是瑞典探险家斯文赫定的两卷本著作，本书为第 1 卷。1906 年 8 月至 1908 年 8 月他第 4 次来中国，主要目标是西藏。于 1906 年 12 月到达波仓藏布。1907 年 2 月，到达日喀则，访问了扎什伦布寺，拜会了班禅。3 月，到达雅鲁藏布江。6 月，考察了中尼边界。9 月，考察了神山冈仁波齐峰，发现恒河源头。12 月至 1908 年 8 月，他在克什米尔重组考察队，再返西藏考察，并绘制西藏地图。本书便是作者这次考察旅行中所作的笔记。他来到雅鲁藏布江边，在那里接触大量普通藏人，了解他们的生活习俗，拍摄了大量照片。全书 31 章，有多幅图片。

ISBN （hardcover）

K281. 4/H454/：2

Hedin, Sven. 1865 - 1952

Transhimalaja：ontdekkingen en avonturen in Tibet. deel 2 / Sven Hedin；voor nederland bewerkt en van een inleiding voorzien door Dr. H. Blink. —Amsterdam：Uitgevers-Maatschappy Elsevier, 1910.

251 p. ：ill. , maps；22 cm. —穿越喜马拉雅：西藏的发现和探险（2）

这是瑞典探险家斯文赫定的两卷本著作，本书为第 2 卷。1906 年 8 月至 1908 年 8 月他第 4 次来中国，主要目标是西藏。于 1906 年 12 月到达波仓藏布。1907 年 2 月，到达日喀则，访问了扎什伦布寺，拜会了班禅。3 月，到达雅鲁藏布江。6 月，考察了中尼边界。9 月，考察了神山冈仁波齐峰，发现恒河源头。12 月至 1908 年 8 月，他在克什米尔重组考察队，再返西藏考察，并绘制西藏地图。本书便是作者这次考察旅行中所作的笔记。他来到雅鲁藏布江边，在那里接触大量普通藏人，了解他们的生活习俗，拍摄了大量照片。
全书43章，图片多幅。

ISBN（hardcover）

K281. 4/H657

The Himalayas / illustrated by B. Sen. — ［S. l.：M. S. Randhawa, 1932.

1 vol.：ill.；22 cm. —喜马拉雅山

此为一本影集，刊载了作者20世纪初拍摄的关于喜马拉雅山的24幅彩
色照片。

K281. 4/H6911

Hodgson, Brian Houghton. 1800 – 1894

Essays on the languages, literature and religion of Nepal and Tibet / Brian
Houghton Hodgson. —New Delhi：Manjusri Publishing House, 1972.

124 p.：ill.；26 cm. —（Bibliotheca himalayica；Series 11, Vol. 7）—尼
泊尔和西藏语言、文学与宗教论文集

Includes index. —本书19篇文章的作者布莱恩·霍顿·霍奇森是19世纪
初期英印政府的官员、东方学家，曾担任英国派驻尼泊尔的代表。他曾从拉
萨运走全套的《甘珠尔》和《丹珠尔》，送给东印度公司。萨默尔斯教授把
霍奇森19世纪上半叶发表在孟加拉亚洲学会杂志上的这些文章，于1857年
在加尔各答收集出版，1874年在伦敦重印时，加了勘误和补编，1972年在阿
姆斯特丹重印时又加了附录。全书分两部分：1. 西藏、尼泊尔语言文学和宗
教部分。收11篇论文，有的论文附语言词汇比较表，如藏语书面语、口语，
夏尔巴语，珞巴语，雷布查语等。2. 主要是地理、民族。收文8篇，如"喜
马拉雅山的自然地理"、"在喜马拉雅山的原始民族中"、"论西藏北部的民族
和西番"等。

ISBN（hardcover）

K281. 4/L2714

Lang-sims, Lois.

The presence of Tibet / Lois Lang-sims. —London：The Cresset Press, 1963.

241 p.：port.；21 cm. —西藏现场

Includes bibliographical references and index. —1959年西藏叛乱，达赖喇嘛

出逃，来到喜马拉雅边境地区某营地。作者在这个营地里见到达赖和那些西藏逃亡者，包括在达赖姐姐保育院里的 500 名藏族孤儿。在那以后的四年里，作者为西藏事务两次访问了这个营地。全书 7 章，记录这些情况：1. 菩萨的孩子们。2. 茶杯里的花。3. "西藏将活过来"。4. 闪烁的营地。5. 死亡之年。6. 黑色上帝。7. "那就是那"。结束语。

ISBN（hardcover）

K281. 4/N361

Nebesky-Wojkowitz, Rene de. 1923 – 1959

Oracles and demons of Tibet：the cult and iconography of the Tibetan protective deities / by Rene de Nebesky-Wojkowitz. —London：Geoffrey Cumberlege；Oxford University Press，1956.

666 p. ; 23 cm. —西藏的神与恶魔

Includes bibliographical references and index. —作者是位奥地利博士，维也纳大学教授，主要研究人类学和西藏宗教。1950～1953 年间，在印度、锡金边境及西藏地区作实地考察后写出本书。后来他还写出过《西藏宗教舞蹈》（Tibetan religion dances），直到 1974 年才得以出版。藏传佛教供奉的保护神种类众多，涉及西藏的原始宗教和早期萨满教。对这一领域的研究有很大难点，主要是对保护神的解释只有专业喇嘛才行，而且使用的很多专业词汇含义含糊也无词典可资利用。作者专门就这个专题进行调查，收集资料，期间还结识了数名西藏的转世活佛，与他们交流，他的行为也得到当时西藏地方政府的支持。全书介绍了保护神的图像，崇拜的典礼仪式，涉及舞蹈、占卜、巫术等。全书分两部分，共 27 章。第一部分：保护神图解。第二部分：保护神崇拜。介绍殉葬品、仪式、崇拜的神、神谕、立场、服饰、节日、预言、占卜、魔法、巫术等，后附藏文本、藏文词源和索引。

ISBN（hardcover）

K281. 4/N361B933

Nebesky-wojkowitz, Rene de. 1923 – 1959

Oracles and demons of Tibet：the cult and iconography of the Tibetan protective deities / Rene de Nebesky-Wojkowitz—Nepal：Tiwari's Pilgrims Book House

xix, 666 p. , 21 p. of plates：ill. ; 26 cm. —西藏的神与恶魔

Reprint. Originally published：s'Gravenhage：Mouton，1956. — "Tibetan texts": p. ［557］ – 572. — "Tibetan sources": p. ［575］ – 603.—Includes bibliographical references and indexes. —作者是位奥地利博士，维也纳大学教授，主要研究人类学和西藏宗教。1950～1953 年间，在印度、锡金边境及西藏地区作实地考察后写出本书。后来他还写出过《西藏宗教舞蹈》（Tibetan religion dances），直到 1974 年才得以出版。藏传佛教供奉的保护神种类众多，涉及西藏的原始宗教和早期萨满教。对这一领域的研究有很大难点，主要是对保护神的解释只有专业喇嘛才行，而且使用的很多专业词汇含义含糊也无词典可资利用。作者专门就这个专题进行调查，收集资料，期间还结识了数名西藏的转世活佛，与他们交流，他的行为也得到当时西藏地方政府的支持。全书介绍了保护神的图像，崇拜的典礼仪式，涉及舞蹈、占卜、巫术等。全书分两部分，共 27 章。第一部分：保护神图解。第二部分：保护神崇拜。介绍殉葬品、仪式、崇拜的神、神谕、立场、服饰、节日、预言、占卜、魔法、巫术等等，后附藏文本、藏文词源和索引。

ISBN CNY216.00

K281.4/P154

Palakshappa, T. C.

Tibetans in India：a case study of mundgod Tibetans ／ T. C. Palakshappa. —New Delhi：Sterling Publishers Pvt Ltd.，1978.

xii, 119 p.；21 cm. —在印度的藏人：蒙哥德藏人的个案研究

Includes bibliographical reference and index. —此书是作者对在印度喀拉拉邦蒙哥德的藏人进行实地调查后发表的著作。内容为：1. 导论。2. 传统的西藏社会。3. 蒙哥德的藏人和社会结构。4. 变化的进程。5. 主人社会和调节模式。6. 结论。

ISBN（hardcover）

K281.4/P2952

Patel, Srisha.

Tibetan refugees in Orissa：an anthropogenetic study ／ Srisha Patel. —Calcutta：Punthi Pustak, 1980.

108, 26 p.：ill.；25 cm. —在奥里萨邦的西藏流亡者

Includes bibliographical reference and index. —作者认为西藏地区很广，但关于那里人口特点的研究和信息却很少，本书是要以据西藏流亡者的情况，

按照其人口的形态和遗传特点，进行人类起源学的研究。全书 7 章：1. 导言。2. 人体测量的特点。3. 观察测量结果。4. 遗传特性。5. 皮肤学。6. 讨论。7. 结论。后有参考书目、索引、照片、图表。

ISBN（hardcover）

K281.4/P3171

Patterson，George N.

God's fool / by George N. Patterson. —London：Faber and Faber，［19？］. 251 p. ：ill.；22 cm. —上帝的愚弄

1950 年左右，作者曾从中国大陆穿越西藏进入印度，书中叙述了他的这次西藏之旅，在中国共产党的军队行将进入西藏之即，作者和他的同伴如何生活在康巴人的小屋里，与他们的头人交往。又为什么在那时到达那个地方，都干了些什么。身历其境的冒险和骑马路过那些高山大川。作者的同伴被解放军逮捕，后释放。全书 12 章：1. 问题。2. 奋斗。3. 事业。4. 冒险。5. 出发。6. 幻灭。7. 景象。8. 任务。9. 开始。10. 到达。11. 最后通牒。12. 结论。书中有数幅关于山川、寺庙和人物的照片。

ISBN（hardcover）

K281.4/P638K297.5

Pilgrimage in Tibet / edited by Alex McKay—Great Britain：Curzon Press，c1998

xi, 228 p. ：ill.，map；23 cm—西藏朝圣

Includes bibliographical references and index. —Myths sources，a modern conditions，textual sources，a modern pilgrim's impressions，political and economic influences，biographies and contemporary developments-all these and many other issues are examined here. —本书收集了 10 篇关于西藏朝圣方面的文章，专门深入地讨论了这一问题。1. 对到神山、湖泊、洞穴朝圣者的深思。2. 西藏朝圣者的地理和环境因素。3. 印度的朝圣贸易。4. 20 世纪前期藏族在印度的朝圣。5. 在喜马拉雅山区 40 年的朝圣者。6. 到冈仁波齐之路。7. 据锡金编年史看其对朝圣的开放。8. 在印度和西藏被奉为神物的冈仁波齐峰。9. 禁欲主义、力量和朝圣者。10. 在社会转变进程中的西藏朝圣者。书后有参考书目、注释和索引。

ISBN 0 - 7007 - 0992 - 4：CNY838.40

K281. 4/R177

Rampa，T. Lobsang.

The third eye：the autobiography of a Tibetan Lama / by T. Lobsang Rampa；illustrated by Tessa Theobald. —London：Secker & Warburg，1958.

256 p.：ill.；22 cm. —第三只眼：一个西藏喇嘛的自传

作者 1981 年去世，写有 20 多本书。本书一出版就引起广泛争议，有人认为书中所述是真，有人认为是假。人们认为作者不是藏族人，而是个英国人，而且从没去过西藏。作者洛桑然巴很小的时候就离开富裕的家庭，进入寺庙，他在那里受到严格的精神和身体训练，后来在扎什伦布寺学习藏医药知识，并逐渐掌握了一种开发人的精神内部的神秘能力，即所谓冥想的方法。全书 18 章：1. 早年在家的日子。2. 童年的结束。3. 最后在家的日子。4. 在寺庙门口。5. 修行生活。6. 喇嘛寺的生活。7. 打开第三只眼。8. 布达拉宫。9. 在野玫瑰花墙旁。10. 藏人信仰。11. 糌粑。12. 草药和风筝。13. 第一次回家。14. 使用第三只眼。15. 秘密的北方和雪人。16. 喇嘛地区。17. 最后的启蒙。18. 告别西藏。

ISBN（hardcover）

K281. 4/S9326

Stubel，Hans.

The mewu fantzu：a Tibetan tribe of Kansu / Hans Stubel. —New Haven：Hraf Press，1958.

66 p.；21 cm. ——个甘肃的藏族部落

Includes bibliographical references. —本书是对甘肃一个藏族部落的调查，内容非常详尽。主旨在于对人类的行为科学进行比较研究。章节如下：1. 内容介绍。2. 地理环境。3. Mewu Fantzu 人的身体特点。4. 服装及饰品。男士服装、女装、发型、个人卫生、珠宝和武器。5. 游牧群落。6. 住宅建筑。7. 分工。8. 畜牧业。9. 农业和狩猎。10. 食物及煮食用具。11. 手工艺品。12. 收入及纳税。13. 贸易和旅游。14. 教育和语言。15. 数字和测量。16. 日历和假日。17. 艺术。18. 宗教。19. 精神。山魂、家庭之神、死者灵魂。20. 巫师与魔法。21. 寺庙。22. 转世化身。23. 节日。24. 家庭生活。姓名、婚姻、儿童妇女地位。25. 行政管理。26. 社会特征。27. 犯罪。28. 财产权利。29. 中国司法当局的管理。30. 法定程序。31. 战争。32. 与中国和穆斯林的关系。33. 参考书目。

K287. 5/B5756

Bhattacharya, Vidhushekhara.

Bhota-Prakasa：a Tibetan chrestomathy：with introduction, skeleton grammar, notes, texts and vocabularies / by Vidhushekhara Bhattacharya. —Calcutta：University of Calcutta, 1939.

lix, 578 p. ; 20 cm. —藏语读本

这是一本讲述藏语学习的书，作者是印度有名的佛教学者，兼治藏文。书前有前言、内容介绍、缩写词表、藏语概略语法等，全书 3 部分：1. 课文。2. 注释。3. 词汇：藏梵对照、梵藏对照、补遗，附录等。此书用藏、梵、英文写成。

ISBN（pbk.）

K287. 5/L6931

Li, Tieh-Tseng. 1906 – 1990

Tibet：today and yesterday / by Tieh-Tseng Li. —New York：Bookman Associates, 1960.

xv, 324 p. ; 22 cm. —西藏：今天和昨天

Includes index. —1959 年西藏发生叛乱以来，为向西方读者介绍西藏情况，作者出版了此书。作者修订了自己 1956 年出版的《西藏史》，又增加了很多新的内容，在此基础上完成本书。作为一部西藏的综合史，该书从 7 世纪唐代，西藏与内地的交往开始，一直写到现在，特别是对近 200 年的历史写得比较清楚。作者李铁铮在新中国成立前担任过中华民国政府驻伊朗、泰国的大使，驻联合国的代表，写此书的时候是哈佛大学国际关系学院的教授。作者 1978 年回国，任中国人民对外友好协会顾问、外交学院名誉教授、全国侨联顾问，当选为全国政协第五、六、七届常委。

ISBN（hardcover）

K287. 5/S3119

Schary, Edwin G. 1893 –

In search of the Mahatmas of Tibet / Edwin G. Schary. —London：Seeley, Service & Co., 1937.

312 p. : ill. ; 21 cm. —搜寻西藏圣人

Includes index. —作者是美国作家，讲述了他经由拉达克进入西藏，寻找

西藏圣人的旅程。全书 20 章：1. 旅程的开始和挫折。2. 东方的第一缕曙光。3. 与印度的紧密联系。4. 进一步接触。5. 我离开斯利纳加。6. 寻找职业。7. 我成了一名校长。8. 会见大祭司。9. 首次旅程的结果。10. 我成为伐木工。11. 我再次出发到西藏。12. 到卡拉巴特峰朝觐。13. 与牧民一起生活。14. 扎西喇嘛。15. 最后的白人。16. 再次回家。17. 简朴的生活。18. 苦行僧。19. 我的伪装被揭穿。20. 最后行程。全书还有 16 幅精美插图照片和 2 幅地图。

ISBN（hardcover）

K287. 5/T886

Tucci, Giuseppe. 1894 – 1984

Tibetan painted scrolls / Givseppe Tucci. —Roma：La Libreria Dello Stato，1959.

2 vol. : ill. ; 35 cm. —西藏画卷

这是意大利学者杜齐的名著。杜齐是欧洲研究东方古代文化的著名学者，二战时曾是法西斯分子。新中国成立前，他先后到过西藏不下 8 次，足迹遍布前后藏及阿里，搜集了大量资料，仅藏文文献即达 5000 余包。他还得到一些藏族学者的帮助，写过关于西藏的专著有十余种。由于他的努力，在其担任所长的“意大利中东远东研究所”内，有一个享誉世界的西藏研究中心，他培养出一批长期从事西藏历史文化研究的专家。研究所自 1950 年出版的《罗马东方丛书》中，即有十几部关于西藏的研究成果。西方学界认为杜齐的作品代表欧洲研究西藏的最高水平。《西藏画卷》是他的名著，原书共三卷，前两卷是文字，后一卷是图片。1949 年初版。

ISBN（hardcover）

K287. 5/T886

Tucci, Giuseppe. 1894 – 1984

Tibetan painted scrolls / Givseppe Tucci. —Roma：La Libreria Dello Stato，1959.

3 vol. : ill. ; 35 cm. —西藏画卷

这是意大利学者杜齐的名著。杜齐是欧洲研究东方古代文化的著名学者，二战时曾是法西斯分子。新中国成立前，他先后到过西藏不下 8 次，足迹遍布前后藏及阿里，搜集了大量资料，仅藏文文献即达 5000 余包。他还得到一些藏族学者的帮助，写过关于西藏的专著有十余种。由于他的努力，在其担任所长的"意大利中东远东研究所"内，有一个享誉世界的西藏研究中心，他培养出一批长期从事西藏历史文化研究的专家。研究所自 1950 年出版的《罗马东方丛书》中，即有十几部关于西藏的研究成果。西方学界认为杜齐的作品代表欧洲研究西藏的最高水平。《西藏画卷》是他的名著，原书共三卷，前两卷是文字，后一卷是图片。1949 年初版。

ISBN（hardcover）

K287. 5/T886

Tucci，Giuseppe. 1894 – 1984

Tibetan painted scrolls / Givseppe Tucci. —Roma：La Libreria Dello Stato，1959.

1 vol.：ill.；35 cm. —西藏画卷

这是意大利学者杜齐的名著。杜齐是欧洲研究东方古代文化的著名学者，二战时曾是法西斯分子。新中国成立前，他先后到过西藏不下 8 次，足迹遍布前后藏及阿里，搜集了大量资料，仅藏文文献即达 5000 余包。他还得到一些藏族学者的帮助，写过关于西藏的专著有十余种。由于他的努力，在其担任所长的"意大利中东远东研究所"内，有一个享誉世界的西藏研究中心，他培养出一批长期从事西藏历史文化研究的专家。研究所自 1950 年出版的《罗马东方丛书》中，即有十几部关于西藏的研究成果。西方学界认为杜齐的作品代表欧洲研究西藏的最高水平。《西藏画卷》是他的名著，原书共三卷，前两卷是文字，后一卷是图片。1949 年初版。

ISBN（hardcover）

K290/C729

Combe，G. A.

A Tibetan on Tibet：being the travels and observations of Mr. Paul Sherap（Dorje Zodba）of tachienlu；with an introductory chapter on buddhism and a concluding chapter on the devil dance / by G. A. Combe. —New York：D. Appleton and Co.，［19?］.

212 p.；21 cm. —《藏人言藏：孔贝康藏闻见录》，邓小咏译，成都，四川民族出版社，2002.9。

Includes index. —作者孔贝，曾是英国驻中国藏区打箭炉的领事，长期在康定居住，是个"中国通"。他在书中主要记述了藏人智慧保罗所讲的故事，描述了 20 世纪初我国藏区的民俗、宗教、文化、教育、历史的情况。智慧保罗曾穿越中国西部、西藏、锡金、印度东部等地区，先后旅行、经商、工作、乞讨约 30 年，经历曲折动人。智慧保罗的中文名字是谢国安，他是我国老一辈著名的藏学家，藏学家刘立千是他的女婿。本书书前有关于佛教的导论，书后有关于跳神的结论章节。本书初版于 1926 年。1976 年收入于《喜马拉雅丛书》第 3 辑第 4 卷。

ISBN（hardcover）

K296/F212/2：

Fanington, Anthony.

Anthony Fanington sources for the study of China in the India office records / Anthony Fanington. —India：[s. n.], 1983.

168 p. ; 28 cm. —英国印度事务部档案中关于中国西南边疆的档案目录

原我所柳陞祺先生 1982 年 10 月至 12 月赴英考察时，经英国学术院介绍，访问了英联邦海外事务部图书档案馆，该馆范灵顿先生将其新编的印度事务部档案中关于中国西南边疆（包括西藏、滇西等地）的目录，整理编出赠予柳先生。这只是第 1 辑，还有大量的正在编制中。

ISBN（hardcover）

K297. 4/B1268

Backus, Charles, 1947 –

The Nan-chao kingdom and T'ang China's southwestern frontier / Charles Backus. —Cambridge [Cambridgeshire]; New York：Cambridge University Press, 1981.

xii, 224 p. : maps; 24 cm. — (Cambridge studies in Chinese history, literature, and institutions) —南诏国与唐的西南边疆

Bibliography：p. 204 – 218. —Includes index. —本书论述南诏国与唐的西南边疆问题，其中很多地方讨论到西藏。全书六部分：1. 隋和初唐时期的西南边疆。2. 与吐蕃的关系。包括：吐蕃的崛起、唐在西南的挫折、唐的政策和南诏与吐蕃的联系。3. 南诏国的形成。4. 南诏与吐蕃的联盟。5. 贡品与掠夺。6. 战争与衰落。后有附录、参考书目、索引等。

ISBN 052122733X（hardcover）

K297. 4/B699

Bonavia, David.

Tibet / David Bonavia and Magnus Bartlett. —Hong Kong：Shnagri-la Press, 1981.

127 p. ; 22 × 27 cm. —西藏

这是一部关于西藏的精美画册，所收关于西藏的自然风光、人物、僧侣、寺庙、建筑、艺术、文物等。后附说明、西藏大事记、中国历史、参考书目等。

ISBN（hardcover）

K297. 5 / D136

Dalai Lama 1935 –

My land and My people：memoirs of the Dalai Lama of Tibet / Dalai Lama. —New York：Potala Corporation, 1977.

271p. : ill; 21 cm. — （;）—我的祖国和我的人民 达赖喇嘛的回忆

Includes bibliographical references and index. —本书为达赖喇嘛自述，1962年初版，1977年再版。本书为 1977 年版复印本。共 13 章：前言。1. 农民的儿子。2. 追求光明。3. 内心的平和。4. 与中国相邻。5. 侵略。6. 在共产党中国。7. 压力和反抗。8. 到印度朝圣。9. 起义。10. 拉萨危机。11. 出逃。12. 流亡生活。13. 现在和未来。有附录 1、2，插图，索引等。

ISBN：

K297. 5 –62/T553K297. 5 –62

Tibetan Chronological Tables of Jam-dbyans bzad-pa and Sum-pa Mkhan-po / Tr. by Alaka Chattopadhyaya—Sarnath Varanasi：Central Ins. of Higher Tibetan Studies, 1993

xx, 296 p. : ill. ; 25 cm— （The Dalai Lama Tibeto-Indological Series; xii）—占云扎巴、松巴堪布西藏年表

Includes Index. —Rab-byung Table：p. 293 – 294. —作者是印度研究西藏历史、宗教的学者，加尔各答 Vidyasagar 女子学院教授。1967 年曾出版《阿底夏和西藏》（*Atisa and Tibet*），书中详记阿底夏生平，并概述西藏古代历史。作者还把很多藏文著作译为英文，这一工作是得到藏人钦巴喇嘛（Lama Chimba，印度国际大学教授）帮助的，他与钦巴合作，把藏文名著《多罗那

他的佛教史》译为英文并加注释，名为 *Taranatha's history of buddhism in India*，原书作于明万历三十六年（1608），国内有王沂暖的汉文节译本。占云扎巴和松巴堪布都是藏传佛教大师，松巴堪布（1704～1788）是格鲁派学者，青海互助人，一生著述颇丰。

ISBN 81 - 900149 - 6 - x（h）：CNY210.00

K297.5 -7/F133
Fabry, Eric.
Bibliography of high Asia for the study of Tibetan and Himalayan civilizations /
Eric Fabry. —Varanasi：Pilgrims Pub., c2006.

1232 p.；28 cm. —高级亚洲书目：西藏和喜马拉雅文明研究

这是一本关于藏学和喜马拉雅文明研究的书目。作者在 20 世纪 80 年代中期开始，为自己研究方便，编写了相关内容的参考索引卡片，后来决定收集大量资料，编成书目，作为文献资源出版，以求有利于对相关课题感兴趣的读者。全书 1200 余页，收集各类著作 13000 余种。按不同种类划分为：现代史和人权、流亡藏人和难民、古代史、西藏艺术、建筑、文学与民俗、音乐、雕塑、宗教思想、藏传佛教和宗教史、藏医药、经济与环境等。

ISBN 8177694545（HBK）

K297.5 -7/S6717
Snellgrove, David L.
A catalogue of the Tibetan collection / by David L. Snellgrove. —Dublin：
Hodges, Figgis & Co. Ltd., 1969.

109 p.：illu.；23 cm. —西藏藏品目录

Includes bibliographical references. —作者是伦敦大学教授，曾在伦敦大学东方和非洲研究院学习，掌握藏文，对佛学有一定造诣。他与黎吉生（Richardson）、德莱佛（Driver）等人组成伦敦藏学研究中心，1967 年，他们还联合创办了西藏研究所，所址在英国特林（Tring）。本书是他在 20 世纪 60 年代招来六名藏人，就大英博物馆、牛津大学图书馆以及私人所藏藏文文献编制的目录。作者还著有《喜马拉雅的佛教》、《喜马拉雅的朝圣者》、《拉达克的文化遗产》等书。1956 年，1960～1961 年作者由于两次到尼泊尔西北部藏族苯教僧侣聚居地调查，收集文献，得以深研苯教教史和教义，并写出研究报告。1968 年，作者还和黎吉生合写了《西藏文化史》，这是一部继史泰安

（R. A. Stein）《西藏的文明》之后综论西藏文化的重要著作。

ISBN（hardcover）

K297.5/A256/：10 – 12

Further correspondence respeoting the affairs of Thibet. FO 535 P. 10 – 12
(1907 – 1909). — ［S. l. ］：［s. n. ］，1907.

1 册；26 cm. —西藏事务函件

Includes bibliographical references. —此为英国外交部档案，主要是当年英
印政府涉及西藏事务的文件，原件藏于英国外交部，我所根据购买的胶片复
制后，按年装订成册，主要是 1903～1922 年间的文件。

ISBN（hardcover）

K297.5/A256/：13 – 14

Further correspondence respeoting the affairs of Thibet. FO 535 P. 13 – 14
(1910 – 1911). — ［S. l. ］：［s. n. ］，1910.

1 册；26 cm. —西藏事务函件

Includes bibliographical references. —此为英国外交部档案，主要是当年英
印政府涉及西藏事务的文件，原件藏于英国外交部，我所根据购买的胶片复
制后，按年装订成册，主要是 1903～1923 年间的文件。

ISBN（hardcover）

K297.5/A256/：15

Further correspondence respeoting the affairs of Thibet. FO 535 P. 15
(1912). — ［S. l. ］：［s. n. ］，1912.

1 册；26 cm. —西藏事务函件

Includes bibliographical references. —此为英国外交部档案，主要是当年英
印政府涉及西藏事务的文件，原件藏于英国外交部，我所根据购买的胶片复
制后，按年装订成册，主要是 1903～1923 年间的文件。

ISBN（hardcover）

K297.5/A256/：16

Further correspondence respeoting the affairs of Thibet. FO 535 P. 16
(1913). — ［S. l. ］：［s. n. ］，1913.

1 册；26 cm. —西藏事务函件

Includes bibliographical references. —此为英国外交部档案，主要是当年英印政府涉及西藏事务的文件，原件藏于英国外交部，我所根据购买的胶片复制后，按年装订成册，主要是 1903～1923 年间的文件。

ISBN （hardcover）

K297. 5/A256/：16 （2）

Further correspondence respeoting the affairs of Thibet. FO 535 P. 16 （1913） 2. — [S. l.]：[s. n.], 1913.

1 册；26 cm. —西藏事务函件

Includes bibliographical references. —此为英国外交部档案，主要是当年英印政府涉及西藏事务的文件，原件藏于英国外交部，我所根据购买的胶片复制后，按年装订成册，主要是 1903～1923 年间的文件。

ISBN （hardcover）

K297. 5/A256/：17

Further correspondence respeoting the affairs of Thibet. FO 535 P. 17 （1914）. — [S. l.]：[s. n.], 1914.

1 册；26 cm. —西藏事务函件

Includes bibliographical references. —此为英国外交部档案，主要是当年英印政府涉及西藏事务的文件，原件藏于英国外交部，我所根据购买的胶片复制后，按年装订成册，主要是 1903～1923 年间的文件。

ISBN （hardcover）

K297. 5/A256/：18 - 19

Further correspondence respeoting the affairs of Thibet. FO 535 P. 18 - 19 （1915）. — [S. l.]：[s. n.], 1915.

1 册；26 cm. —西藏事务函件

Includes bibliographical references. —此为英国外交部档案，主要是当年英印政府涉及西藏事务的文件，原件藏于英国外交部，我所根据购买的胶片复制后，按年装订成册，主要是 1903～1923 年间的文件。

ISBN （hardcover）

K297. 5/A256/：23 – 26

Further correspondence respeoting the affairs of Thibet. FO 535 P. 23 – 26 (1920 – 1922). — [S. l.]：[s. n.]，1920.

1 册；26 cm. —西藏事务函件

Includes bibliographical references. —此为英国外交部档案，主要是当年英印政府涉及西藏事务的文件，原件藏于英国外交部，我所根据购买的胶片复制后，按年装订成册，主要是 1903 ~ 1923 年间的文件。

ISBN（hardcover）

K297. 5/A256/：7 – 9

Further correspondence respeoting the affairs of Thibet. FO 535 P. 7 – 9 (1906 – 1907) 2. — [S. l.]：[s. n.]，1906.

1 册；26 cm. —西藏事务函件

Includes bibliographical references. —此为英国外交部档案，主要是当年英印政府涉及西藏事务的文件，原件藏于英国外交部，我所根据购买的胶片复制后，按年装订成册，主要是 1903 ~ 1922 年间的文件。

ISBN（hardcover）

K297. 5/A256/：7 – 9

Further correspondence respeoting the affairs of Thibet. FO 535 P. 7 – 9 (1906 – 1907) 1. — [S. l.]：[s. n.]，1906.

1 册；26 cm. —西藏事务函件

Includes bibliographical references. —此为英国外交部档案，主要是当年英印政府涉及西藏事务的文件，原件藏于英国外交部，我所根据购买的胶片复制后，按年装订成册，主要是 1903 ~ 1922 年间的文件。

ISBN（hardcover）

K297. 5/A638/4：

Aoki, Bunkyo.

Study on early Tibetan chronicles：regarding discrepancies of dates and their adjustments / Bunkyo Aoki. —Tokyo：The Nippon Gakujutsu Sinkokai, 1955.

161 p. ；26 cm. —早期西藏编年史研究

此书为一个日本学者的研究报告，得到日本教育部 1954 ~ 1955 年度的资助。主要分析藏历纪年与中原王朝纪年、干支纪年之间的差异，并找出其中的对应规律。全书7章：1. 简述西藏历史的记录。2. 西藏纪年的日期系统。3. 早期的西藏国王。4. 决定性基本日期的研究。5. 过去年代的调查。6. 日历的差异，对其原因和进行调整的研究。7. 历史场合的引用，对差异日期的矫正，调查结论。后附日期对照图表。

ISBN（hardcover

K297. 5/A772K281. 4

Arpi，Claude

The fate of Tibet：when big insects eat small insects / Clande Arpi—Anand Niketan，New Delhi：Har-Anand Publications Pvt Ltd，1999

432 p. ：maps；23 cm—西藏的命运：当大虫吃小虫时

Includes bibliographical references. —全书27章，包括：导言。1. 佛教在西藏的首次传播：来自印度的光芒。2. 佛教重回西藏。3. 佛教在印度的衰落。4. 与蒙古和元朝的关系。5. 明和清前期，西藏与中国内陆的关系。6. 麻烦的时代：18和19世纪。7. 英帝国的召唤：西藏与英属印度的关系。8. 来自俄国的威胁到荣赫鹏的探险。9. 铁是热的：荣赫鹏的远征。10. 大虫吞噬小虫：困难年代。11. 十三世达赖喇嘛在印度的流放。12. 希姆拉会议。13. 独立年代。14. 雪崩之前。15. 印度独立。16. 共产党征服中国。17. 不要摇摆的船。18. 1950：铁虎年。19. 来自多个层面。20. 印度和世界的反应。21. 向联合国呼吁。22. 在印度的辩论。23. the pannikar 因素。24. 缓和与非暴力主义。25. 尼赫鲁与西藏政策。26. 雪崩。27. 一种可行的解决方案。参考书目。

ISBN 81 – 241 – 0638 – X：CNY178. 50

K297. 5/A8322

Asian highland societies：in anthropological perspective / edited by Christoph von Furer-Haimendorf. —New Delhi：Sterling Publishers Private Limited，1984.

265 p. ；21 cm. —亚洲高原社会的人类学透视

Includes bibliographical references. —本书收集了许多人类学家的文章，他们以大量第一手材料反映了亚洲高原社会的社会结构和文化形态，这些东西在喜马拉雅山区各地，包括南亚次大陆的山区正日益成长。他们通过喜马拉雅山区的贸易体系，对高海拔地区居民复杂的血缘关系进行分析。其中包括尼泊尔和西藏的人民。全书 13 章，其中一些涉及西藏情况，如第 3、7 章。

ISBN （hardcover）

K297. 5/A995

Aziz, Barbara Nimri.

Tibetan frontier families：reflections of three generations from D'ing-ri / Barbara Nimri Aziz. —New Delhi：Vikas Publishing House Pvt Ltd, 1978.

292 p. ：ill. , map；21 cm. —《藏边人家：关于三代定日人的真实记述》，翟胜德译，拉萨，西藏人民出版社，1987.5, 2001。

Includes bibliographical reference and index. —本书论述了定日藏区的婚姻形态和家庭结构，同时也涉及当地的历史、地理情况，1960 年以前的社会经济结构和传统宗教生活。全书 11 章，后附书目索引。

ISBN 070690544X （hardcover）

K297. 5/B4331

Bell, Charles. 1870 – 1945

Tibet past & present / Charles Bell. —Oxford：Clarendon Press, 1924.

326 p. ：ill. ；21 cm. —西藏今昔

Includes index. —作者贝尔，英国人。1891 年进入英印政府，1904 ~ 1921 年间，在我国西藏及不丹和锡金充当英国政府代理人。通藏文，是西方所谓"西藏通"。在藏期间，他经常同达赖密谈，离间西藏和中央的关系，培植亲英势力，策动西藏独立。他是帝国主义势力在西藏的代表人物。著有《藏语口语语法》《英藏口语词典》《西藏今昔》《西藏的宗教》《西藏的人民》《达赖喇嘛画像》等书。这是本书最初版本。从西藏的早期历史开始，一直写到1914 年，主要写近代以来的情况。全书共 27 章，并有附录、索引和插图，插图大都取自当年的照片。

ISBN （hardcover）

K297. 5/B4331

Bell, Charles Alfred, Sir, 1870 – 1945.

Tibet, past & present / by Sir Charles Bell. — ［Cheap ed. ］—London：Oxford University Press, 1927.

xii, 326 p. , ［31］ leaf of plates：ill. , maps, ports. ；20 cm. —西藏今昔

Includes index（p. ［307］ –326）. —作者贝尔，英国人。1891 年进入英印政府，1904～1921 年间，在我国西藏及不丹和锡金充当英国政府代理人。通藏文，是西方所谓"西藏通"。在藏期间，他经常同达赖密谈，离间西藏和中央的关系，培植亲英势力，策动西藏独立。他是帝国主义势力在西藏的代表人物。著有《藏语口语语法》《英藏口语词典》《西藏今昔》《西藏的宗教》《西藏的人民》《达赖喇嘛画像》等书。这是本书早期版本。从西藏的早期历史开始，一直写到 1914 年，主要写近代以来的情况。全书共 27 章，并有附录、索引和插图，插图大都取自当年的照片。

ISBN（hardcover）

K297. 5/B4331

Bell，Charles. 1870 – 1945

Tibet past & present / by Charles Bell. —London：Oxford University Press，1927.

326 p. ：illus. ，mpa；20 cm. —西藏今昔

Includes bibliographical references and index. —作者贝尔，英国人。1891 年进入英印政府，1904～1921 年间，在我国西藏及不丹和锡金充当英国政府代理人。通藏文，是西方所谓"西藏通"。在藏期间，他经常同达赖密谈，离间西藏和中央的关系，培植亲英势力，策动西藏独立。他是帝国主义势力在西藏的代表人物。著有《藏语口语语法》《英藏口语词典》《西藏今昔》《西藏的宗教》《西藏的人民》《达赖喇嘛画像》等书。这是本书早期版本。从西藏的早期历史开始，一直写到 1914 年，主要写近代以来的情况。全书共 27 章，并有附录、索引和插图，插图大都取自当年的照片。

ISBN（hardcover）

K297. 5/B4331

Bell，Charles 1870 – 1945

Tibet past and present / by Sir Charles Bell. —Delhi：Motilal Banarsidass Publishers Pvt. Ltd. ，1992.

326p. ：Pictures maos；21 cm. — （；） —西藏今昔

Includes Appendixes and Index—作者贝尔，英国人。1891 年进入英印政府，1904～1921 年间，在我国西藏及不丹和锡金充当英国政府代理人。通藏文，是西方所谓"西藏通"。在藏期间，他经常同达赖密谈，离间西藏和中央

的关系，培植亲英势力，策动西藏独立。他是帝国主义势力在西藏的代表人物。著有《藏语口语语法》《英藏口语词典》《西藏今昔》《西藏的宗教》《西藏的人民》《达赖喇嘛画像》等书。本书初版于 1924 年。从西藏的早期历史开始，一直写到 1914 年，主要写近代以来的情况。全书共 27 章，并有附录、索引和插图，插图大都取自当年的照片。

ISBN 8120810481 （pbk）

K297. 5/B4331

Bell，Charles. 1870 – 1945

Tibet past & present / by Charles Bell. —London：Oxford University Press，1927.

326 p.：illu.，map；20 cm. —西藏今昔

Includes bibliographical references and index. —作者贝尔，英国人。1891 年进入英印政府，1904～1921 年间，在我国西藏及不丹和锡金充当英国政府代理人。通藏文，是西方所谓"西藏通"。在藏期间，他经常同达赖密谈，离间西藏和中央的关系，培植亲英势力，策动西藏独立。他是帝国主义势力在西藏的代表人物。著有《藏语口语语法》《英藏口语词典》《西藏今昔》《西藏的宗教》《西藏的人民》《达赖喇嘛画像》等书。这是本书早期版本。从西藏的早期历史开始，一直写到 1914 年，主要写近代以来的情况。全书共 27 章，并有附录、索引和插图，插图大都取自当年的照片。

ISBN （hardcover）

K297. 5/B4331/2：

Bell，Charles.

The people of Tibet / Charles Bell. —Oxford：Clarendon Press，1928.

319 p.：ill.；21 cm. —西藏的人民

Includes bibliographical reference and index. —作者贝尔，英国人。1891 年进入英印政府，1904～1921 年间，在我国西藏及不丹和锡金充当英国政府代理人。是西方所谓"西藏通"。在藏期间，他经常同达赖密谈，离间西藏和中央的关系，培植亲英势力，策动西藏独立。他是帝国主义势力在西藏的早期代表人物。著有《藏语口语语法》《英藏口语词典》《西藏今昔》《西藏的宗教》《西藏的人民》《达赖喇嘛画像》等书。本书共 27 章：1. 地理。2. 历史。3. 领导和群众。4～6. 农民。7～9. 贵族。10. 商人。11. 一个商业的民

族。12. 乞丐。13. 强盗。14. 妇女。15. 妇女的地位。16. 妇女的工作和娱乐。17 ~ 18. 婚姻。19. 儿童。20. 儿童及其他。21. 食物。22. 喝酒与吸烟。23 ~ 24. 仪式和礼节。25. 娱乐活动。26. 拉萨的新年活动。27. 葬礼。全书有附录、索引和插图，插图大都取自当年的照片。

ISBN（hardcover）

K297. 5/B5181

Bernard, Theos. 1908 – 1947

Land of a thousand buddhas: a pilgraimage into the heart of Tibet and the sacred city of Lhasa / Theos Bernard. —New York: Rider and Company, 1940.

320 p. : ill. ; 23 cm. —千佛之国：朝拜西藏腹地和拉萨圣城

Includes index. —作者出生于美国亚利桑那州，大学时读了有关瑜伽的书，非常感兴趣，完成学业后即去印度专门研究瑜伽术，他关于瑜伽的博士论文经常重印。为进一步研究，他穿越西藏，从江孜到达圣城拉萨，进入宗教寺院，参加多种宗教仪式，并讨论了西藏著名寺院喇嘛教大师的理论，作者在本书中介绍了 1939 年自己对西藏的这次访问。作者是哥伦比亚大学印度和西藏研究的先驱，是第三个徒步进入拉萨的美国人，而且是第一个接受西藏佛教入教仪式的美国人。他编写了藏语语法，并且计划把印度和西藏文学译为英文。本书 13 章，有照片 59 张，书后附索引。

ISBN（hardcover）

K297. 5/B524

Bernbaum, Edwin.

The way to Shambhala / Edwin Bernbaum. —Garden City, N. Y. : Anchor Press, 1980.

xv, 316 p. , [12] leaves of plates: ill. ; 21 cm. —到香巴拉之路

Bibliography: p. [295] – 300. —Includes index. —香巴拉是藏语音译，又译"香格里拉"，其意为"极乐园"，是佛教所说的神话世界，也是藏传佛教徒追求和向往的"极乐净土"。作者作为"和平队"的成员，在尼泊尔工作了 7 年，为作一项关于西藏保护的课题，他曾对香巴拉的神话进行了研究。并写出了很多关于尼泊尔和西藏宗教、神话和艺术的文章，发表在加利福尼亚大学的《亚洲研究》刊物上。本书共 11 章，包括插图、前言。1. 山梁背后。2. 香巴拉的存在。3. 印度峡谷。4. 神话故事下面。5. 时间之轮。6. 内

部王国。7. 旅行。8. 指南手册。9. 内部旅行。10. 内部预言。11. 香巴拉之外。后面有：注释、术语表、参考书目、索引等。

ISBN 0385127944（hardcover）

K297. 5/B562

Geza Bethlenfalvy

A hand-list of the Ulan Bator manuscript of the Kanjur Rgyal-Rtse thiem spansma/ Geza Bethlenfalvy—Budapest；Akademiai Kiado, 1982.

111p.；22 cm. —乌兰巴托的《甘珠尔》手抄本

布达佩斯出版，匈牙利学者分析乌兰巴托藏《甘珠尔》手抄本的情况。

ISBN：CNY20. 00.

K297. 5/B765

The boundary question between China and Tibet. —China：Published in Peking, 1940.

150 p.；22 cm. —藏边划界纪

本书是1913～1914年间，中英西藏在印度德里和西姆拉举行会议，讨论边境问题的会议记录。当时是在英国压力下，中、英、西藏地方派代表召开的会议，历时8个月，会谈破裂，未达成协议。本书记录了有关这些会议的15项内容。

ISBN（pbk.）

K297. 5/B9169/：1

Bsod nams grags pa, Pan-chen, 1478－1554.

Deb t'er dmar po gsar ma：Tibetan chronicles. V. 1, Tibetan text, emendations to the text, English translation and an appendix containing two minor chronicles / by Bsod nams grags pa；Giuseppe Tucci. —Roma：Istituto Italiano per il Medio ed Estremo Oriente, 1971.

xiv, 245 p.；25 cm. —（Serie orientale Roma；24）—新红史

本书是原藏文名著《新红史》，由16世纪哲蚌寺僧人索南查巴著，成书于1538年。意大利学者杜齐将其译为英文，收入《罗马东方丛书》中。本书含藏文校订本附英译文及另两种小史书。杜齐是欧洲研究东方古代文化的著名学者，新中国成立前，他到过西藏多次，足迹遍布前后藏及阿里，写过西

藏的专著十余种。由于他的努力，在其担任所长的"意大利中东远东研究所"内，有一个享誉世界的西藏研究中心。他培养出一批长期从事西藏历史文化研究的专家，著名藏学家毕达克即是他的学生。研究所自 1950 年出版的《罗马东方丛书》中，即有十几部关于西藏的研究成果。西方学界认为杜齐的作品代表欧洲研究西藏的最高水平。

K297. 5/B962

Burman, Boy Bina.

Religion and politics in Tibet / Boy Bina Burman. —New Delhi：Vikas Publishing House Pvt Ltd. , 1979.

x，180 p. ；21 cm. —西藏的宗教和政治

Includes bibliographical reference and index. —作者在印度尼赫鲁大学取得博士学位，后在加尔各答大学任教，主要研究部落及其家庭生活。写作此书时，作者曾在印度的藏人和达兰萨拉的藏族中进行调查研究。此书内容有：1. 西藏佛教的历史背景。2. 1951 年以前西藏的社会和政治结构。3. 在西藏政治权力和政务管理中僧侣和寺院的作用。4. 1950 年西藏的政治变革。5. 达赖喇嘛外逃时期的西藏。6. 达赖喇嘛逃跑后的新兴模式。7. 1965 年以后的西藏。书后附书目和索引。

ISBN 0706908015 （hardcover）

K297. 5/C218/2：

Candler, Edmund.

The unveiling of Lhasa / Edmund Candler. —London：Edward Arnold, 1905.

xvi，304 p. ：ill. ；22 cm. —《拉萨真面目》，尹建新，苏平译；拉萨，西藏人民出版社，1996. 12。

本书作者原为英《每日邮报》驻印记者，1903 年，随荣赫鹏率领的英军入藏，成为这次侵略战争的目击者。这本书是他的战地报道和随军日记，记述了这次战争的情况。除江孜保卫战两章是路透社记者亨利·纽曼所做（他也是当时战地记者之一），其余都是本书作者所写。全书 15 章：1. 远征军的起因。2. 越过边界。3. 春丕谷。4. 帕里宗。5. 道路与运输。6. 温泉之战。7. 各色各样的人。8. 远征军前进受阻。9. 江孜。10. 江孜（续）。11. 前线途中杂谈。12. 奔向大江。13. 拉萨及其失踪之神。14. 拉萨城及其寺庙。15. 解决办法。另此书对于早期进入拉萨的外国人做了较为详尽的叙述。

ISBN（hardcover）

K297. 5/C218/2：

Candler, Edmund.

The unveiling of Lhasa / Edmund Candler. —London：Thomas Nelson and Sons, Ltd. , 1905.

viii, 375 p. : ill. ; 19 cm. —《拉萨真面目》, 尹建新, 苏平译；拉萨, 西藏人民出版社, 1996. 12。

本书作者原为英《每日邮报》驻印记者, 1903 年, 随荣赫鹏率领的英军入藏, 成为这次侵略战争的目击者。这本书是他的战地报道和随军日记, 记述了这次战争的情况。除江孜保卫战两章是路透社记者亨利·纽曼所做（他也是当时战地记者之一）, 其余都是本书作者所写。全书 15 章：1. 远征军的起因。2. 越过边界。3. 春丕谷。4. 帕里宗。5. 道路与运输。6. 温泉之战。7. 各色各样的人。8. 远征军前进受阻。9. 江孜。10. 江孜（续）。11. 前线途中杂谈。12. 奔向大江。13. 拉萨及其失踪之神。14. 拉萨城及其寺庙。15. 解决办法。另此书对于早期进入拉萨的外国人做了较为详尽的叙述。

ISBN（hardcover）

K297. 5/C7444/2：

Concerning the question of Tibet. —Peking：Foreign languages Press, 1959.

275 p. : ill. ; 21 cm. —关于西藏问题

此书为北京外文出版社 1959 年出版的中国政府关于西藏问题文件的英文译本。全书共 4 部分：1. 关于西藏叛乱的情况。2. 关于达赖喇嘛的声明。3. 西藏是中国不可分割的一部分。4. 人民日报编辑部文章：西藏革命与尼赫鲁的哲学。

K297. 5/D2291

Das, Sarat Chandra, 1849 – 1917.

Contributions on the religion and history of Tibet / by Sarat Chandra Das. —New Delhi：Manjusri Publishing House, 1970.

210 p. ; 22 cm. — （Bibliotheca himalayica; Series 3, Vol. 1）—关于西藏宗教历史的贡献

作者瑟拉特钱德拉达斯是印度佛教协会秘书长, 孟加拉亚洲学会会员。

1874 年，他被任命为大吉岭藏族寄宿学校的校长。他到西藏进行了一些探险，与十三世达赖喇嘛结识，并对研究藏族的语言和文化深感兴趣，写有很多关于藏学的研究著作。本书收于喜马拉雅丛书系列之三第 1 卷。

ISBN （hardcover）

K297. 5/D2291

Das, Sarat Chandra. 1849 – 1917

Journey to Lhasa and central Tibet / by Sarat Chandra Das. —New Delhi：Publishing House，1970.

285 p. ；21 cm. —拉萨和中部西藏纪行

Includes bibliographical references and index. —作者瑟拉特钱德拉达斯是印度佛教协会的秘书长，孟加拉亚洲学会的会员。1874 年，他被任命为大吉岭藏族寄宿学校的校长。他到西藏进行了一些探险，与十三世达赖喇嘛结识，并对研究藏族的语言和文化深感兴趣，写有很多关于藏学的研究著作。1902 年编成《藏英词典》，1915 年在印度出版了《藏语语法导论》，产生很大影响，1941 年中华民国重新影印出版。本书记述了作者 1879 ~ 1881 年间穿越锡金进入西藏的情况。他到达拉萨和西藏中部，详细了解了拉萨的政府，那里的风俗习惯、节日和文化。还详细记录了自己的回程，叙述了活佛的葬礼，访问了大喇嘛寺，经过雅鲁藏布江。返回印度后，他开始研究那里的问题，探讨西藏的社会分裂、婚姻、丧葬、医药和节日。全书 11 章，有照片、插图和地图。本书初版于 1904 年。

ISBN （hardcover）

K297. 5/D2291

Das, Sarat Chandra，1849 – 1917.

Tibetan studies / Sarat Chandra Das；edited，with introduction，by Alaka Chattopadhyaya. —Calcutta：K. P. Bagchi & Co. ，1984.

xxx，287 p. ；22 cm. —西藏研究

Includes index （p. ［282］ –287）. —作者瑟拉特钱德拉达斯是印度佛教协会秘书长，孟加拉亚洲学会会员。1874 年，他被任命为大吉岭藏族寄宿学校的校长。1879 年，1881 ~ 1883 年间，他由锡金助手引导，通过寺庙关系，曾两次进入我前、后藏地区，他与十三世达赖喇嘛结识，并对研究藏族的语言和文化深感兴趣，写有很多关于藏学的研究著作。

ISBN（hardcover）

K297.5/D2491/2：

David-Neel, Alexandra. 1868－1969

Pelgrims, rovers en demonen：een vrouw trekt door Tibet / Alexandra David-Neel. —Amsterdam：H. Meulenhoff, 1938，

192 p.：ill.；21 cm. —（Meulenhoff's flamingo-reeks；5）—佩尔格雷，流浪的魔鬼

作者亚历山大莉亚·大卫－妮尔（1868～1969）是法国著名东方学家 、汉学家、探险家，特别是藏学家，是一位神话般传奇人物，在法国乃至整个学界被誉为"女英雄"。她生前著作等身，其有关东方特别是西藏的论著、日记、资料、游记被译为多种文字，多次再版。她终生对西藏充满热爱和崇敬，从 1912 年在噶伦堡受到十三世达赖的接见，1916 年首次进入西藏，她曾先后 5 次到西藏及周边地区从事科考，而且还起了一个"智灯"的法号。20 世纪 20 年代，其《喇嘛教度礼》为前奏曲，《一位巴黎女子的拉萨历险记》《西藏的巫术和奥义》《在贵族——土匪地区》组成了她早期入藏的三部曲。她在西藏旅行时所作的全部笔记很早就已出版，第 1 卷是 1904～1917 年间写的，第 2 卷是 1918～1940 年间写的。本书记述当时进藏旅行的情况及当地险峻的地理面貌。

K297.5/D2496

David-Neel, Alexandra. 1868－1969

Initiations and initiates in Tibet / Alexandra David-Neel. —London：Rider & Company，1931

224 p.；21 cm. —初涉西藏

Includes bibliographical references. —作者亚历山大莉亚·大卫－妮尔是法国著名东方学家、汉学家、探险家，特别是藏学家，是一位神话般传奇人物，在法国乃至整个学界被誉为"女英雄"。她生前著作等身，其有关东方特别是西藏的论著、日记、资料、游记被译为多种文字，多次再版。她终生对西藏充满热爱和崇敬，从 1912 年在噶伦堡受到十三世达赖接见，1916 年首次进入西藏，她曾先后 5 次到西藏及周边地区考察，而且还起了一个"智灯"的法号。20 世纪 20 年代，以其《喇嘛教度礼》为前奏，《一位巴黎女子的拉萨历险记》《西藏的巫术和奥义》《在贵族——土匪地区》组成了她早期入藏的三

部曲。她在西藏旅行时所作的全部笔记很早就已出版，第 1 卷写于 1904 ~
1917 年间，第 2 卷写于 1918 ~ 1940 年间。1946 年返法后，大卫 – 妮尔在巴黎
大学举办 "藏传佛教特征" 讲座，此后写出一系列有关西藏的著作。本书便
是其早期入藏的著作之一。书中有珍贵的照片插图。

ISBN（hardcover）

K297. 5/D2496

David-Neel, Alexandra. 1868 – 1969

Initiations and initiates in Tibet / Alexandra David-Neel. —London：Rider &
Co. , 1931.

224 p. ：ill. ；22 cm. —初涉西藏

作者亚历山大莉亚·大卫 – 妮尔是法国著名东方学家 、汉学家、探险家，
特别是藏学家，是一位神话般传奇人物，在法国乃至整个学界被誉为 "女英
雄"。她生前著作等身，其有关东方特别是西藏的论著、日记、资料、游记被
译为多种文字，多次再版。她终生对西藏充满热爱和崇敬，从 1912 年在噶伦
堡受到十三世达赖接见，1916 年首次进入西藏，她曾先后 5 次到西藏及周边
地区考察，而且还起了一个 "智灯" 的法号。20 世纪 20 年代，以其《喇嘛
教度礼》为前奏，《一位巴黎女子的拉萨历险记》、《西藏的巫术和奥义》、
《在贵族——土匪地区》组成了她早期入藏的三部曲。她在西藏旅行时所作的
全部笔记很早就已出版，第 1 卷写于 1904 ~ 1917 年间，第 2 卷写于 1918 ~
1940 年间。1946 年返法后，大卫 – 妮尔在巴黎大学举办 "藏传佛教特征" 讲
座，此后写出一系列有关西藏的著作。本书便是其早期入藏的著作之一。书
中有珍贵的照片插图。

ISBN（hardcover）

K297. 5/D2496

David-Neel, Alexandra. 1868 – 1969

Magic and mystery in Tibet / Alexandra David-Neel. —New York：University
Books, 1958.

320 p. ：ill. ；21 cm. —西藏的巫术和奥义

作者亚历山大莉亚·大卫 – 妮尔是法国著名东方学家 、汉学家、探险家，
特别是藏学家，是一位神话般传奇人物，在法国乃至整个学界被誉为 "女英
雄"。她生前著作等身，其有关东方特别是西藏的论著、日记、资料、游记被

译为多种文字，多次再版。她终生对西藏充满热爱和崇敬，从 1912 年在噶伦堡受到十三世达赖接见，1916 年首次进入西藏，她曾先后 5 次到西藏及周边地区考察，而且还起了一个"智灯"的法号。20 世纪 20 年代，以其《喇嘛教度礼》为前奏，《一位巴黎女子的拉萨历险记》、《西藏的巫术和奥义》、《在贵族——土匪地区》组成了她早期入藏的三部曲。她在西藏旅行时所作的全部笔记很早就已出版，第 1 卷写于 1904～1917 年间，第 2 卷写于 1918～1940 年间。1946 年返法后，大卫－妮尔在巴黎大学举办"藏传佛教特征"讲座，此后写出一系列有关西藏的著作。

ISBN （hardcover）

K297. 5/D535

Dhondup, K.

The water-bird and other years：a history of the Thirteenth dalai lama and after/ K. Dhondup. —New Delhi：Rangwang Publishers，1986.

vi, 224 p.；21 cm. —水鸡年和其他年份

Includes bibliographical reference. —本书记述十三世达赖喇嘛的历史及其身后的事迹。水鸡年（1933）是十三世达赖土登嘉措圆寂的一年。本书有七部分：1. 十三世达赖喇嘛。2. 擦绒，龙厦和 Kunphela。3. 摄政：热振和大札。4. 班禅喇嘛：曲吉尼玛和确吉坚赞。5. 附录。6. 注释。7. 参考书目。

ISBN （pbk. ）

K297. 5/E2693

Eeherton, Colonel P. T.

Glimpses of Tibet Nepal：and the Himalayan mountains / Colonel P. T. Eeherton. —New Delhi：Inter-INdia Publications，1934.

297 p.；ill.；22 cm. —西藏、尼泊尔与喜马拉雅山一瞥

Includes index. —本书有游记性质。共 14 章：1. 尼泊尔：隐士之国。2. 在加德满都。3. 跨越创造的顶峰。4. 难以置信的西藏。5. 访问印度寺庙。6. 在喇嘛中学习。7. 神奇的土地。8. 世界屋脊。9. 亚洲大师。10. 喜马拉雅森林。11. 老虎崇拜。12. 奇怪的狩猎。13. 高傲的孤独。14. 喜马拉雅山。后有索引。

ISBN （hardcover）

K297. 5/E369

Ekvall, Robert Brainerd. 1898 –

Fields on the hoof: nexus of Tibetan nomadic pastoralism / by Robert B. Ekvall. —New York: Holt, Rinehart and Winston, 1968.

xii, 100 p. : illus. , map. ; 22 cm. — (Case studies in cultural anthropology) —鲜活的牧场: 藏族游牧部落的田园诗

Includes bibliographies. —本书作者埃克瓦尔是出生于甘肃岷州的美国人，父母亲都是传教士。他汉藏语皆通，在当地长大，后来在当地的汉、回、藏族群众中传教。1929 年，曾偕妻儿在藏族聚居的萨姆查地区达仓拉莫居住了 5 年。1935 年移居美国，并在美国芝加哥大学接受人类学培训，在此期间，他写了《甘肃西藏交界地区的文化关系》。1939 年返回拉莫，1941 年再次离开藏区。二战初期，作者在印度支那曾被日本人临时拘留，此后他作为远东事务专家加入美军，为政府提供专门知识服务。1951 年作者写了《西藏的地平线》一书。此外还有多种著述，如 1964 年出版的《西藏宗教仪式》，1969 年，与卡西内利（C. W. Cassinelli）、罗伯特（B. Robert）合写的《萨迦政治体系》（A Tibetan Principality）等。本书是研究藏族牧区的专著，主要叙述过去藏区游牧部落田园式生活的情况，那里的藏族牧民被称为"住黑色帐篷的人"。全书 10 章。前言、序言。1. 位置和地区特点。2. 海拔地带的区域。3. 畜群是财富单位。4. "卓巴"及其文化特征。5. 牲畜的经营。6. 放牧与收获。7. 牧民的物质生活。8. 文化生活。9. 牧民的性格。10. 中国人接管后的思考。书末附参考书目列举个人论著十余种。

ISBN （pbk. ）

K297. 5/E5658

Enders, Gordon B.

Nowhere else in the world / by Gordon B. Enders with Edward Anthony; with sixty-four photographs. —New York: Farrar & Rinehart, 1935.

x, 434 p. : 11 incl. illus. （map）plates, ports. ; 23 cm. —世上别无此处

Facsimile of the "Passport to heaven" on lining-papers. —Descriptive letterpress on versos facing the plates and portraits. —The story of G. B. Enders' experiences, including those as adviser to the Panchan lama. —本书作者安德司曾于 1933 年 2 月被九世班禅聘为"教下参议"。本书共三部分，第一部分，1. 旧西藏早期。2. 我碰上的第一个中国人。3. 间谍。4. 骡子、牦牛与人。5. 英

国人的行动。6. 地球上最高城市的冬天。7. 空气中的战争。8. 上帝与人类。9. 落下围栏的战斗。10. 印度的主教。第二部分，1. 僧侣与海盗。2. 奉天的百万富翁和土匪。3. 飞越法国。4. 不要去亚洲。第三部分。书后收了 65 张有关西藏的珍贵照片，每张照片都附有说明。

ISBN（hardcover）

K297.5/E9295（2）

Evans-Wentz，W. Y. 1878 - 1965.

The Tibetan book of the dead，or，the after-death experiences on the Bardo plane，according to Lama Kazi Dawa-Samdup's English rendering / by W. Y. Evans-Wentz. —2nd ed. —London：Oxford University Press，1936.

lxxxiv，248 p. : ill. ; 22 cm. —（Galaxy books）—《西藏度亡经》（原名：《中阴得度》），徐进夫译，北京，宗教文化出版社，1995.8。

Includes bibliographical references and index（p. ［242］ - 249）. —The Chikhai Bardo and the Chonyid Bardo—The Bardo of the moments of death—The Bardo of the experiencing of reality—The Sidpa Bardo—The after-death world—The process of rebirth. —本书是一部藏传佛教的密宗名著，原名《中阴得度》，原为莲花生著，伊文思 - 温慈先生 1927 年从藏文翻译的英文译本是本书最初的译本。后来台湾学者徐进夫先生从这个英文译本译出了中文译本。本书大致意思是：1. 它是一本讨论死亡艺术的书。2. 它是一本宗教上的临终治疗手册，以死亡仪式教示、安慰，甚至砥砺即将去过另一种生活的人。3. 它是一本"他方世界旅行指南"，描述亡灵面临中阴时期的经验，并在这段时期对其有所开导。

ISBN（hardcover）

K297.5/F483

Desideri，Ippolito.

An account of Tibet：the travels of Ippolito Desideri of Pistoia，S. J.，1712 - 1727 / ed. Filippo de. Filippi. —London：George Routledge & Sons Ltd.，1932.

475p. ; ill 22.5cm. —西藏记

Includes bibliographical references and index. —这是一部关于皮斯托亚的意大利神父德西迪里随罗马天主教团去西藏传教的游记，主要叙述 1712~1727 年间的情况。编者菲利普·菲利皮为此书撰写了序言，书中收有意大利神父德西迪里传, 1625~1721 年间在西藏的天主教团等背景材料。书中是德西迪里撰写的内容。第一部,从罗马到拉萨沿途的叙述;第二部,关于那个国家、海关和政府;第三部,西藏的怪异宗教和传说;第四部,在拜访了其他教团之后,他们是如何离开拉萨和返回欧洲的。

ISBN HBK: ￥10.00.

K297. 5/F696/: 2

Forbidden cities of Tibet. 2. — [S. l. : s. n. , 19?] .

p. 173 – 393 : ill. ; 24 cm. —封闭的西藏城市

Includes index. —本书是一本介绍南亚、东南亚及南太平洋岛国现状、历史、地理、文化、民生、风俗等情况的读物, 大约出版于 20 世纪 40 年代前后。共上下两册, 本书是下册, 其中首章专门谈及西藏的城市情况。从有记载的资料, 1330 年第一个访问拉萨的欧洲人 Friar Odoric 开始, 3 个世纪后 1620 年 Austrian Jesuit Grueberhe 和 Belgian Count D'Orville 从中国大陆步行到拉萨, 1904 年英军侵入拉萨, 直到 1937 年的情况。本书以首章题名为书名。

ISBN (hardcover)

K297. 5/F699

Ford, Robert.

Captured in Tibet / by Robert Ford. —London: George G. Harrap & Co. , Ltd. , 1957.

256 p. : ill. , maps, port. ; 22 cm. —在西藏被俘

With fifteen plates in half-tone and two maps. —Includes index (p. [253] – 256). —作者 1943 年作为英国代表团的成员来到西藏, 居住在那里直到二战结束。1948 年重返西藏, 成为达赖政府里掌管无线电的官员, 号称第一个受到达赖祝福的西藏政府里的欧洲人。1950 年解放军进藏时, 他一直在达赖政府, 最后逃跑时被捕, 被以间谍罪、反共罪、谋杀罪关押, 在狱中达四年半, 曾被西方报纸称为"世界上最孤独的英国人"。本书叙述这段经历, 全书共 3 部分 21 章, 第一部分: 威胁。第二部分: 入侵。第三部分: 在狱中。书中有 15 张照片和 2 张地图。

ISBN (hardcover)

K297. 5/F823

Francke, A. H. 1870 – 1930

A history of Western Tibet: one of the unknown empires / A. H. Francke. — London: S. W. Partridge & Co. , 1907.

191 p. : ill. ; 17 cm. —西部西藏史

作者是德国传教士，在拉达克一带传教多年，专攻西部西藏史，著述很多。主要著作有《西藏的古物》（*Antiquities of Indian Tibet*），上卷讲他在拉达克的旅行考古，下卷是他在拉达克地区获得的几部藏文史书，并附英译文（1926）。他还著有《拉达克：神秘之地》。本书介绍西部西藏的历史，主要是拉达克等地的历史，依据的材料有外国的和西部西藏的，主要是石刻和纸质文献，石刻记录包括公元前 200 年直到 1900 年的。书中叙述了不为人知的拉达克国王和王子的情况，作者认为，对于西方人来说，掌握和编辑这些资料是很困难的，所以不敢说这就是一部科学的编年史。在编辑这些材料时，作者也对当地的方言、习俗、民间文学、民族学以及考古学进行了开创性的研究。

ISBN（hardcover）

K297. 5/F823/: 1

Francke, A. H. 1870－1930

Antiquities of Indian Tibet. Vol. 1, Personal narrative / by A. H. Francke. — New Delhi: S. Chand & Co. Ltd. , 1926

xiv, 133, iv p. : ill. , maps; 27 cm. — (Archaeological survey of India. New imperial series; v. 38) —西藏的古物

With map, 45 plates and 4 text-illustrations. —Includes index. —作者是德国传教士，在拉达克一带传教多年，专攻西部西藏史，著述很多。本书是作者的主要著作，上卷讲他在拉达克的旅行考古及所见所闻，下卷是他在拉达克列城获得的几部藏文史书，主要讲述拉达克、司丕提（Spiti）、古鲁（Kulu）的历史，此书附英译文（1926）。作者还著有《西部西藏史》（1907）、《拉达克：神秘之地》等书。

ISBN（hardcover）

K297. 5/F885

Freshfield, Douglas W.

Round Kangchenjunga: a narrative of mountain travel and exploration / Douglas W. Freshfield. —Nepal: Ratna Pustak Bhandar, 1979.

373 p. ：map；21 cm. —干城章嘉峰巡礼

Includes index. —干城章嘉峰坐落在西藏东部锡金和尼泊尔的边界，靠近印度边境。本书叙述了作者在这座大山里旅行和探险的故事。1899 年，作者从印度大吉岭出发，来到大山脚下，翻越 20000 英尺的高山，穿越冰川雪岭和无人区，进入西藏，然后又返回印度。本书于 1903 年初版。全书 13 章，附录 6 章，照片 40 余张，还有地图，书后有索引。

ISBN （hardcover）

K297. 5/F983/2：

Furer-Haimendorf, Christoph von.

Himalayan barbary / Christoph von Furer-Haimendorf. —London：John Murray，1955.

241 p. ：ill. ；21 cm. —喜马拉雅的蒙昧民族

Includes index. —著者兹里斯托夫·费雷尔－海门多夫是奥地利出生的英国人类学家，20 多年一直从事喜马拉雅山区民族、历史地理和人类学的调查研究。1952 年，他到尼泊尔旅行，此后多次在喜马拉雅山区活动，后在伦敦大学东方非洲研究院主持和从事研究工作。他著述颇丰，仅与藏学有关的即有《喜马拉雅山里的商人》《一个喜马拉雅山区的部落》《尼泊尔的夏尔巴人》等。本书叙述印度和东西藏之间的一块狭长地带，包括部分至今地图上尚未标示和没被勘探的地区，这里由大山和原始森林与阿萨姆平原隔开，这里生活的原始民族的情况，他们的荣誉观、袭击的策略、物物交换的奴隶、劫持的人质、和平谈判、部落公正、执行的罪犯、社交礼仪等。

ISBN （hardcover）

K297. 5/G4273/2：

Ghosh, Suchita.

Tibet in Sino-Indian relations 1899 – 1914 / Suchita Ghosh. —New Delhi：Sterling Publishers Pvt. Ltd. ，1977.

iii，228 p. ；21 cm. —中印关系中的西藏 1899 – 1914

Includes bibliographical reference and index. —作者是印度学者，认为西藏是中印关系的重要因素，回顾历史，讲述了从清政府时期到麦克马洪线的情况。全书 6 章：1. 历史背景。2. 对西藏不妥协态度的渗透。3. 西藏在 1904年以来印中对话中的发展。4. 英国重新评估对中国的政策。5. 面对中国，英国的新政策。6. 摘要与结论。附录 1：中国政府法令，1910 年 2 月对达赖喇嘛的罢免。附录 2：1912 年 4 月 21 日袁世凯总统的命令。附录 3：有关 Tawang 的评论。附录 4：1914 年 7 月 3 日声明。后附书目、索引。

ISBN（hardcover）

K297. 5/G624

Goldstein, Melvyn C.

A history of modern Tibet 1913 – 1951：the demise of the lamaist state / by Melvyn C. Goldstein. —Berkeley：Univ. of California Press, 1989.

898p. ; 23.5cm. — （ ;）—现代西藏史：喇嘛王国的覆灭 1913 – 1951《喇嘛王国的覆灭》，杜永彬译，北京，中国藏学出版社，2005.1。

Glossary, References, Index—作者是美国知名藏学家、人类学家，博士。1938 年 2 月生于美国纽约市。本书获亚洲研究协会"20 世纪中国最佳图书奖——约瑟夫·列文森奖"提名，英国广播公司称其为"世界一流的藏学家"，被西方誉为"西藏通"。此书的写作过程中得到美国、英国、印度、尼泊尔、加拿大以及中国西藏自治区研究人员的帮助。此书分两大部分：上篇，十三世达赖喇嘛和热振当政时代（1913～1941）；下篇，大札和十四世达赖喇嘛当政时代（1941～1951）。全书共 21 章，照片 61 帧，地图 11 幅，并有结论，包括跋和附录以及附件。

ISBN 0 – 520 – 06140 – 3（hbk）：￥374.00

K297. 5/G6596

Gopal, Ram.

India-China-Tibet triangle / Ram Gopal. —Bombay：Jaico Publishing House, 1964.

267 p. ; 17 cm. —印中藏三角

本书描述印度、中国内地与西藏的关系。全书 10 章：1. 西藏的政治地位。2. 1914～1949 年的谈判。3. 中国占领：1950～1959 年事件。4. 西藏在联合国。5. 1954 年的贸易协定。6. 边境冲突。7. 主张与论点（1）。8. 主张与论点（2）。9. 主张与论点（3）。10. 一起民事诉讼。附录 1：1684 年的拉达克西藏条约。附录 2：1842 年的查谟中国西藏条约。附录 3：1904 年前言和 1906 年大会。附录 4：英藏之间交换希姆拉会议备忘录。附录 5：1914 年会议。附录 6：1954 年条约。附录 7：1954 年条约解释。

ISBN （pbk.）

K297. 5/G7861/2：

Great changes in Tibet. —Peking：Foreign Languages Press，1972.

53 p.：illus.；19 cm. —西藏巨变

New look of the Tibetan Plateau, by Pasang. —Former slave becomes master of country；talk with a Tibetan worker, by Chi Che-wen. —Cadres of Tibetan nationality are maturing, by Hung Kan. —Workers, peasants, and soldiers of Tibet go to college, by Chao Yang. —Lhasa's new look, by Hsin Mao. —Changes on the Ari Plateau, by Kao Yuan-ching. —Linchih；a rising industrial base, by Kung Yeh. — Rapid advances of local industry in Tibet, by Chi Yueh-chin. —The Kesung People's Commune speeds ahead, by Cheng Wen. —Successes in agricultural scientific experiments in Tibet, by Keh Yen. —Farming and stock breeding thrive in Tibet, by Hung Nung. —本书收集了 11 篇文章谈西藏的新变化。如"青藏高原新貌"、"翻身农奴成为国家技师"、"西藏民族干部正在成熟"、"走进大学的西藏工农兵"、"拉萨新貌"等。

ISBN （pbk.）

K297. 5/G826

Grenard，F. 1865－1921

Tibet：the country and its inhabitants / F. Grenard. —London：Hutchinson & Co.，1904.

373 p.：map；21 cm. —西藏：国家和他的居民

本书是作者 1897～1898 年间出版的《赴上亚细亚的科学使团》（*A Scientific Mission to Upper Asia*）的节译本。作者通过讲述那里西藏和西藏人的故事，以期引起大批读者的注意。全书分两部分：第一部分，旅行的故事，共 4 章，1. 在西北西藏和拉达克的首次冒险。2. 拉萨的三月、荒凉的大山、纳木错湖，与西藏官员的谈判。3. 1894 年的探险。4. 探险队员之死。第二部分，西藏和其居民的一般观点，共 11 章，1. 作为一个整体国家的描述。2. 居民：他们的体质和道德类型。3. 西藏人民的起源。4. 物质生活：居住、服装、食物、卫生和医药。5. 家庭。6. 社会组织。7. 经济状况。8. 经济状况（续）。9. 宗教。10. 神职人员的组织。11. 政府和政策。

ISBN （hardcover）

K297. 5/G891

Grunfeld，A. Tom

The making of modern Tibet / Tom A. Grunfeld—Rev. ed. —Armonk，N. Y.：M. E. Sharpe，c1996.

xvi，352 p.，[12] p. of plates：ill. ，maps；23 cm. —《现代西藏的诞生》，伍昆明，王宝玉译；北京，中国藏学出版社，1990.8。

"An East gate book. " —Includes bibliographical references（p. 309 - 337）and index. —Introduction to Revised Edition 1. Tibet as It Used to Be 2. The early History 3. Early Foreign Contacts 4. The Modern Era 5. Foreign Intrigues 6. The 1950s.：The Honeymoon 7. The 1950s.：Revolt 8. Foreign Intrigues 9. Tibet After 1959 10. The Tibetan Diaspora 11. The Current Situation；Appendix A：The Population of Tibet：Appendix B：Independence—本书作者谭·戈伦夫博士是加拿大汉学家，写作此书时，在纽约州立大学执教。本书共 11 章：1. 昔日西藏。2. 早期历史。3. 早期西藏与外国的接触。4. 近代。5. 外国的阴谋之一。6. 20世纪 50 年代的蜜月。7. 20 世纪 50 年代的反抗。8. 外国的阴谋之二。9. 1959 年以后的西藏。10. 藏民的流散。11. 现状，介绍文革结束到 1985 年间的情况。还有附录：1. 西藏的人口。2. 独立。

ISBN 1563247135（hardcover：alk. paper）：CNY858. 40

ISBN 1563247143（pbk.：alk. paper）

K297. 5/H269

Harrer，Heinrich 1912 - 2006

Wiedersehen mit Tibet / Heinrich Harrer—Berlin：Ullstein，1998

240 p. ：photo. ；19 cm—重返西藏

Includes index. —作者为奥地利登山家，二战时，他撇下怀孕妻子，参加德国登山队前往珠峰，登顶失败后下撤，被驻印英军俘获关进战俘营，几经越狱，最后和几名同伴逃出战俘营。他和 Pete 经历重重险阻，装扮成前往拉萨朝拜的僧侣，翻越喜马拉雅山进入西藏，并绕道藏北来到拉萨。在拉萨幸运地得到西藏高官的款待，最后与十四世达赖喇嘛结下终生友谊。作者在拉萨生活了七年，于 1950 年解放军进藏后离开那里，经印度回到奥地利。曾写下《在西藏七年》一书，达赖喇嘛 1952 年和 1996 年两次为此书作序。作者后于 1982 年重返拉萨，并著此书。本书援引当年赴藏的材料，进行西藏今昔对比，谈出自己的体会和认识。

ISBN 3 – 548 – 35666 – 4：CNY111. 40

K297. 5/H454

Hedin，Sven. 1865 – 1952

Southern Tibet 1906 – 1908 / by Sven Hedin. —Stockholm：Lithographic Institute of the General Staff of the Swedish Army，1917.

1 – 9 vol. ：ill. ，maps；28 cm. —南部西藏 1906 – 1908

Atlas of tibetan panoramas. —这是斯文赫定的重要藏学著作，作者 1906 年 8 月至 1908 年 8 月第 4 次进入中国后，主要考察西藏，回国后开始撰写本书，直到 1922 年 12 月完稿。全书有 9 卷文字，3 卷地图，出版后，受到各国读者的欢迎和重视。

K297. 5/H454

Hedin，Sven. 1865 – 1952

Southern Tibet 1906 – 1908 / by Sven Hedin. —Stockholm：Lithographic Institute of the General Staff of the Swedish Army，1917.

1 vol. 293p. ：ill. ，maps；28 cm. —南部西藏 1906 – 1908

Atlas of tibetan panoramas. —这是斯文赫定的重要藏学著作，作者 1906 年 8 月至 1908 年 8 月第 4 次进入中国后，主要考察西藏，回国后开始撰写本书，直到 1922 年 12 月完稿。全书有 9 卷文字，3 卷地图，出版后，受到各国读者的欢迎和重视。本书为第一卷，主要讲玛旁错湖和印度河的源头，从远古到 18 世纪末。全书分四部分 29 章，第一部分：印度、希腊、罗马和伊斯兰的地理学家。共 5 章，讲到古代印度的西藏西南部、希腊和罗马、地理学家托勒密、阿拉伯地理学家、后期的伊斯兰作家。第二部分：中国和西藏的地理学家。共 8 章，中国文献中关于西南西藏的水文地理、《卫藏通志》、中国地理学家关于雅鲁藏布江的源头、藏族文献中的玛旁雍错湖及周边地区。第三部分：早期欧洲人对西藏的认识。共 5 章，中世纪欧洲对西藏的认识、多利安式天主教会——Sir John Mandeville、16 ~ 17 世纪的东印度旅行者、玛旁错湖是何时为欧洲人知道的？第四部分：古代地图上的西藏和印度河源头。共 11 章，展示了 15 ~ 17 世纪的地图、17 世纪欧洲文献中的西藏、18 世纪的地图、中国耶稣会士绘制的地图。全书有地图 53 幅。

K297. 5/H454

Hedin，Sven. 1865 – 1952

Southern Tibet 1906 – 1908 / by Sven Hedin. —Stockholm：Generalstabens Litografiska Anstalt，1922.

1 vol. 293 p. ：53 maps；28 cm. —南部西藏 1906 – 1908

这是斯文赫定的重要藏学著作，作者 1906 年 8 月至 1908 年 8 月第 4 次进入中国后，主要考察西藏，回国后开始撰写本书，直到 1922 年 12 月完稿。全书有 9 卷文字，3 卷地图，出版后，受到各国读者的欢迎和重视。本书为第一卷，主要讲玛旁错湖和印度河的源头，从远古到 18 世纪末。全书分四部分 29 章，第一部分：印度、希腊、罗马和伊斯兰的地理学家。共 5 章，讲到古代印度的西藏西南部，希腊和罗马，地理学家托勒密，阿拉伯地理学家，后期的伊斯兰作家。第二部分：中国和西藏的地理学家。共 8 章，中国文献中关于西南西藏的水文地理，《卫藏通志》，中国地理学家关于雅鲁藏布江的源头，藏族文献中的玛旁雍错湖及周边地区。第三部分：早期欧洲人对西藏的认识。共 5 章，中世纪欧洲对西藏的认识，多利安式天主教会——Sir John Mandeville，16 ~ 17 世纪的东印度旅行者，玛旁错湖是何时为欧洲人知道的？第四部分：古代地图上的西藏和印度河源头。共 11 章，展示了 15 ~ 17 世纪的地图，17 世纪欧洲文献中的西藏，18 世纪的地图，中国耶稣会士绘制的地图。全书有地图 53 幅。

K297. 5／H454

Hedin，Sven. 1865 – 1952

Southern Tibet 1906 – 1908 / by Sven Hedin. —Stockholm：Lithographic Institute of the General Staff of the Swedish Army，1922.

4 vol. 428 p. ：ill. ，maps；28 cm. —南部西藏 1906 – 1908

Atlas of tibetan panoramas. —这是斯文赫定的重要藏学著作，作者 1906 年 8 月至 1908 年 8 月第 4 次进入中国后，主要考察西藏，回国后开始撰写本书，直到 1922 年 12 月完稿。全书有 9 卷文字，3 卷地图，出版后，受到各国读者的欢迎和重视。本书为第 4 卷。

K297. 5／H454／2：

Hedin，Sven. 1865 – 1952

Adventures in Tibet / Sven Hedin. —Delhi：Manas Publications，1985.

xvi，487 p. ：ill. ；23 cm. —西藏探险

Includes index. —瑞典探险家斯文赫定的著作，记述他在中国西藏的考察

情况。1899 年，斯文赫定在瑞典国王的资助下，在新疆进行了第二次探险，1900 年 3 月考察罗布泊，意外发现了楼兰古城，7 ~ 12 月，进入藏北高原考察，1901 年 5 ~ 12 月考察了西藏广大地区。本卷所述如下：跨越戈壁沙漠，顺塔里木河而下，向楼兰方向前进，在罗布泊沙漠，从北向南穿越西藏，抵达拉萨，横跨西藏到拉达克，到印度、喀什和回家。

ISBN （hardcover）

K297. 5/H454/2：1

Hedin, Sven Anders, 1865 – 1952

Trans-Himalaya：discoveries and adventures in Tibet. Vol. 1 / by Sven Hedin；with 388 illustrations from photographs, water-colour sketches, and drawings by the author and 10 maps. —London：Macmillan and co., Ltd., 1909.

xxiii, 436 p. ：ill., fronts., plates （part col., part fold.） ports., maps （part fold.）；23 cm. —穿越喜马拉雅：西藏的发现和探险 （1）

这是瑞典探险家斯文赫定的 3 卷本著作，本书为第 1 卷。1906 年 8 月至 1908 年 8 月他第 4 次来中国，主要目标是西藏。于 1906 年 12 月到达波仓藏布。1907 年 2 月，到达日喀则，访问了扎什伦布寺，拜会了班禅。3 月，到达雅鲁藏布江。6 月，考察了中尼边界。9 月，考察了神山冈仁波齐峰，发现恒河源头。12 月至 1908 年 8 月，他在克什米尔重组考察队，再返西藏考察，并绘制西藏地图。本书便是作者这次考察旅行中所作的笔记。他来到雅鲁藏布江边，在那里接触大量普通藏人，了解他们的生活习俗，拍摄了大量照片。全书 34 章，有清晰的照片 188 张，地图 7 幅。

ISBN （hardcover）

K297. 5/H454/2：2

Hedin, Sven Anders, 1865 – 1952

Trans-Himalaya：discoveries and adventures in Tibet. Vol. 2 / by Sven Hedin；with 388 illustrations from photographs, water-colour sketches, and drawings by the author and 10 maps. —London：Macmillan and co., Ltd., 1910.

xvii, 441 p. ：ill., ports. ；23 cm. —穿越喜马拉雅：西藏的发现和探险 （2）

Includes index. —这是瑞典探险家斯文赫定的 3 卷本著作，本书为第 2 卷。1906 年 8 月至 1908 年 8 月他第 4 次来中国，主要目标是西藏。于 1906 年 12

月到达波仓藏布。1907 年 2 月，到达日喀则，访问了扎什伦布寺，拜会了班禅。3 月，到达雅鲁藏布江。6 月，考察了中尼边界。9 月，考察了神山冈仁波齐峰，发现恒河源头。12 月至 1908 年 8 月，他在克什米尔重组考察队，再返西藏考察，并绘制西藏地图。本书便是作者这次考察旅行中所作的笔记。他来到雅鲁藏布江边，在那里接触大量普通藏人，了解他们的生活习俗，拍摄了大量照片。全书 35 ~ 74 章，有清晰的照片 200 张，地图 3 幅。

ISBN（hardcover）

K297. 5/H454/：1

Hedin, Sven. 1865 - 1952

Central Asia and Tibet：towars the holy city of Lassa. Vol. 1 / Sven Hedin. — London：Hurst and Blackett, 1903.

608 p. ：ill. , map；25 cm. —中亚与西藏：向圣城拉萨进发

这是瑞典探险家斯文赫定 1903 年出版的两卷本著作，记述他对中国新疆、西藏的考察情况。本书是第 1 卷。1893 年 10 月 16 日，作者前往中国，进入新疆考察情况。1894 年 2 月进入帕米尔高原，在慕士塔格山脚下住了一段时间，曾几次试图攀登这个"冰山之父"，并达到 6300 米处，但未最终登顶。5 月 1 日，抵达喀什。1895 年 2 月 17 日，斯文赫定从麦盖提进入塔克拉玛干大沙漠，从西向东穿越，由于经验不足、条件恶劣，中途不慎缺水 8 天，两名队员牺牲，经过苦苦支撑才被正巧路过的一支骆驼队搭救。1899 年，斯文赫定又在瑞典国王经诺贝尔的资助下，在新疆进行了第二次探险。1900 年 3 月考察罗布泊，意外发现了楼兰古城，7 ~ 12 月，进入藏北高原考察，1901 年 5 ~ 12 月考察了西藏广大地区。本卷 5 章：1. 从斯德哥尔摩到喀什。2. 顺塔里木河而下。3. 穿越塔克拉玛干沙漠。4. 罗布泊和它的姊妹湖。5. 到达藏北。

ISBN（hardcover）

K297. 5/H454/：2

Hedin, Sven. 1865 - 1952

Central Asia and Tibet：towars the holy city of Lassa. Vol. 2 / Sven Hedin. — London：Hurst and Blackett, 1903.

664 p. ：map；25 cm. —中亚与西藏：向圣城拉萨进发

Includes index. —这是瑞典探险家斯文赫定 1903 年出版的两卷本著作，记

述他对中国新疆、西藏的考察情况。本书是第 2 卷。1893 年 10 月 16 日，作者前往中国，进入新疆考察。1894 年 2 月进入帕米尔高原，在慕士塔格山脚下住了一段时间，曾几次试图攀登这个"冰山之父"，并达到 6300 米处，但未最终登顶。5 月 1 日，抵达喀什。1895 年 2 月 17 日，斯文赫定从麦盖提进入塔克拉玛干大沙漠，从西向东穿越，由于经验不足、条件恶劣，中途不慎缺水 8 天，两名队员牺牲，经过苦苦支撑才被正巧路过的一支骆驼队搭救。1899 年，斯文赫定又在瑞典国王经诺贝尔的资助下，在新疆进行了第二次探险。1900 年 3 月考察罗布泊，意外发现了楼兰古城，7 ~ 12 月，进入藏北高原考察，1901 年 5 ~ 12 月考察了西藏广大地区。本卷是 6 ~ 12 章，所述如下：6. 跨越戈壁沙漠。7. 向楼兰方向前进。8. 在罗布泊沙漠。9. 从北向南穿越西藏。10. 抵达拉萨。11. 横跨西藏到拉达克。12. 到印度，喀什和回家。

ISBN（hardcover）

K297. 5/H454：3

Hedin，Sven. 1865 – 1952

Trans-himalaya：discoveries and adventures in Tibet. Vol. 3 / Sven Hedin. —London：Macmillan and Co. ，1913.

426 p. ：ill. ，map；21 cm. —穿越喜马拉雅：西藏的发现和探险（3）

Includes index. —这是瑞典探险家斯文赫定的 3 卷本著作，本书为第 3 卷。1906 年 8 月至 1908 年 8 月他第 4 次来中国，主要目标是西藏。于 1906 年 12 月到达波仓藏布。1907 年 2 月，到达日喀则，访问了扎什伦布寺，拜会了班禅。3 月，到达雅鲁藏布江。6 月，考察了中尼边界。9 月，考察了神山冈仁波齐峰，发现恒河源头。12 月至 1908 年 8 月，他在克什米尔重组考察队，再返西藏考察，并绘制西藏地图。本书便是作者这次考察旅行的笔记。他来到雅鲁藏布江边，在那里接触大量普通藏人，了解他们的生活习俗，拍摄了大量照片。全书 34 章，有清晰的照片 155 张，地图 4 幅。

ISBN（hardcover）

K297. 5/H699

Tibet a handbook. 2 / Helmut Hoffman—Bloomington；Indiana Univ. Asian Studies Research Institute 1975

175 – 246 p. ；27cm. — (Oriental Series；5) —西藏手册

这是一本关于西藏的工具书。主编是西德的赫尔马特·霍夫曼，参加此书编辑的还有：斯坦利·弗莱依、土顿诺布、杨和晋等。全书 11 章，分 2 册，此为第 2 册。章节如下：1. 西藏地理环境。2. 藏语与其他语言的关系。3. 西藏文字，转写系统。4. 西藏历史资料。5. 西藏史。6. 当前西藏的政治结构。7. 西藏的宗教和宗教活动。8. 传统的西藏社会和经济结构。9. 西藏文学。10. 西藏宗教艺术。11. 流亡的西藏。附年表。

ISBN 8775 - 180 - 7：CNY20.00 （Volume 1，2）。

K297. 5/H699

Tibet a handbook. 1 / Helmut Hoffman. —Bloomington；Indiana Univ. Asian Studies Research Institute 1975

173p. ；26cm. — （Oriental Series；5） —西藏手册

这是一本关于西藏的工具书。主编是西德的赫尔马特·霍夫曼，参加此书编辑的还有：斯坦利·弗莱依、土顿诺布、杨和晋等。全书 11 章，分 2 册，此为第 1 册。章节如下：1. 西藏地理环境。2. 藏语与其他语言的关系。3. 西藏文字，转写系统。4. 西藏历史资料。5. 西藏史。6. 当前西藏的政治结构。7. 西藏的宗教和宗教活动。8. 传统的西藏社会和经济结构。9. 西藏文学。10. 西藏宗教艺术。11. 流亡的西藏。附年表。

ISBN 8775 - 180 - 7：CNY20.00 （Volume 1，2）。

K297. 5/H797

Hopkirk，Peter.

Trespassers on the roof of the world：the race for Lhasa / Peter Hopkirk. —London：J. Murray，1982.

x，274 p.，［20］p. of plates：ill. ；22 cm. —《闯入世界屋脊的人》，向红笳译，拉萨，西藏人民出版社，1985.12。

Bibliography：p. ［267］ -269. —Includes index. —作者是英国作家，《泰晤士报》的中东和亚洲事务专家，在该报供职 16 年之久，曾担任首席记者。他 7 次来到中国，著有《丝绸路上的外国魔鬼》等书。本书以 9 个不同国家的间谍、探险家、传教士的曲折经历为背景，多侧面反映了 1875 年以来西藏地区的政治、经济、文化、习俗、宗教等情况，以上人员留下的大量日记、笔记、游记等，成为人们了解、认识西藏的重要参考资料。全书 15 章：1. 西藏——与世隔绝的土地。2. 蒙哥马利上尉的邪恶间谍。3. 带着嘛呢轮和六分仪进入拉萨。4. 在世界屋脊淘金。5. 开拓圣城之争。6. 拉萨的四个梦。

7. 一名探险家之死。8. 亨利·萨维奇·兰多离奇的经历。9. 萨西·里贾哈特的噩梦。10. 拉萨——结局。11. 火色般的金色屋顶。12. 积雪之谜。13. 拉萨放松了警戒。14. 跳进神的土地。15. 拉萨的红卫兵。

ISBN 0719539382（pbk.）

K297. 5/H8732/2：

Hsi, Chang-hao.

Tibet leaps forward / by Hsi Chang-hao and Kao Yuan-mei. —Peking：Foreign Languages Press, 1977.

116 p. ： ill. ； 18 cm. —跳跃前进的西藏

Reprinted in China. —讲述西藏的发展，共 11 章：1. 北京到拉萨。2. 太阳城。3. 绝不回到旧制度。4. 巨大变化。5. 新西藏的主人。6. 打碎"天意"，进行革命。7. 新生工业。8. 金丝带。9. 为了西藏人民的健康。10. 藏汉一家。11. 拉萨，再见。

ISBN（pbk.）

K297. 5/H882/：1

Huc, M. 1813 – 1860

Travels in Tartary, Thibet, and China. Vol. 1 – 2 / M. Huc. —London：Office of the National Illustrated Library, 1850.

293, 304 p. ： ill. ； 17 cm. —鞑靼、西藏和中国游记

作者是法国遣使会教士，1839 年来华，1843 年同秦神甫到蒙古、西藏游历，1848 年转赴浙江传教，1852 年回国，逝世于巴黎。他 1850 年出版《鞑靼、西藏、中国游记》，原书为法文本，后又出英译本。本书为 2 卷本合订，记述他 1844 ~ 1846 年间在中国的游历。第 1 卷 12 章，有插图 50 幅。第 2 卷 9 章，插图 48 幅。本书扉页有 1852 年签名题赠。

ISBN（hardcover）

K297. 5/I5916

Inside story of Tibet. — ［China］：Afro-Asian Writers' Bureau, 1967.

v, 164 p. ： ill. ； 19 cm. —西藏内幕故事

本书收有 18 篇文章：1. 自然决定的旅程。2. 在成都的强迫假期。3. 到达拉萨。4. 从农奴身份到自由人。5. 西藏革命（1）。6. 西藏革命（2）。

7. 民主改革。8. 人民政府。9. 峡谷中的村落。10. 一位解放的奴隶。11. 架在河上的桥梁。12. 西藏佛教。13. 当地政府的发展与政治宗教管理的合并。14. 布达拉宫。15. 诺布林卡和 1959 年 3 月的叛乱。16. 帝国主义在西藏的阴谋。17. 拉萨展览会。18. 拉萨再见。

ISBN （hardcover）

K297. 5/K255

Keay，John.

When men and mountains meet：the explorers of the Western Himalayas 1820 – 75 / John Keay. —London：J. Murray，c1977.

x，277 p.，［8］leaves of plates：ill.；21 cm. —人与山的汇聚

Bibliography：p. 263 – 270. —Includes index. —本书广泛收集材料，讲述 1820 ~ 1875 年间在喜马拉雅山西部探险的情况。全书分三部分，共 14 章。第一部分：比尔本贾尔与宏伟的喜马拉雅山。第二部分：帕米尔高原与印度库什。第三部分：The Karakorams 和昆仑山。书后有参考书目和索引。

ISBN 0719533341 （hardcover）

K297. 5/L2181

Lamb，Alastair. 1930 –

Britain and Chinese Central Asia：the road to Lhasa，1767 to 1905 / by Alastair Lamb. —London：Routledge and Paul，1960.

387 p.：illus.；23 cm. —英国和中国中亚：到拉萨之路 1767 ~ 1905

Includes index. —Includes bibliography. —作者是 1930 年在我国哈尔滨出生的英籍学者，后在剑桥大学学习。1956 年在马来亚大学讲授历史，1964 年受聘为澳大利亚国立大学的教授，1962 年以后从事中印边境的研究工作，著有《在拉达克的中印边境》、《麦克马洪线》等著作，对中印边境争议作了深入系统分析，态度比较公正。19 世纪末，英国在印度与中国有了很长的共同边界，本书是关于这段边疆历史三卷本中的第一卷，时间从 18 世纪后半期到 20 世纪初，此卷主要讨论西藏问题，后两卷主要讨论英国与西康和云南的关系。本卷共 11 章，引用的书籍档案极多：1. 1767 ~ 1792 年的首次接触。2. 尼泊尔：1792 ~ 1816 年。3. 西藏西部：1816 ~ 1861 年。4. 锡金的开放：1817 ~ 1861 年。5. 到锡金的路线：1861 ~ 1874 年。6. 烟台会议和麦考雷使团：1876 ~ 1886 年。7. 锡金—西藏会议和贸易条例：1886 ~ 1893 年。8. 亚东：

1894~1898 年。9. 寇松的西藏政策：1899~1902 年。10. 荣赫鹏使团：1903~1905 年。11. 结论。附录：中印之间的贸易、书目、索引等。

ISBN（hardcover）

K297.5/L259/2：

Landon，Perceval. 1868－1927

Lhasa：an account of the country and people of central Tibet and of the progress of the mission sent there by the English government in the year 1902－4 / Perceval Landon. —London：T. Fisher Unwin，1906.

530 p. ：ill. ；22 cm. —拉萨

Includes index. —作者是英国记者和作家，1900 年参加南非战争，1903~1904 年间作为英国《每日邮报》记者，担任英国赴拉萨远征军的特派记者，1905~1906 年间随威尔士亲王访问印度。本书记述了 1902~1904 年间，英国使团（实为远征军）所见中部西藏的国家和人民。书前有荣赫鹏写的序言。全书 20 章：1. 西藏的早期历史和来访者。2. 西藏问题的出现和进展。3. 从印度到西藏之路。4. The Chumbi 河谷。5. 在 Guru 的灾难。6. 向江孜进军。7. 到达江孜。8. 在 the Karo la 的战斗。9. 夜袭使团。10. 在 the Besieged Post 的生活。11. 迷信：礼节和风俗。12. 1902~1904 年的拉萨内部史。13. 喇嘛教。14. 使团的新生。15. 向拉萨进军。16. 最后的舞台。17. 拉萨。18. 拉萨郊区。19. 布达拉宫和大寺庙。20. 骑马从拉萨到印度。全书有附录 11 节，注释 1 节，照片 55 张，地图 4 幅。

ISBN（hardcover）

K297.5/L259/：1

Landon，Perceval. 1868－1927

Lhasa：an account of the country and people of central Tibet and of the progress of the mission sent there.... Vol. 1 / Perceval Landon. —London：Hurst and Blackett，Ltd.，1905.

xix，414 p. ：ill.，port. ；24 cm. —拉萨

作者是英国记者和作家，1900 年参加南非战争，1903~1904 年间作为英国《每日邮报》记者，担任英国赴拉萨远征军的特派记者，1905~1906 年间随威尔士亲王访问印度。本书记述了 1902~1904 年间，英国使团（实为远征军）所见中部西藏的国家和人民。书前有荣赫鹏写的序言。全书 20 章：1. 西

藏的早期历史和来访者。2. 西藏问题的出现和进展。3. 从印度到西藏之路。
4. The Chumbi 河谷。5. 在 Guru 的灾难。6. 向江孜进军。7. 到达江孜。8. 在
Karo la 的战斗。9. 夜袭使团。10. 在 the Besieged Post 的生活。11. 迷信：礼
节和风俗。12. 1902 ~ 1904 年的拉萨内部史。13. 喇嘛教。14. 使团的新生。
15. 向拉萨进军。16. 最后的舞台。17. 拉萨。18. 拉萨郊区。19. 布达拉宫和
大寺庙。20. 骑马从拉萨到印度。全书有附录 11 节，注释 1 节，照片 55 张，
地图 4 幅。全书 2 卷，本书是第 1 卷。

ISBN （hardcover）

K297. 5/L259/：2

Landon，Perceval. 1868 – 1927

Lhasa：an account of the country and people of central Tibet and of the pro-
gress of the mission sent there. . . .　Vol. 2 / Perceval Landon. —London：Hurst and
Blackett, Ltd. , 1905.

xi，426 p. ：ill. , port. ；24 cm. —拉萨

Includes index. —作者是英国记者和作家，1900 年参加南非战争，1903 ~
1904 年间作为英国《每日邮报》记者，担任英国赴拉萨远征军的特派记者，
1905 ~ 1906 年间随威尔士亲王访问印度。本书记述了 1902 ~ 1904 年间，英国
使团（实为远征军）所见中部西藏的国家和人民。书前有荣赫鹏写的序言。
全书 20 章：1. 西藏的早期历史和来访者。2. 西藏问题的出现和进展。3. 从
印度到西藏之路。4. The Chumbi 河谷。5. 在 Guru 的灾难。6. 向江孜进军。
7. 到达江孜。8. 在 the Karo la 的战斗。9. 夜袭使团。10. 在 the Besieged Post
的生活。11. 迷信：礼节和风俗。12. 1902 ~ 1904 年的拉萨内部史。13. 喇嘛
教。14. 使团的新生。15. 向拉萨进军。16. 最后的舞台。17. 拉萨。18. 拉萨
郊区。19. 布达拉宫和大寺庙。20. 骑马从拉萨到印度。全书有附录 11 节，
注释 1 节，照片 55 张，地图 4 幅。全书 2 卷，本书是第 2 卷。

ISBN （hardcover）

K297. 5/L261/2：

Landor，Arnold Henry Savage，1865 – 1924.

Tibet & Nepal / painted & described by A. Henry Savage Landor. —London：
A. & C. Black，1905.

233，［75］p. of plates［mostly col. ］：ill. , fold. map；23 cm. —西藏和尼

泊尔

Each plate accompanied by guard sheet with descriptive letterpress. —Includes index. —作者描述到西藏和尼泊尔探险旅行的情况。全书 21 章，配有精美插图 75 幅，表现沿途经历，每幅都有说明和介绍。

ISBN (hardcover)

K297. 5/L6931

Li, Tieh-Tseng. 1906 – 1990

The historical status of Tibet / Tieh-Tseng Li. —New York：King's Grown Press, 1956.

xi, 312 p. ; 21 cm. —西藏的历史地位

Includes bibliographical reference and index. —作者李铁铮在新中国成立前担任过中华民国政府驻伊朗、泰国的大使，驻联合国的代表，写此书的时候是哈佛大学国际关系学院的教授。1978 年回国，任中国人民对外友好协会顾问、外交学院名誉教授、全国侨联顾问，当选为全国政协第五、六、七届常委。除此书外，还著有《西藏今昔》（*Tibet today and yestoday*）等多部著作。本书依据汉文史料驳斥西藏独立谬论。内容如下：序论。第 1 章，13 世纪前的对外关系。第 2 章，作为"仆从国"的西藏。第 3 章，中国在西藏的主权建立。第 4 章，作为"缓冲国"的西藏。第 5 章，在共和国政体下的西藏（希姆拉会议）。结论。书后有注释、书目和索引。

ISBN (hardcover)

K297. 5/L6931/3：

Li, Tieh-Tseng. 1906 – 1990

Tibet：today and yesterday / Tieh-Tseng Li. —New York：Bookman Associates, 1960.

xv, 324 p. ; 23 cm. —西藏：今天和昨天

Includes bibliographical reference and index. —1959 年西藏发生叛乱以来，为向西方读者介绍西藏情况，作者出版了此书。作者修订了自己 1956 年出版的《西藏史》，又增加了很多新的内容，在此基础上完成本书。作为一部西藏的综合史，该书从 7 世纪唐代，西藏与内地的交往开始，一直写到现在，特别是对近 200 年的历史写得比较清楚。作者李铁铮在新中国成立前担任过中华民国政府驻伊朗、泰国的大使，驻联合国的代表，写此书的时候是哈佛大

学国际关系学院的教授。作者 1978 年回国，任中国人民对外友好协会顾问、外交学院名誉教授、全国侨联顾问，当选为全国政协第五、六、七届常委。

ISBN （hardcover）

K297. 5/L7351

Lin, Yueh-hwa. 1910 – 2000

The kinship system of the giarung / Lin Yueh-hwa. —Peiping：Yenching University, 1949.

p. 69 – 98：ill. ; 26 cm. —嘉绒的亲属体系

本文作者林耀华先生是中国著名人类学家，中央民族大学资深教授。1941 年林耀华先生自哈佛大学回国，在成都燕京大学执教，1945 年夏赴川康北部地区实地考察，对当地居住的嘉绒人（藏族一支）进行调查，写出报告，同类文章还有《康北藏民的社会状况》、《川康北界的嘉绒土司》、《川康嘉戎的家族与婚姻》等，本文发表在《燕京社会研究期刊》（*The Yenching Journal of Social Studies*）1949 年 2 月第 2 号第 4 卷。

ISBN （pbk. ）

K297. 5/M1171

Macaulay, Colman.

Report of a mission to Sikkim and the Tibetan frontier / Colman Macaulay. —Nepal：Ratna Pustak Bhandar, 1977.

105 p. ：ill. ; 20 cm. — （Bibliotheca himalayica；Series 1, Vol. 16） —出访锡金和西藏边境的报告

此是作者 1884 年 10 至 11 月来到锡金和西藏边境地区后，写给孟加拉代理总督的调查报告。1977 年收入《喜马拉雅丛书》第 1 辑第 16 卷时，据 1885 年版本重印。内容：1. 简介。2. 日记。3. 来自大喇嘛的信件，班禅，扎什伦布寺。4. 我们与西藏关系的备忘录。书中有照片和地图。

ISBN （hardcover）

K297. 5/M3791/3：

Martin.

The jewish monument at kaifungfu：ancient Tibet and its frontagers / Martin and Kingsmill. —China：Journal of the North-China Branch of the Royal Asiatic

Siciety，［19?］．

54 p.；23 cm.—开封府的犹太石碑，古西藏及其毗邻地区

《古西藏及其毗邻地区》是关于西藏古史和我国一些古代民族的研究材料。作者金斯米尔20世纪初曾深入我国云南、四川、西藏等地游历考察。除此文外，还著有《蛮子与黄金半岛》（*The mantzes and golden chersonese*）。本文是从《皇家亚洲学会华北分会会志》中抽印的，不仅论述古代西藏，而且涉及我国西南、西北古代地理，古代民族，如：西番、土番、且末、鄯善、丁零、乌孙、大夏、贵霜、党项、吐谷浑等。此文抽印时与《开封府的犹太石碑》合刊于一册之内。

ISBN（pbk.）

K297. 5/M478

Mckay，Alex

Tibet and the British Raj：the Frontier Cadre 1904 – 1947 / Alex Mckay—Richmond Surrey：Curzon，1997

xviii，293 p.：ill.；23 cm—（London studies on south asia；14）—西藏与英属印度：边疆干部

Includes bibliogrphy（p. 271 – 282）and index.—本书描述当年一些英属印度的军官在西藏驻扎的情况。作者是 Leiden 亚洲国际研究所的研究人员。书中说，一般人认为西藏是十分偏远和难以到达的地方，只有几个探险家才可以涉足，但在 1904~1947 年间，有 100 多名英印军官在那里生活工作。英国荣赫鹏带领的殖民使团 1903~1904 年到达拉萨，使团中的一些军官和随员被派到西藏的中部和南部，1936~1937 年间到达拉萨的英国使团中，这些当年的军官有的人升到了很高的位置，有的人成了非常著名的边地居民，如：F. M. Bailey，Sir Charles Bell 和 Hugh Richardson 等。这些人形成了一群小的特点鲜明的西藏特殊人群 "西藏干部"，他们是英国统治者的外交代表，也是学者、间谍、帝国建设者，他们不仅影响西藏的事件，也形成我们对现代西藏的理解。作者认为这是一部开拓性的著作，考察了这些军官的特点，扮演的角色及其影响，为英藏关系研究者提供了丰富资料。

ISBN 0 – 7007 – 0627 – 5：CNY756. 00

K297. 5/M4985/：1

Mehra，Parshotam.

The North-Eastern frontier: a documentary study of the internecine rivalry between India, Tibet, and China. Vol. 1, 1906 – 14 / Parshotam Mehra. —Delhi: Oxford University Press, 1979.

xliii, 226 p. ; 21 cm. —东北边境：印度、西藏、中原之间相互对抗之文献研究

Includes bibliographical references. —作者 Parshotam Mehra 是印度旁遮普大学历史学教授、中亚研究系主任，后在印度军事科学院等机构任教。主要研究西藏近代史和中印关系史。著述颇丰，有《荣赫鹏游记注释》（The Younghusband expedition）、《麦克马洪线及其以后：1904~1947 年，英、中、藏三方关于印度东北边境争议的研究》（The McMahon line and after）、《西藏政体1904~1937》（Tibetan polity, 1904~1937）等。此书共二册，广泛搜集有关中印边界问题的文件资料，如会议协定、条例条约、信件报告等，按时间顺序排列。第 1 册，17 章，收 1906~1914 年间的有关文件资料。第 2 册，20章，收 1914~1954 年间的有关文件资料。此为第 1 册。

ISBN（hardcover）

K297. 5/M4985/：2

Mehra, Parshotam.

The North-Eastern frontier: a documentary study of the internecine rivalry between India, Tibet, and China. Vol. 2, 1914 – 54 / Parshotam Mehra. —Delhi: Oxford University Press, 1980.

xlvii, 192 p. ; 21 cm. —东北边境：印度、西藏、中原之间相互对抗之文献研究

Includes bibliographical references. —作者 Parshotam Mehra 是印度旁遮普大学历史学教授、中亚研究系主任，后在印度军事科学院等机构任教。主要研究西藏近代史和中印关系史。著述颇丰，有《荣赫鹏游记注释》（The Younghusband expedition）、《麦克马洪线及其以后：1904~1947 年，英、中、藏三方关于印度东北边境争议的研究》（The McMahon line and after）、《西藏政体1904~1937》（Tibetan polity, 1904~1937）等。此书共二册，广泛搜集有关中印边界问题的文件资料，如会议协定、条例条约、信件报告等等，按时间顺序排列。第 1 册，17 章，收 1906~1914 年间的有关文件资料。第 2 册，20章，收 1914~1954 年间的有关文件资料。此为第 2 册。

ISBN 195612256（hardcover）

K297. 5/P214

Papers relating to Tibet. —London：Printed for His Majesty's Stationery Office, 1904.

314 p.；25 cm. —西藏文献

这是一部当年英印政府关于西藏问题的往来文献，第 1 卷从 1889 年 10 月到 1903 年 1 月，第 2、3 卷是 1904 年的内容，包括这期间往来的公文、信件、电报、备忘录、急件等。

ISBN （hardcover）

K297. 5/P2144

Papers relating to Tibet. —London：Printed for his Majesty's Stationery Office, 1904.

x，277 p.；38 cm. —西藏文献

这是一部当年英印政府关于西藏问题的往来文献，第 1 卷从 1889 年 10 月到 1903 年 1 月，第 2、3 卷是 1904 年的内容，包括这期间往来的公文、信件、电报、备忘录、急件等。

ISBN （hardcover）

K297. 5/P3171/2：

Patterson，George N.

Tragic destiny / George N. Patterson. —London：Faber and Faber，1959.

224 p.：map；22 cm. —悲惨的命运

Includes index. —本书叙述 1950 ~ 1958 年间西藏的情况。全书 19 章：1. 紧急消息。2. 官员不被信任。3. 来自杰夫的报告。4. 地震。5. 戏剧性的疾病。6. 等待上帝的决定。7. 我内心的斗争。8. 达赖喇嘛兄弟的逃亡。9. 我已偿付。10. 中国人小心地行进。11. 传教士的争论。12. 藏人增长的痛苦。13. 一个美国人的建议。14. 拉萨危机。15. 我夫人危险的疾病。16. 达赖喇嘛返回西藏。17. 兄弟们。18. 被中国击败。19. 西藏成为联合体。附录 1，西藏的历史。附录 2，向联合国的声明。索引。

ISBN （hardcover）

K297. 5/P477

Petech，L.

China and Tibet in the early 18th century：history of the establishment of Chinese protectorate in Tibet / by L. Petech. —Leiden：E. J. Brill，1972.

309 p. ：maps；25 cm. —《18 世纪前期的中原和西藏》，周秋有译，拉萨，西藏人民出版社，1987.8。

Includes bibliographical references. —作者毕达克是意大利人，意大利著名藏学家杜齐的学生，专门研究西藏、尼泊尔和拉达克地区的历史和民族关系，成绩很大，除本书外，他还有其他很多关于西藏的著作，如《拉达克史研究》《在西藏和尼泊尔的意大利传教士》《1728～1959 年西藏的贵族和政府》《达赖喇嘛和西藏的摄政》等。本书共 16 章：1. 介绍本书采用的文献，包括《圣武记》《东华录》《准噶尔方略》《清实录》《圣训》《卫藏通志》《清史稿》《番簿》《卫藏图识》等。此外还有藏文著作和一些外国传教士的著作。后列有书目。2. 蒙族汗王拉藏汗（1705～1717）3. 1717 年，准噶尔蒙古军袭击西藏。4. 准噶尔军的占领和藏人的反抗。5. 中国对西藏的征服。6. 康熙期间的中国摄政。7. 西藏和雍正的新政策。8. 康济鼐被谋杀和颇罗鼐的战争准备。9. 1727～1728 年的内战。10. 授封颇罗鼐总理西藏事务。11. 达赖喇嘛流亡期间（1729～1735）颇罗鼐的统治。12. 颇罗鼐西藏的统治者（1735～1747）。13. 敕封珠尔墨特那木扎勒袭郡王位，总理西藏事务（1747～1750）。14. "王国"的没落和达赖宗教势力的上升。15. 中国摄政最初半个世纪间西藏的管理。16. 结论。最后附录有中国文件、补遗等。

K297. 5/P477

Petech，L.

China and Tibet in the early 18th century：history of the establishment of Chinese protectorate in Tibet / by Luciano Petech. —Leiden：E. J. Brill，1950.

286 p. ：maps；25 cm. —《18 世纪前期的中原和西藏》，周秋有译，拉萨，西藏人民出版社，1987.8。

Includes bibliographical references and index. —作者毕达克是意大利人，意大利著名藏学家杜齐的学生，专门研究西藏、尼泊尔和拉达克地区的历史和民族关系，成绩很大，除本书外，他还有其他很多关于西藏的著作，如《拉达克史研究》《在西藏和尼泊尔的意大利传教士》《1728～1959 年西藏的贵族和政府》《达赖喇嘛和西藏的摄政》等。本书共 16 章：1. 介绍本书采用的文献，包括《圣武记》《东华录》《准噶尔方略》《清实录》《圣训》《卫藏通志》《清史稿》《番簿》《卫藏图识》等。此外还有藏文著作和一些外国传教士的著作。后列有书目。2. 蒙族汗王拉藏汗（1705～1717）3. 1717 年，准噶尔蒙古军袭击西藏。4. 准噶尔军的占领和藏人的反抗。5. 中国对西藏的征服。6. 康熙期间的中国摄政。7. 西藏和雍正的新政策。8. 康济鼐被谋杀和颇罗鼐的战争准备。9. 1727～1728 年的内战。10. 授封颇罗鼐总理西藏事务。11. 达赖喇嘛流亡期间（1729～1735）颇罗鼐的统治。12. 颇罗鼐西藏的统治者（1735～1747）。13. 敕封珠尔墨特那木扎勒袭郡王位，总理西藏事务（1747～1750）。14. "王国"的没落和达赖宗教势力的上升。15. 中国摄政最初半个世纪间西藏的管理。16. 结论。最后附录有中国文件、补遗等。

K297. 5/P9494

Priestley, J. B. 1894－1984

Faraway / J. B. Priestley. —London：William Heinemann Ltd. , 1932.

568 p. ; 23 cm. —遥远的地方

作者是英国小说家和剧作家。本书 12 章，扉页插有十三世达赖喇嘛的照片。1. 鲍尔温大叔的来和去。2. 两个指挥官。3. 伙伴。4. 瑞利。5. 在太平洋上。6. 塔希提岛。7. 第一次远离的企图。8. 形成信任的轮船。9. 杰克逊夫人和第二次企图。10. 远离的建立和失败。11. 东部岛屿：他们全回家了。12. 一个星期二的晚上。

ISBN （hardcover）

K297. 5/Q6K297. 5

Quiers, Pierre-Julien

Histoires Tibetaines / recits de Pierre-Julien Quiers—Paris：Florent-Massot, 1997

141 p. : ill. ; 21 cm—西藏故事

Includes bibliographical references. —本书介绍作者访问当代西藏的所见所闻，全书有多张反映当代藏族人民生活的彩色照片，十分生动。全书 9 章，包括，前言、导言。1. 中国拉萨。2. 战士的回忆。3. 长途行进。4. 泛黄的草地。5. 光阴似箭。6. 密宗。7. 简单的宴会。8. 尾声。9. 地图。10. 大事记。11. 参考书。

ISBN 2－908382－57－1：CNY278. 70

K297. 5/R521

Richardson，H. E. 1905 – 2000

Ancient historical edicts at Lhasa / H. E. Richardson. —London：Royal Asiatic Society of Great Britain and Ireland，1952.

86 p.：ill.；21 cm. —拉萨的古代法令

Includes index. —作者中文名字为黎吉生，1936～1950 年间曾任英国驻江孜和拉萨的商务代办，1947 年印度独立后，他仍以印度商务代办身份留在拉萨，直至 1950 年西藏和平解放前夕才被迫离去。后任美国华盛顿大学、加利福尼亚大学、西德波恩大学教授，美国西雅图藏学研究中心导师，是英国继贝尔之后的又一个"西藏通"，积极鼓吹藏独，妄图把西藏从中国分裂出去。除此书外，他还著有《西藏简史》、《藏语词汇》、《西藏：历史和命运》等书。

ISBN（hardcover）

K297. 5/R6829

Rockhill，William Woodville. 1854 – 1914

The land of the lamas：notes of a journey through China Mongolia and Ttibet / by William Woodville Rockhill. —London：Longmans Green and Co. ，1891.

399，22 p.：illus. & maps；21 cm. —喇嘛之国：穿越中国蒙古和西藏的游记

Includes bibliographical references and index. —作者柔克义（W. W. Rockhill）（1854～1914）是美国外交官、汉学家，曾在法军服役，1884 年来华，在美驻华使馆工作，1888～1889 年，1891～1892 年间曾率科考队两次到蒙古、西藏探险，1901 年代表美国签订《辛丑条约》，1905 年担任驻华公使，1914 年被袁世凯聘为私人顾问，来华途中病死于檀香山。曾有多部关于西藏的著作如《释迦牟尼传》《喇嘛之国》《1891～1892 年蒙藏旅行日记》《藏族人类学笔记》等，还与夏德将赵汝适的《诸蕃志》合译为英文。本书主要是他赴藏考察的情况，包括路线，黄河源头的地理，金沙江，关于西藏的政府、商贸、税收系统、人口、外部关系等，此外还有关于西藏东部的地理、语言、原住藏民的情况，包括附图、照片、注释和附录等。

ISBN（hardcover）

K297. 5/R717

Roerlch，George N.

The blue annals / [edited and translated by] George N. Roerich. —2d ed. —Delhi：Motilal Banarsidass，1976.

xxi，1275 p.；22 cm. —青史

First ed. (Calcutta，1949) published in 2 vols. with continuous paging. —Includes bibliographical references and indexes. —我国 14～15 世纪的藏族译师廓诺·迅鲁伯（1392～1481）所著《青史》是著名的历史文献，书中除叙述吐蕃王室传承的历史之外，还有关于西藏佛教创建和发展的历史，尤其对噶举派的叙述更为详尽。此书取诸家之长，采取编年史体例，一向被推崇为研究藏史的信实史籍，受到国内外学者的普遍重视。原文为藏文，此书为印度的英文译本。第一版于 1949 年出版，第二版出于 1976 年。译本分两部分，书后有索引。该书西藏人民出版社 1985 年出有汉文译本。

ISBN (hardcover) ￥25.00

K297.5/S2137

Sandberg，Graham. 1852－1905

Tibet and the Tibetans / Graham Sandberg. —London：Society for Promoting Christian Knowledge，1906.

333 p.；23 cm. —西藏与西藏人

1902 年，作者曾与印度佛教协会秘书长瑟拉特钱德拉达斯 Sarat Chandra Das 共同编辑出版了《藏英词典》，该词典当时影响很大，1951 年再版。每一词条除藏英对照外，都附梵文同义词。作者在 1905 年去世前校对修订了书稿，并说本书是人们多年探索西藏这个神秘地方的结果，独特的自然特征、地理、植物、动物王国，不同的特点、职业、宗教、文学和居民，这些大部分都被赴西藏的政治使团记录下来。全书 16 章：1. 在门口。2. 西藏的一般印象。3. 气候和气象。4. 盐和淡水湖。5. 西藏的温泉。6. 西藏的大河。7. 寺庙与尼姑庵。8. 寺庙中的僧侣：他们的等级、戒律和职位。9. 一般居民。10. 拉萨：西藏首府。11. 西藏的佛教神话。12. 宗教教义。13. 诗人米拉日巴。14. 西藏的巫术。15. 西藏的哺乳动物。16. 西藏的植物。

ISBN (hardcover)

K297.5/S4132/2：

Schweinfurth，Ulrich.

Exploration in the eastern Himalaysa and the river gorge country of Southeastern

Tibet / Ulrich Schweinfurth, Heidrun Schweinfurth-Marby. —Wiesbaden: Steiner, 1975.

114 p. : port. ; 22 cm. —沃德在喜马拉雅山东部和西藏东南河谷地区旅行考察著作目录提要

Includes index. —英人金敦·沃德（F. Kingdon Ward）（1885～1958）曾在上海一座公立学校执教，他又是英属印度的一名后备役军官。1911 年以前，他就对缅甸和我国滇西北及藏东南地区进行过考察，著有《蓝罂粟的土地》、《在最遥远的缅甸》等。1913 年，他欲再度赴藏东南采集标本，中途受阻，未能入藏，却考察了滇藏边界一带自然人文风光，写出了《神秘的滇藏河流》。作者是自然科学家，有丰富的地理地质学知识，本书是他旅行考察的著作目录提要。

ISBN （pbk. ）

K297. 5/S525

Shah, Giriaj

Tibet：The Himalayan Region-Religion, Society and Politics / Giriraj Shah—Delhi Kalpaz Publications 2003.

332 p. : ill, ; 23 cm—西藏：喜马拉雅地区的宗教、社会和政治

作者是一位多产作家，已经写出各种题目的著作 120 多部。作者认为西藏横亘在中印之间，双方对它都有不同看法，特别是达赖等人出逃到印度后，这一事件更成了印度的难题。全书 14 章：包括前言、导言。1. 西藏：边界、地区和人口。2. 自然特点。3. 西藏的湖泊、气候和贸易路线。4. 西藏古代史。5. 西藏的信仰与实践。6. 达赖喇嘛。7. 1901～1904 年的英国使团。8. 印中关于西藏边界的争论。9. 西藏的逃亡者。10. 重建。11. 西藏的战斗：1959～1984。12. 中国统治下的西藏。13. 西藏的未来。14. 各种条约与协议（共 20 种）。索引。

ISBN 81 - 7835 - 092 - 0 （hbk. ）：CNY240. 30

K297. 5/S5461

Shen, Tsung-Lien. 沈宗濂

Tibet and the Tibetans / Tsung-Lien Shen and Shen-Chi liu. —Stanford：Stanford University Press, 1953.

199 p. : ill. ; 22 cm. —《西藏与西藏人》，沈宗濂，柳陞祺著；柳晓青

译，邓锐龄审订，北京，中国藏学出版社，2006.7。

Includes bibliographical reference and index.—沈宗濂，毕业于美国哈佛大学经济系，曾任国民政府外交部总务司司长。1944 年，受蒋介石委派为特使，专门处理西藏问题，任蒙藏委员会驻藏办事处处长。后回内地，1948 年前后，任上海市副市长。新中国成立后移居美国。柳陞祺，著名藏学家，1944 年曾任蒙藏委员会驻藏办事处英文秘书，后受聘于印度国际大学中国学院任名誉研究员，1952 年回国在中央民族学院研究藏学，1958 年进入中科院哲学社会科学部民族研究所。本书章节：1. 展开西藏的地图。2. 回顾西藏的今昔。3. 喇嘛、喇嘛教和喇嘛寺院。4. 一个政教合一的政府。5. 与西藏人一起生活。6. 拉萨的一年四季。后有附录、书目、照片、索引等。

ISBN（hardcover）

K297. 5/S5538/4：

Sherring, Charles A.

Western Tibet and the British borderland: the sacred country of hindus and buddhists / Charles A. Sherring. —London：Edward Arnold，1906.

xiv, 376 p. : ill. ; 24 cm. —西藏西部和英属印度边境

Includes index. —作者曾任印度文官副代办，印度阿尔莫拉地方长官。我国西藏西部、印度边境和不丹素以佛教徒朝拜圣地著称，本书对这些地区的政府、宗教和民族习俗进行综合介绍和论述。对阿斯科特和拉吉斯部落、圣地的传说，波提亚人概况，西藏、印度和不丹的宗教比较、迷信、婚姻、丧葬习俗，一条西藏的商路，西藏西部或纳里的行政机构，普兰的官员和僧侣，攀登古尔拉曼达塔山，羌叶马市场和象泉河谷，到西藏西部的山口和不丹西部的习俗等，均有专章描述。此书于 20 世纪在印度重印时，已将书名改为 *Western Tibet and the India borderland*（《西藏西部和印度边境》）。

ISBN（hardcover）

K297. 5/S923（**2**）

Strong, Anna Louise. 1885 – 1970

When serfs stood up in Tibet / Anna Louise Strong. —2nd ed. —Peking：New World Pr. , 1965.

vii, 320 p. , [11] leaves of plates：ill. ; 18 cm. —西藏农奴站起来的时候

Reprinted in China. —本书是美国著名记者、进步作家安娜·路易斯·斯

特朗在我国国庆 10 周年前夕，以 70 多岁高龄访问西藏后，写出的两本报道西藏情况的著作之一。作者在本书中真实客观地反映了在党的民族政策光辉照耀下，西藏百万农奴的翻身解放和建设成就。她还有一本著作是《访问西藏》（*Tibetan interviews 1959*）。本书 1960 年初版。

ISBN（pbk.）

K297. 5/S9231/2：

Strong，Anna Louise. 1885 – 1970

Tibetan interviews / by Anna Louise Strong. —Peking：New World Pr.，1959.

209 p. ：ill. ；19 cm. —访问西藏

本书是美国著名记者、进步作家安娜·路易斯·斯特朗在我国国庆 10 周年前夕，以 70 多岁高龄访问西藏后，写出的两本报道西藏情况的著作之一。作者在本书中叙述了过去西藏三大领主对农奴的压榨和迫害，以及西藏叛匪对翻身农奴的残害，介绍了中国人民解放军平叛战斗，以及西藏民主改革的实施。书中有多张当时珍贵的历史照片。全书 8 章：1. 逃走的农奴返回西藏。2. "我的父亲是国王"。3. 作为统治者的上帝。4. 叛乱的序幕。5. 拉萨的叛乱。6. 达赖喇嘛出走。7. 班禅接管。8. 改革开始。她还有一本著作是《西藏农奴站起来的时候》（*When serfs stood up in Tibet 1960*）。

ISBN（hardcover）

K297. 5/S9231/2：

Strong，Anna Louise. 1885 – 1970

Tibetische interviews / Anna Louise Strong. —Peking：Verlag Neue Welt，1961.

xii，235 p. ：ill. ；21 cm. —访问西藏

本书是美国著名记者、进步作家安娜·路易斯·斯特朗在我国国庆 10 周年前夕，以 70 多岁高龄访问西藏后，写出的两本报道西藏情况的著作之一。作者在本书中叙述了过去西藏三大领主对农奴的压榨和迫害，以及西藏叛匪对翻身农奴的残害，介绍了中国人民解放军平叛的战斗，以及西藏民主改革的实施。书中有多张当时珍贵的历史照片。全书 8 章：1. 逃走的农奴返回西藏。2. "我的父亲是国王"。3. 作为统治者的上帝。4. 叛乱的序幕。5. 拉萨的叛乱。6. 达赖喇嘛出走。7. 班禅接管。8. 改革开始。她还有一本著作是

《西藏农奴站起来的时候》（*When serfs stood up in Tibet 1960*）。

K297. 5/S9231/4：

Strong, Anna Louise. 1885 – 1970.

When serfs stood up in Tibet / Anna Louise Strong. —Peking：New World Press，1960.

325 p. ：illus. ，map；18 cm. —西藏农奴站起来的时候

本书是美国著名记者、进步作家安娜·路易斯·斯特朗在我国国庆 10 周年前夕，以 70 多岁高龄访问西藏后，写出的两本报道西藏情况的著作之一。作者在本书中真实客观地反映了在党的民族政策光辉照耀下，西藏百万农奴的翻身解放和建设成就。她还有一本著作是《访问西藏》（*Tibetan interviews 1959*）。

ISBN （hardcover）

K297. 5/S9593

David-neel，Alexandra 1868 – 1969

The superhuman life of Gesar of ling：by Alexandra David-neel & the lama Yongden；translated with the collaboration of Violet Sydney；foreword by Sylvain Levi. collaboration—Rev. ed. —London：Rider & Company，1959.

271 p. ；22 cm. —格萨尔的超人生活

Includes bibliographical references. —作者亚历山大莉亚·大卫－妮尔（1868～1969）是法国著名东方学家 、汉学家、探险家、特别是藏学家，是一位神话般传奇人物，在法国乃至整个学界被誉为"女英雄"。她生前著作等身，其有关东方特别是西藏的论著、日记、资料、游记被译为多种文字，多次再版。她终生对西藏充满热爱和崇敬，从 1912 年在噶伦堡受到十三世达赖的接见，1916 年首次进入西藏，她曾先后 5 次到西藏及周边地区考察，而且还起了一个"智灯"的法号。20 世纪 20 年代，以其《喇嘛教度礼》为前奏，《一位巴黎女子的拉萨历险记》、《西藏的巫术和奥义》、《在贵族——土匪地区》组成了她早期入藏的三部曲。她在西藏旅行时所作的全部笔记很早就已出版，第 1 卷是 1904～1917 年间写的，第 2 卷是 1918～1940 年间写的。1946 年返法后，大卫－妮尔在巴黎大学举办"藏传佛教特征"讲座，此后写出一系列有关西藏的著作。本书第二作者庸登喇嘛（1899～1955）出生于锡金一个藏族家庭，又被称为孟喇嘛。他 8 岁离家，在西藏一座寺庙学习佛法，后

来成为大卫－妮尔的义子，从 14 岁起，便随大卫－妮尔游遍亚、非、欧三大洲，多次陪妮尔入藏。与其义母一起生活了 40 年。31 岁时入法国籍，民国政府 1945 年授予他"活佛"称号。本书系有关格萨尔王的传说。

ISBN （hardcover）

K297. 5/T367

Thapa，Deb Bahadur

Tibet Past and Present Vol. 3，human rights violations in Tibet / Deb Bahadure Thapa—Delhi Kalinga Publ. 2003

364 p. ：ill. ；23 cm—西藏：过去和现在

这是本书 3 卷本的第 3 卷：西藏对人权的侵犯。共 12 章：1. 西藏与中华人民共和国。2. 西藏的真实。3. 藏人的上升与达赖喇嘛的出逃。4. 达赖喇嘛的声明。5. 西藏领导人的宣言。6. 达赖喇嘛致联合国秘书长的电报全文。7. 西藏问题与法律规定。8. 关于中国在西藏活动的证据。9. 中华人民共和国违反 1951 年 5 月达成的 17 条协议。10. 西藏在国际法中的地位。11. 文件。12. 圣座——达赖喇嘛发布的声明。

ISBN 81 - 87644 - 51 - 6Set：CNY499. 50 （3Vols）
ISBN 81 - 87644 - 54 - 0Vol. 3

K297. 5/T367

Thapa，Deb Bahadur

Tibet Past and Present Vol. 2，Tibet and its freedom struggle / Deb Bahadure Thapa—Delhi Kalinga Publ. 2003 suzerainty

265 p. ：ill. ；23 cm—西藏：过去和现在

这是本书 3 卷本的第 2 卷：西藏和它的自由奋斗。共 24 章：1. 达赖喇嘛的崛起。2. 五世达赖。3. 西藏当权者的对手。4. 七世达赖和满族在西藏影响的开始。5. 西藏和中国在康区的战斗。6. 政治冲突。7. 中共的进攻。8. 康区和安多的反叛。9. 叛乱。10. 卡林朋的间谍。11. 达赖喇嘛与美国。12. 中国的发展。13. 中国关于西藏的自治。14. 西藏冲突。15. 达赖居住地与印度。16. 中国违背协议。17. 叛向西方。18. 达赖的出逃。19. 与中国的关系。20. 中国对西藏宗主地位的要求。21. 对中国的种族敌对。22. 西藏的管理。23. 东部西藏的反拉萨态度。24. 中共进入西藏。

ISBN 81 - 87644 - 51 - 6Set：CNY499. 50 （3Vols）

ISBN 81 – 87644 – 53 – 2Vol. 2

K297. 5/T367

Thapa，Deb Bahadur

Tibet Past and Present Vol. 1，history culture and society / Deb Bahadure Thapa—Delhi Kalinga Publ. 2003

286 p. : ill. ; 23 cm—西藏：过去和现在

这是本书 3 卷本的第 1 卷：西藏文化和社会的历史。本卷 28 章：1. 与西藏面对面。2. 西藏和它的人民。3. 西藏和它的宗教。4. 前达赖喇嘛时期。5. Sak-Ya 势力的上升。6. 1358 年独立。7. 达赖喇嘛的特点。8. 第二次与蒙古的联系。9. 满族（清朝）。10. 古希腊和罗马关于西藏民族的观念。11. Mons 来到西藏。12. 达尔德人的移民进程。13. 公元 640 ~ 760 年中国人关于西藏的观念。14. 大约公元 500 ~ 1000 年西藏达尔德王国时期。15. 约公元 900 ~ 1400 年，中央西藏王朝的升起与第一位国王。16. 1400 ~ 1580 年，伟大改革家宗喀巴的影响和第一代王朝的衰落。17. 1560 ~ 1640 年，The Balti 战争。18. 1646 年，1647 年，蒙古的战争开始。19. 约 1680 ~ 1780 年，继承权的战斗。20. 约 1780 ~ 1834 年，最后两位国王。21. 1834 ~ 1840 年，西部西藏王国的崛起。22. 1841 年，战胜森巴军。23. 1841 ~ 1842 年，对中部西藏的战争。24. 对宗教残余的战斗。25. 喇嘛和施主的问题。26. 1951 年之前，西藏的社会政治图画。27. 达赖出逃时的西藏。28. 达赖出逃后的紧急情景。

ISBN 81 – 87644 – 51 – 6SetCNY499. 50（3Vols）

ISBN 81 – 87644 – 52 – 4Vol. 1

K297. 5/T4541

Thomas，Lowell. 1892 – 1981

The silent war in Tibet / by Lowell Thomas. —London：Secker & Warburg，1960.

284 p. ; 21 cm. —发生在西藏的无声战争

Includes bibliographical references. —本书作者是最后一个根据达赖喇嘛邀请正式访问西藏的美国人，他用当时西方观点叙述我国 20 世纪 50 年代的所谓"汉藏矛盾"和纠葛，直至 1959 年解放军的西藏平叛和达赖喇嘛的离藏出逃。全书 18 章：1. 我们接到通知的日子。我和我父亲如何来到西藏，年轻达赖的叙说。2. 两个世界之间——灵童。3. 活佛的搜寻。一个农民的孩子。

4. 世界屋脊。5. 神王反对无神论。6. 红色潮水的接近。7. 攻击。8. 亲共的班禅喇嘛。9. 新西藏。10. 口蜜腹剑。11. 红色中国的宝贵召唤。12. 开始叛乱。13. 共产主义对印度的威胁。14. 尼泊尔——战略性王国。15. 赴印使团。16. 艰苦的道路。17. 宗教的防卫。18. 达赖喇嘛的出逃。

　　ISBN（hardcover）

K297. 5/T4587

Thomas，Lowell，1892 – 1981

Out of this world：across the Himalayas to forbidden Tibet / Lowell Thomas. —London：Macdonald & Co.，1951.

　　238 p.：ill.；22 cm. —世外桃源：穿越喜马拉雅山到封闭的西藏

　　Includes index. —作者是美国著名作家、播音员和旅行家，一生写有大量著作。他是 20 世纪 50 年代，最后一个受达赖邀请访问西藏的美国人。全书 19 章：1. 拉萨邀请。2. 为行程准备。3. 我们为什么被邀请。4. 离开甘托克。5. 翻越喜马拉雅。6. 达赖喇嘛的护照。7. 英国和西藏。8. 到拉萨的路上。9. 藏人家庭。10. 到拉萨的最后一搏。11. 在拉萨首日。12. 十四世达赖。13. 达赖喇嘛的家庭及其他。14. 与拉萨官员谈话。15. 布达拉宫——西藏的教廷。16. 宗教最初传入西藏。17. 在西藏的两个英国人。18. 逃到香格里拉。19. 到家的危险小路。附录：你何时到西藏。索引。

　　ISBN（hardcover）

K297. 5/T4821

Thomson，Thomas.

Western Himalayas and Tibet / Thomas Thomson. —Nepal：Ratna Pustak Bhandar，1979.

　　501 p.；22 cm. —（Bibliotheca Himalayica；Series 1，Vol. 11）—喜马拉雅西部和西藏

　　Includes index. —本书初版于 1852 年，1979 年再版。主要叙述 1847 ~ 1848 年间，穿越北部印度群山旅行的情况。作者从印度最北部的城市西姆拉出发，穿越西部喜马拉雅什瓦利克山区，进入西藏，并横穿拉达克、吉尔吉特，最后到达克什米尔的查谟。本书对当地的自然风光、各种植物、地理地质情况，以及生活在这里的各民族历史、现状做了民族志的记录。全书 15 章：1. 奉命进入西藏的使团。2. 离开西姆拉。3. Sildang 河。4. Piti 的分水岭。

5. 离开 Piti 河谷。6. 顺 Hanle 河而下。7. 离开 Le 而去。8. 离开 Iskardo，向克什米尔前进。9. 离开 Iskardo，向 Bondu 进发。10. 克什米尔周边地区。11. 离开 Jamu，返回西藏。12. 植被的显著变化。13. 跨过 Zanskar 河的索桥。14. 走向喀喇昆仑。15. 西藏概说。

    ISBN（hardcover）

K297. 5/T553

Tibet：today and yesterday. —Beijing：China ublication Centre，1983.

89 p.：ill.；18 cm. —西藏：今天和昨天

本书是北京周报社出版的《今日中国》丛书的第 7 种。讲述西藏今夕生活，内容包括：采访藏族干部，藏族牧民生活，甘孜巨变，自制手工艺品，宗教自由，对最近事件的解释，重访西藏，对达赖喇嘛的政策，历史传说等。

    ISBN（pbk.）

K297. 5/T553

Tibet through dissident Chinese eyes：essays on self-determination / edited by Cao Chang-ching and James D. Seymour—New York：M. E. Sharpe，c1998

xxviii，133 p.；24 cm—通过持不同政见中国人的眼光看西藏

"An East gate book" —Includes index. —Exposes the reader to just that perspective from no less famous writers and activists than Wei Jingsheng. Yan Jiaqi, Shen Tong. Wang Rnowang，and others. —本书收集了 13 篇所谓关于民族自决的文章，反映"持不同政见"中国人的观点。作者包括魏京生、严家其、方励之、沈彤、王若望等人。

    ISBN 1 – 56324 – 922 – 7：CNY650. 00

K297. 5/T553/2：

Tibet disappears：a documentary history of Tibet's international status，the great rebellion and its aftermath / edited by Chanakya Sen. —London：Asia Pub. House，1960.

474 p.；22 cm. —消失的西藏：西藏国际地位的历史文献，大反叛及其后果

本书作者用当时西方观点叙述西藏情况。书中有：序言。内容介绍，包括从史前时期、西藏边界、传说和历史、印度文化的影响、达赖喇嘛制度、

英印喜马拉雅政策、寇松勋爵的监护政策、荣赫鹏的探险、中国革命、希姆拉会议、"独立"时期、二战和首次与美国接触、印度独立、西藏的重要战略地位、印度的新政策、最后的拉萨、中国变红、红色中国的西藏政策、外交地位问题、"和平解放"、中国进入西藏、中国向拉萨进军、中印交换备忘录、西藏在联合国、冲突决心、首次反叛、武装起义、中印决裂、反抗基地噶伦堡、印度的收容所。全书分 12 部分：1. 西藏的国际联系，早先与英印时期。2. "英国时期"，1890～1950 年。3. 中国进军西藏，1950～1954 年。4. 西藏与联合国，1950 年。5. 印度议会中的西藏，1950～1954 年。6. 大反叛：藏人和中国人的叙述。7. 尼赫鲁在印度国会关于西藏的讲话，1959 年。8. 印度国会的争论，1959 年。9. 尼赫鲁的新闻会议。10. 国会外的争论。11. 中国的回击。12. 幕布滑落。后附：1. 后果。西藏的结果。2. 附录。中印之间的外交活动。边界论战。

ISBN （hardcover）

K297. 5/T886

Tucci, Giuseppe, 1894－1984

Transhimalaya／［by］Giuseppe Tucci; translated from the French by James Hogarth. —London: Barrie and Jenkins, 1973.

239 p. : ill. （some col. ）, maps （on lining papers）, 2 plans; 24 cm. ——（Ancient civilizations）——穿越喜马拉雅的古代文明

Includes bibliography references （p. 211－［217］）and index. ——这是意大利学者杜齐的著作。杜齐是欧洲研究东方古代文化的著名学者，新中国成立前，他到过西藏多次，足迹遍布前后藏及阿里，写过西藏的专著十余种。由于他的努力，在其担任所长的"意大利中东远东研究所"内，有一个享誉世界的西藏研究中心。他培养出一批长期从事西藏历史文化研究的专家，著名藏学家毕达克即是他的学生。研究所自 1950 年出版的《罗马东方丛书》中，即有十几部关于西藏的研究成果。西方学界认为杜齐的作品代表欧洲研究西藏的最高水平。本书是从法文转译。全书除导言和结论外，共 3 章：1. 史前和初始时期。2. 历史时期。3. 西藏艺术起源。书后包括注释、书目、图录和索引。

ISBN 0214653234 （hardcover）

K297. 5/W1118 （3）

Waaddell, L. Austine. 1854－1938

Lhasa and its mysteries: with a record of the expedition of 1903 – 1904 / L. Austine Waaddell. —3rd ed. —London: Methuen & Co., 1906.

xx, 530 p. : ill., map; 23 cm. —拉萨之谜

Includes index. —本书是 1903~1904 年间英国侵略西藏的记录。作者详细描写了远征军遇到的各种困难，严酷的自然环境，英藏军事冲突，谈判，远征文件等，作者对西藏的宗教，特别是喇嘛教有浓厚兴趣，书中描写了大喇嘛和僧侣的情况，全书只有 1/4 谈到拉萨。作者利用自己丰富的社会学、历史学知识，既写有喇嘛教哲学，动植物的生长，还有对当地人民生活方式及状况的记录和分析，种种生活细节等。书中附 200 幅珍贵插图和地图。全书 23 章：1. 封闭的拉萨。2. 大喇嘛和拉萨活佛的进化。3. 英国使团出发。4. 前进！和平使团变武装力量。5. 入侵 Chumbi 河谷并占据 Phari 要塞。6. 向西藏高原的 Tuna 进军。7. 在西藏越冬。8. 到达 Guru，在 Crvstal 泉的战斗。9. 西藏军队和他们的指挥官。10. 冲击江孜。11. 江孜的要塞和城镇。12. 江孜及其周边地区的寺庙、僧侣和居民点。13. 攻占江孜。14. 江孜的再生和 Jong 的风暴。15. 从江孜到拉萨。16. 拉萨——神的宝座。17. 隐秘城市的寺庙和僧侣。18. 神谕和巫师。19. 活佛和他的宫殿。20. 茶与摄政，西藏的统治者。21. 和平谈判与条约的签订。22. 拉萨四郊。23. 回程。

ISBN (hardcover)

K297. 5/W116

Waddell, L. Austine. 1854 –1938

The buddhism of Tibet or lamaism: with its mystic cults, symbolism and mythology and in its relation to indian buddhism / by L. Austine Waddell. —Cambidge: W. Heffer & Sons, 1934.

598 p. : illus. ; 20 cm. —西藏的喇嘛教

Includes bibliographical references and index. —作者主要研究锡金一带的喇嘛教，懂藏文，1904 年曾随英军侵入拉萨，以最早研究西藏历史、宗教的英国人著称。本书介绍西藏的佛教或是喇嘛教，它的神秘文化，象征意义，神话传说以及与印度佛教的关系。初版于 1894 年 10 月。前面有 5 项内容：1. 第二版前言。2. 第一版前言。3. 插图表。4. 发音说明。5. 缩略语表。以下是内容目次：1. 历史。2. 教义。3. 僧侣。4. 建筑。5. 神话与神。6. 宗教仪式和巫术。7. 节日和庆典。8. 受欢迎的喇嘛教。9. 附录，包括参考书目表和索引。书中有很多珍贵插图。

ISBN（hardcover）

K297.5/W116

Waddell，L. Austine. 1854 – 1938

Lhasa and its mysteries：with a record of the expedition of 1903 – 1904 / by L. Austine Waddell. —London：John Murray，Albemarle Street，1905.

507 p. ：illus. ；20 cm. —拉萨之谜

Includes bibliographical references and index. —本书是 1903～1904 年间英国侵略西藏的记录。作者详细描写了远征军遇到的各种困难，严酷的自然环境，英藏军事冲突，谈判，远征文件等，作者对西藏的宗教，特别是喇嘛教有浓厚兴趣，书中描写了大喇嘛和僧侣的情况，全书只有 1/4 谈到拉萨。作者利用自己丰富的社会学、历史学知识，既写有喇嘛教哲学，动植物的生长，还有对当地人民生活方式及状况的记录和分析，种种生活细节等。书中附 200 幅珍贵插图和地图。全书 23 章：1. 封闭的拉萨。2. 大喇嘛和拉萨活佛的进化。3. 英国使团出发。4. 前进！和平使团变武装力量。5. 入侵 Chumbi 河谷并占据 Phari 要塞。6. 向西藏高原的 Tuna 进军。7. 在西藏越冬。8. 到达 Gu-ru，在 Crvstal 泉的战斗。9. 西藏军队和他们的指挥官。10. 冲击江孜。11. 江孜的要塞和城镇。12. 江孜及其周边地区的寺庙、僧侣和居民点。13. 攻占江孜。14. 江孜的再生和 Jong 的风暴。15. 从江孜到拉萨。16. 拉萨——神的宝座。17. 隐秘城市的寺庙和僧侣。18. 神谕和巫师。19. 活佛和他的宫殿。20. 茶与摄政，西藏的统治者。21. 和平谈判与条约的签订。22. 拉萨四郊。23. 回程。

ISBN（hardcover）

K297.5/W286

Warren，Susan.

The real Tibet / by Susan Warren. —New York：Far East Reporter，Maud Russell，1959.

32 p. ：ill. ；22 cm. —真正的西藏

本书是介绍西藏情况的书，包括内容介绍、社会和政治体系、西藏的地位、1951 年签订的协议、西藏的变化、叛乱、西藏革命、叛乱的目标、西藏和匈牙利等。

K297. 5/W661

Wignall, Sydney.

Prisoner in red Tibet / Sydney Wignall. —London：Hutchinson of London, 1957.

264 p.：ill.；21 cm. —红色西藏的囚徒

1955 年 10 月末，作者带领一支探险队进行勘探测量，他们来到尼泊尔西部的喜马拉雅山区，并在尼藏边界 16000 英尺的地方扎营，给作者等二人当向导的是当地尼泊尔的联络官，其他人则在数里外的营地。忽然，在没有任何警告的情况下，他们被中国人民解放军战士包围，搜查以后，被告知他们进入了西藏，因怀疑他们是间谍进行了询问。三个人被带到了寺院，在那里他们看到了陌生的生活和喇嘛的宗教仪式，这些人对他们很和善，但喇嘛寺只是去 Taklakot 的中转站，作者和他的两个同伴最后被带进了当地肮脏、原始的监狱，在那里待了两个多月，定期审讯，拷问并让他们承认自己是间谍。最后三个人被释放，他们带着满头长发，穿越喜马拉雅最高和最危险的道路回到了尼泊尔。

ISBN （hardcover）

K297. 5/W7211

Williams, Maynard Owen.

First over the roof of the world by motor：the trans-asiaticf expedition sets new records for wheeled transport in scaling passes of the himalayas / by Maynard Owen Williams. —USA：The National Geographic Magazine, 1931. 10

321 – 363 p.：ill., map；23 cm. —首次驾汽车翻越世界屋脊

这是 1931 年 10 月《国家地理杂志》上的一篇文章，讲述首次驾驶履带式汽车穿越喜马拉雅山脉，创造新纪录的情况。书中附从新疆喀什噶尔出发南下，经塔什库尔干，再向南到克什米尔，进一步翻越喜马拉雅山的路线图，书中附多张清晰照片，展示了当地的地形、道路、民居等情况。

K297. 5/W7766/2：

Winnington, Alan.

Tibet：record of a journey / Alan Winnington. —London：Lawrence & Wishart Ltd. , 1957.

235 p.：ill.；21 cm. —西藏旅行记

这是新中国成立后第一个到西藏的外国人所写的游记。作者艾伦·温宁顿，自 1950 年要求赴藏旅行，1955 年成行，夏秋之际，他由川藏公路入藏，为澄清所谓"西藏的秘密"而"作出真实的报道"。此书是作者关于我国边疆民族地区的第一本著作，全书 25 章，逐次记述沿途见闻。书末附：1951 年 5 月 23 日和平解放西藏协议和 1904 年 9 月 1 日的藏英条约。作者的第二本书是《凉山的奴隶》（1959）（*The slaves of the cool mountains*）。

ISBN（hardcover）

K297. 5／W886

Woodcock，George. 1912 –

Into Tibet：the early British explorers / by George Woodcock. —New York：Barnes & Noble Inc. ，1971.

3 – 277 p. ，9 plates；21 cm. — （Great travellers）—进入西藏：早期的英国探险者

Bibliography：p. 271 – 272. ；Index. —早期进藏的英国探险者都写了游记，像波格尔、忒涅、曼宁等，他们的作品反映了西藏当时的情况，从 18 世纪下半叶到 19 世纪初，跨越了很长时间。作者主要叙述以上三人的经历，讲述了早期英国人如何进入西藏，并与西藏产生的联系，自称想用本书给西方读者更为完整的西藏知识。书分两部分：一是会见班禅喇嘛的使团。二是到达拉萨。全书 14 章，有书目和索引。作者夫妇长期从事西藏文化和历史的研究，1962 年在加拿大建立了西藏难民救援会，帮助印度的西藏难民。

ISBN 389041386（hbk）：￥10. 00

K297. 5／W983／：2

Wylie，Turrel V. 1927 –

Teaching aids for the study of inner Asia：Tibet's role in inner Asia No. 2 / Turrel V. Wylie. — ［S. l. ］：Turrel V. Wylie. ，1975.

24 p. ；28 cm. —亚洲内陆教学参考（2）：西藏在亚洲内陆的地位

作者怀利是美国人，博士，华盛顿大学藏语、藏史助理教授，专门研究西藏历史。曾在意大利的"中东远东研究所"工作，在杜齐指导下从事研究，是美国西藏研究中心的活跃人物。他编过《英译〈青史〉地名索引》，还从藏文中译出《西藏地理》《尼泊尔圣地志》等。本书是华盛顿大学亚洲内陆教学参考的第 2 部，讲述西藏情况。包括：1. 西藏人口。2. 史前时期。3. 君

主国。4. 中世纪。5. 蒙古的返回。6. 满族进入。7. 外部入侵。8. 现代西藏。9. 结论。10. 参考书目。

K297. 5/W9832

Wylie，Turrell V. 1927 –

The geography of Tibet according to the'Dzam-Gling-Rgyas-Bshad / Turrell V. Wylie. —Roma：Istituto Italiano per il Medio ed Estremo Oriente，1962.

xxxvii，286 p. ；23 cm. —西藏地理

作者怀利是美国人，博士，华盛顿大学藏语、藏史助理教授，专门研究西藏历史。曾在意大利的"中东远东研究所"工作，在杜齐指导下从事研究，是美国西藏研究中心的活跃人物。他编过《英译〈青史〉地名索引》，还从藏文中译出《尼泊尔圣地志》。作者 1962 年从藏文译出本书，发表于杜齐主编的《罗马东方丛书》25 卷，此书的藏文原著作者为"DZAM-GLING-RG-YAS-BSHAD，详记前后藏、西康的历史地理，书中引用大量中外文献，中文即有《大清一统志》《卫藏通志》《中华民国行政区域图》《中华民国邮政舆图》《中华民国新地图》等。

ISBN（pbk. ）

K297. 5/Y789

Younghusband，Francis.

India and Tibet：a history of the relations which have subsisted between the two countries from the time of warren hastings to 1910；with a particular account of the mission to lhasa of 1904 / by Francis Younghusband. —Delhi：Oriental Publishers，1971.

xii，455 p. ，［19］leaf of plates：ill. ，maps；23 cm. —《英国侵略西藏史》，孙熙初译，拉萨，西藏社会科学院资料情报研究所编印，1983.6。

With maps and illustrations. —Includes index（p. 447 – 455）—作者扬哈斯本，中文名字荣赫鹏，英国人，生于印度。是典型侵略西藏的帝国主义分子。1887 年，他作为英印政府派到中国的使节团，曾从北京经新疆到克什米尔。1889 年到洪扎"考察"，1892 年英国占领该地后任政务官。他还是 1904 年英国第二次侵略西藏的主要策划者和指挥者，他以麦克唐纳旅为后盾，进入拉萨，赶走了十三世达赖喇嘛，强迫西藏地方政府签订《藏印条约》。1919 ~ 1922 年间他担任伦敦皇家地理学会会长。他有很多著作，本书原名《印度和

西藏》，中文译为《英国侵略西藏史》。本书共 25 章：1. 波格尔之出使。
2. 忒涅之出使。3. 曼宁之访问拉萨。4. 孟加拉政府之努力。5. 中英会议。
6. 条约权利之保障。7. 对俄谈判。8. 遣使之认可。9. 自希姆拉至甘坝庄。
10. 甘坝庄。11. 自大吉岭至春丕。12. 吐纳。13. 江孜。14. 江孜炮台之袭
击。15. 进趋拉萨。16. 和议条款。17. 谈判情形。18. 条约之签订。19. 拉萨
印象记。20. 归程。21. 奉使之结果。22. 对华交涉。23. 1904 年后藏人态度。
24. 结论。25. 最后之感想。

ISBN CNY18. 00 （hardcover）

K297. 56/E9295

Evans-wentz, W. Y. 1878 – 1965.

The Tibetan book of the dead：the after-death experiences of the bardo plane，
according to lama kazi dawa-samdup's english rendering / by W. Y. Evans-wentz. —
London：Oxford University Pres, 1927.

248 p.；21 cm. —《西藏度亡经》（原名：《中阴得度》），徐进夫译，北
京，宗教文化出版社，1995. 8。

Includes bibliographical references and index. —本书是一部藏传佛教的密宗
名著，原名《中阴得度》，原为莲花生著，伊文思 – 温慈先生 1927 年从藏文
翻译的英文译本是本书最初的译本。后来台湾学者徐进夫先生由这个英文译
本译出了中文译本。本书大致意思是：1. 它是一本讨论死亡艺术的书。2. 它
是一本宗教上的临终治疗手册，以死亡仪式教示、安慰、甚至砥砺即将去过
另一种生活的人。3. 它是一本 "他方世界旅行指南"，描述亡灵面临中阴时
期的经验，并在这段时期对其有所开导。

ISBN （hardcover）

K298. 5/F598

Fleming, Peter. 1907 –

Bayonets to Lhasa：the first full account of the British invasion of Tibet in
1904/ by Peter Fleming. —London：Rupert Hart-Davis, 1961.

319p.：Illustrations, maps；22 cm. —《刺刀对准拉萨：1904 年英国侵略
西藏详记》，向红笳，胡岩译；拉萨，西藏人民出版社，1987. 11。

Includes bibliography and index. —作者是英国新闻记者，生于 1907 年，新
中国成立前多次来华，写有多部有关中国的著作。本书详细叙述了 1903 年 9

月 8 日开始的英国对西藏的第二次入侵。作者认为：英国驻印总督寇松把这次入侵西藏的行为，看做是英、俄在中亚势力角逐争夺的结果。这次入侵行动是由英人荣赫鹏直接指挥的，他以麦克唐纳旅为后盾，1904 年 8 月 3 日率军侵入拉萨，赶走了十三世达赖喇嘛，强迫西藏地方政府签订了《"藏印"条约》。作者为读者了解很多西方国家窥伺西藏的野心与阴谋，提供了大量宝贵史料，很多没有被公开使用过。全书有 23 章，并附有插图、照片和地图。其中有寇松、荣赫鹏、麦克唐纳、十三世达赖喇嘛、有泰等人的照片。

ISBN（hbk）：￥19.50.

K307/R768/3：

Ronaldshay.

Himalayan bhutan sikhim & Tibet / Ronaldshay. —Delhi：Ess Ess Publications，1977.

xvi，267 p. : ill. ; 21 cm. —喜马拉雅山区的不丹、锡金和西藏

Includes index. —本书是一部关于孟加拉北部边疆及东喜马拉雅地区的游记和研究，书中不仅谈到那里独特的自然环境，还有民族、人们的生活、文化、宗教等情况。全书 23 章：1. 夏天到来。2. 穿越平原。3. 大上坡。4. 圆形剧场的边缘。5. 历史还是故事。6. 不丹的生活。7. Thera Vadade 的教义。8. 穿越森林到 Tashiding。9. 通行的喇嘛教。10. Rajagriha——王宫。11. 那烂陀——一所大学。12. 印度佛教的命运。13. 到 Chumbi 之路。14. 巫术。15. 到甘托克。16. 从甘托克到 Thangu。17. 到东部雪山之路。18. 在东部雪山之中。19. 到 Phari 的旅程。20. 不丹的中世纪史。21. 进入中世纪。22. 帕罗的农奴。23. 佛教的光辉。

ISBN（hardcover）

K308/K692

Knight，E. F.

Where three empires meet / E. F. Knight. —London：Longmans，Green and Co.，1893.

528 p. : ill. ; 19 cm. —三个帝国的会合处

作者奈特于 1891～1892 年间在克什米尔、兴都库什、喀喇昆仑、洪查、拉达克和我国西藏西部游历，此书系他在这些地区的见闻，是关于克什米尔、西藏西部、吉尔吉特及其毗邻地区的游记。所谓三个帝国的会合处，是指英、

俄、中三国在这一地区的对抗、冲突和矛盾。全书共 32 章，附图片 54 幅，地图 1 张。

ISBN（hardcover）

K310.7/H4735/2：35

Heissig, Walther. 1913 – 2005

Asiatische forschungen. Band 35, the diamond sutra / Walther Heissig, Nicholas Poppe. —Wiesbaden：Otto Harrassowitz, 1971.

vii, 230 p. : ill. ; 26 cm.

Includes bibliographical reference. —主编海西希是著名中亚学者，西德波恩大学的教授。在维也纳长大，对史前史学、民族学、汉学、蒙古学有浓厚兴趣，特别是位蒙古学专家。1941 年在维也纳获博士学位，后在北京辅仁大学任教，讲授蒙古学，回国后在波恩大学从事研究和科研组织以及出版工作。1969 年，他在波恩大学成立了一个研究中亚的机构，命名为"中亚"（Zentralasien），机构内有 9 位教授，13 位研究人员，其中包括 4 名藏人，2 名蒙古人，主要任务是刊布研究有关中亚政治，历史，宗教，民间文艺的蒙、藏、汉、日文资料。当时的研究项目中有蒙藏政治史、藏文史料、蒙藏语言史、蒙藏文物等，这些研究成果有论文上百种，专著数十种。短篇论文发表在《中亚细亚研究》（Zentral Asiatischen Studien）杂志上，专著都发在《亚洲研究》（Asiatischen Forschungen）丛书上，即本丛书，均为海西希主编。本书是《金刚经》。

ISBN 3447005947（pbk.）

K310.7/H4735/：23

Heissig, Walther. 1913 – 2005

Asiatische forschungen. Band 23, the twelve deeds of buddha / Walther Heissig, Nicholas Poppe. —Wiesbaden：Otto Harrassowitz, 1967.

173, 65 p. : ill. ; 26 cm.

Includes bibliographical reference. —主编海西希是著名中亚学者，西德波恩大学的教授。在维也纳长大，对史前史学、民族学、汉学、蒙古学有浓厚兴趣，特别是位蒙古学专家。1941 年在维也纳获博士学位，后在北京辅仁大学任教，讲授蒙古学，回国后在波恩大学从事研究和科研组织以及出版工作。1969 年，他在波恩大学成立了一个研究中亚的机构，命名为"中亚"（Zentralasien），机构内有 9 位教授，13 位研究人员，其中包括 4 名藏人，2 名蒙古人，主要任务是刊布研究有关中亚政治，历史，宗教，民间文艺的蒙、藏、汉、日文资料。当时的研究项目中有蒙藏政治史、藏文史料、蒙藏语言史、蒙藏文物等，这些研究成果有论文上百种，专著数十种。短篇论文发表在《中亚细亚研究》（*Zentral Asiatischen Studien*）杂志上，专著都发在《亚洲研究》（*Asiatischen Forschungen*）丛书上，即本丛书，均为海西希主编。本册《佛陀的十二种行为》。

ISBN（pbk.）

K310.7/H4735/：36（1）

Heissig, Walther. 1913 – 2005

Asiatische forschungen. Band 36, Prague collection of Tibetan prints from Derge. Part 1 / Walther Heissig, Josef Kolmas. —Wiesbaden：Otto Harrassowitz, 1971.

517 p.；26 cm. —布拉格所藏德格藏文印本（一）

主编海西希是著名中亚学者，西德波恩大学的教授。1941 年在维也纳获博士学位，后在北京辅仁大学任教，讲授蒙古学，回国后在波恩大学从事研究和科研组织以及出版工作。1969 年，他在波恩大学成立了一个研究中亚的机构，主要刊布研究有关中亚政治，历史，宗教，民间文艺的蒙、藏、汉、日文资料。短篇论文发表在《中亚细亚研究》（*Zentral Asiatischen Studien*）杂志上，专著都发在《亚洲研究》（*Asiatischen Forschungen*）丛书上，即本丛书，均为海西希主编。本书为捷克学者高马士（J. Kolmas）所编，高马士 1956 ~ 1958 年间曾来我国学习藏语，也通汉文，译有《德格世系》（*A genealogy of the kings of Derge*）（1968），编有《布拉格东方学院图书馆藏藏文抄本及刻本》和本书，著有《西藏与中华帝国》（*Tibet and imperial China*）发有大量论文。

ISBN（pbk.）

K310.7/H4735/：36（2）

Heissig, Walther. 1913 – 2005

Asiatische forschungen. Band 36, Prague collection of Tibetan prints from Derge. Part 2 / Walther Heissig, Josef Kolmas. —Wiesbaden：Otto Harrassowitz, 1971.

679 p.；26 cm. —布拉格所藏德格藏文印本（二）

主编海西希是著名中亚学者，西德波恩大学的教授。1941 年在维也纳获博士学位，后在北京辅仁大学任教，讲授蒙古学，回国后在波恩大学从事研究和科研组织以及出版工作。1969 年，他在波恩大学成立了一个研究中亚的机构，主要刊布研究有关中亚政治，历史，宗教，民间文艺的蒙、藏、汉、日文资料。短篇论文发表在《中亚细亚研究》（*Zentral Asiatischen Studien*）杂志上，专著都发在《亚洲研究》（*Asiatischen Forschungen*）丛书上，即本丛书，均为海西希主编。本书为捷克学者高马士（J. Kolmas）所编，高马士 1956 ~ 1958 年间曾来我国学习藏语，也通汉文，译有《德格世系》（*A genealogy of the kings of Derge*）（1968），编有《布拉格东方学院图书馆藏藏文抄本及刻本》和本书，著有《西藏与中华帝国》（*Tibet and imperial China*）发有大量论文。

ISBN （pbk.）

K310.7/H4735/：49

Heissig, Walther.

Asiatische forschungen. Band 49, Tibetan polity, 1904 – 37 / Walther Heissig, Parshotam Mehra. —Wiesbaden：Otto Harrassowitz, 1976.

vii, 94 p. ; 26 cm. —西藏政体 1904 – 1937

Includes bibliographical reference and index. —本书讲述 1904 ~ 1937 年间的西藏政体，为十三世达赖喇嘛和九世班禅之间矛盾的个案研究。作者 Parshotam Mehra 是印度旁遮普大学历史学教授、中亚研究系主任。主要研究西藏近代史和中印关系史。著述颇丰，有《荣赫鹏游记注释》（*The Younghusband expedition*）、《麦克马洪线及其以后：1904 ~ 1947 年，英、中、藏三方关于印度东北边境争议的研究》（*The McMahon line and after*）等。1. 荣赫鹏的余波：达赖喇嘛访问北京（1908）。2. 喇嘛的会见（1912）。3. 班禅喇嘛出访印度（1906）。4. 班禅的出访及其后果。5. 扎什伦布：独立和调解的试图（1912）。6. 班禅喇嘛谋求汉人的调解（1913 ~ 1914）。7. 不和加剧：班禅的出走（1923）。8. 致力于调解（1924 ~ 1930）。9. 班禅靠近国民党（1932）。10. 班禅喇嘛盼望和解：英国的调解。11. 对国民党武装护送班禅喇嘛的先锋：拉萨的强硬。12. 对国民党武装护送班禅喇嘛的先锋：拉萨的软弱。13. 英国对班禅回藏的态度：南京取消支持，班禅之死（1937）。后附书目、索引。

ISBN 344701802X （pbk.）

K310. 7/H4735/：62

Heissig, Walther. 1913 – 2005

Asiatische forschungen. Band 62, Tibetan books and newspapers ∕ Walther Heissig, Josef Kolmas. —Wiesbaden：Otto Harrassowitz, 1978.

133 p. ; 26 cm. —在中国收集的藏文图书和报纸目录提要

Includes bibliographical reference and index. —此书是作者 20 世纪 50 年代在中国学习期间收集藏文图书资料的简目。作者汉名高马士，捷克布拉格大学东语系毕业，通汉语。1957～1959 年间曾到中国中央民族学院留学，从于道泉教授学习藏语文，回国后在捷克科学院东方研究所从事藏学研究。著作有《布拉格收藏的德格版藏文书》（*Prague collection of Tibetan prints from Derge*）、《布拉格东方研究所图书馆藏藏文手抄本和木刻本书目》（*Tibetan manuscripts and blockprints in the Library of the Oriental Institute*）等。此书共收藏文语言、文学、报章和译著等 191 种，其中包括藏文字帖、语法、字典以及青海藏文报等。

ISBN 3447019611 （pbk. ）

K310/B996/2：

Byron, Robert.

First Russia then Tibet ∕ Robert Byron. — ［London］：Macmillan & Co. Ltd. , 1933.

xvi, 328 p. : ill. ; 24 cm. —先是俄国，然后是西藏

这是英国人罗伯特·拜伦的游记，1933 年出版。他先是到俄罗斯旅行，记述了原苏联的情况，当时产生了重要影响。然后回到英国，乘飞机从英国飞到印度，从那里进入西藏，记述了西藏的情况。全书分两部分，第一部分介绍原苏联情况，共 9 章。第二部分介绍西藏情况，也是 9 章。1. 英印航线。2. 荒漠之地。3. 英属喜马拉雅。4. 进入西藏。5. 平原。6. 江孜的休憩。7. 野餐。8. 早来的冬季。9. 一名朝圣的藏人。其中西藏部分附照片 10 张。

ISBN （hardcover）

K35/D234

Datta, C. L.

Ladakh and western himalayan politics, 1819 – 1848 ∕ C. L. Datta. —Delhi：Munshiram Manoharlal Publishers Pvt. Ltd. , 1972.

xv，239 p. ；22 cm. —拉达克和西部喜马拉雅政治 1819～1848

Includes bibliographical reference and index. —拉达克位于印度次大陆北部
克什米尔东部地区，面积 11.7 万平方公里，范围包括喜马拉雅山西部的拉达
克山区，境内拉达克山属喀喇昆仑山脉的一部分。拉达克在元代以后曾划入
西藏境内，是西藏西端重镇。拉达克后来是印巴争夺的焦点之一，现在南部
由印度控制，其余部分由巴基斯坦控制。本书在谈到拉达克政治、历史时，
对西藏情况多有涉及。

ISBN（hardcover）

K35/F823

Francke，A. H. 1870 – 1930

A history of Ladakh/ by A. H. Francke. —Delhi：Sumit Publications，1904，
191p. ；22 cm. —拉达克史

拉达克位于印度次大陆北部克什米尔东部地区，面积 11.7 万平方公里，
范围包括喜马拉雅山西部的拉达克山区，境内拉达克山属喀喇昆仑山脉一部
分。拉达克在元代以后曾划入西藏境内，是西藏西端重镇。这部拉达克史主
要谈及早期拉达克与西藏的关系。如：1. 早期希腊、罗马人与西部西藏的关
系。2. 到西部西藏的使团。3. 移民的语言。4. 中国关于西部西藏的记录。公
元 640～760 年。5. 藏语王国的时代。公元 500～1000 年。6. 西藏中央王朝的
建立和首任国王。公元 900～1400 年。7. 伟大的改革者与第一个王朝的失败。
1400～1580 年。8. 巴尔梯战争。1560～1640 年。9. 伟大的蒙古战争。1646～
1647 年。10. 关于继任者的争吵。1680～1780 年。11. 最后两任国王。1780～
1834 年。12. 西部西藏王朝的衰落。1834～1840 年。13. 拜耳梯人的征服。
1841 年。14. 反抗中央西藏的战争。1841～1842 年。整部书就如作者在介绍
中所说，是一本西部西藏的历史。作者是德国传教士，在拉达克一带传教多
年，专攻西部西藏史，著述很多。主要著作还有《西藏的古物》(*Antiquities of
Indian Tibet*)，上卷讲他在拉达克的旅行考古，下卷是他在拉达克地区获得的
几部藏文史书，并附英译文（1926）。他还著有《西部西藏史》（1907）等。

ISBN（hbk）：￥17.50.

K35/G289

Gazetteer of Kashmir and Ladak. —Delhi：Vivek Publishing House，1974.
1102 p. ；23 cm. —克什米尔和拉达克地名词典

Includes index. —这是印度有关单位主编的关于克什米尔和拉达克地区的地名词典，其中有与西藏地区历史相关的地方。

ISBN （hardcover）

K35/J721/2：

Johnston，Harry.

The great pioneer in India，Ceylon，Bhutan & Tibet / Harry Johnston. —Delhi：Mittal Publications，1986.

vii，320 p. ：16 ill. ；21 cm. —在印度、锡兰、不丹和西藏的伟大先行者

本书 12 章：1. 古代印度的侵入者。2. 中世纪印度。3.16 世纪开始一次到印度的旅行。4. Varthema 所见的 1505 年的印度。5. Varthema 在锡兰和更远的印度。6. 葡萄牙人在印度至巴博萨的航行。7. 英国商人来到印度。8. 荷兰人与英国人逐出葡萄牙人。9.17 世纪的印度。10. 英国征服印度。11. 不丹和西藏。12. 旁遮普、信德和俾路支。有 16 张插图，3 张地图和参考书目等。

ISBN （hardcover）

K35/K458/2：

Khosla，G. D.

Himalayan circuit：the story of a journey in the inner Himalayas / G. D. Khosla. —London：Macmillan & Co.，1956.

xi，233 p. ：ill. ；22 cm. —喜马拉雅巡游记

本书记述作者在喜马拉雅地区巡游的事迹，书中有 24 幅照片。

ISBN （hardcover）

K35/N361/2：

Nebesky-Wojkowitz，Rene de. 1923－1959

Where the gods are mountains：three years among the people of the Himalayas/Rene de Nebesky-Wojkowitz；Translated from the German by Michael Bullock. —London：Weidenfeld and Nicolson，1956.

256 p. ：illus. ；21 cm. —神在大山的何处：在喜马拉雅人们中的三年

作者是位奥地利博士，维也纳大学教授，主要研究人类学和西藏宗教。1950～1953 年间，他在印度、锡金边境及西藏地区作实地考察后写出《西藏的神灵与恶魔》（*Oracles and Demons of Tibet*）1956 年出版，主要研究西藏宗

教的保护神。后来他还写出过《西藏宗教舞蹈》（*Tibetan Religion Dances*），直到 1974 年才得以出版。本书是记述他当年在喜马拉雅山区考察的情况。

ISBN（hardcover）

K350. 8/S5328

Shashi, S. S. 1935 -

The nomads of the Himalayas / S. S. Shashi. —Delhi：Sundeep Prakashan, 1979.

213 p.，［8］leaves of plates：ill. ；25 cm. —喜马拉雅山区的游牧民族

Includes bibliographical references（p. ［201］– 202）and index（p. ［203］–213）. —本书主要介绍喜马拉雅山区的游牧民族，一些地方谈到西藏，如 58、60、64 ~ 66、82 ~ 85 页，还有些地方谈到藏族，如 58、76、84、85 页等。

ISBN（hardcover）

K351. 3/P477

Petech，L.

Northern India according to the Shui-ching-chu / L. Petech. —Roma：Is. M. E. O.，1950.

89p. ；24 cm. —据《水经注》研究印度的北方

Includes bibliographical references. —作者是意大利著名藏学家，专门研究西藏、尼泊尔和拉达克地区的历史和民族关系。著有多种藏学著作，如《18 世纪前期的中原和西藏》、《拉达克历史研究》、《1728 ~ 1959 年西藏的贵族与政府》、《旅居西藏、尼泊尔的意大利传教士文献》、《1681 ~ 1683 年西藏、拉达克及莫卧尔战争》、《18 世纪西藏历史注释》等。本书据中国古籍《水经注》研究印度北方的情况。

ISBN PBK

K351. 4/B8621/：13

British India office records. vol. 13. — ［S. l. ：s. n.，19？］.

425 p. ；28 cm. —英印办事处档案

此为英国外交部档案，主要是当年英印政府涉及西藏事务的文件，原件藏于英国外交部，我所根据购买的胶片复制后，按年装订成册，主要是

1903～1922 年间的文件。

ISBN （hardcover）

K351. 4/B8621/：15

British India office records. vol. 15. — ［S. l. : s. n. , 19?］.

439 p. ; 28 cm. —英印办事处档案

此为英国外交部档案，主要是当年英印政府涉及西藏事务的文件，原件藏于英国外交部，我所根据购买的胶片复制后，按年装订成册，主要是 1903～1922 年间的文件。

ISBN （hardcover）

K351. 4/B8621/：17

British India office records. vol. 17. — ［S. l. : s. n. , 19?］.

1 vol. ; 28 cm. —英印办事处档案

此为英国外交部档案，主要是当年英印政府涉及西藏事务的文件，原件藏于英国外交部，我所根据购买的胶片复制后，按年装订成册，主要是 1903～1922 年间的文件。

ISBN （hardcover）

K351. 4/B8621/：22

British India office records. vol. 22. — ［S. l. : s. n. , 19?］.

439 p. ; 28 cm. —英印办事处档案

此为英国外交部档案，主要是当年英印政府涉及西藏事务的文件，原件藏于英国外交部，我所根据购买的胶片复制后，按年装订成册，主要是 1903～1922 年间的文件。

ISBN （hardcover）

K351. 4/B8621/：24

British India office records. vol. 24. — ［S. l. : s. n. , 19?］.

321 p. ; 28 cm. —英印办事处档案

此为英国外交部档案，主要是当年英印政府涉及西藏事务的文件，原件藏于英国外交部，我所根据购买的胶片复制后，按年装订成册，主要是 1903～1922 年间的文件。

ISBN（hardcover）

K351. 4/E52

Elwin，Verrier

Myths of the North-East frontier of India / Verrier Elwin. —Shillong：North-East Frontier Agency，1958.

448p.；22 cm. —印度东北边疆的神话

Includes bibliographical references and index. —本书作者埃文博士曾在印度东北边境地区部落事务管理处担任顾问达 5 年之久。印度东北边境地区西与不丹、北与中国西藏、东南与缅甸接壤，南有阿萨姆河谷，曾被誉为"神秘之地"。本书介绍那里情况时，一些地方谈到西藏，如 15、69、87、112、206、217、290、378、429 页等处。

ISBN：

K351. 4/I3911

India's North-East frontier in the nineteenth century / edited with an introduction by Verrier Elwin. —London：Oxford University Press，1959.

473 p.；22 cm. —19 世纪印度的东北边疆

Includes index. —本书编者埃文博士曾在印度东北边境地区部落事务管理处担任顾问达 5 年之久。印度东北边境地区西与不丹、北与中国西藏、东南与缅甸接壤，南有阿萨姆河谷，曾被誉为"神秘之地"。那里的边境管理处就出过一本这样的书 *The Hidden Land*。整个 19 世纪，有很多探险者、管理者、茶树种植者、传教士来到这里，并写出了他们的见闻。这些文章散见于各处，不易见到，编者将它们收集起来，做了介绍和注释，并编了详尽的目录。其中一些文章涉及我国西藏的情况，如《与西藏的贸易》等。

ISBN（hardcover）

K351. 4/S617

Singh，A. K. Jasbir.

Himalayan triangle：a historical survey of British India's relations with Tibet，Sikkim and Bhutan 1765 – 1950 by Amar Kaur Jasbir Singh. —London：The British Library 1988.

408p.：maps；25. 5 cm. —喜马拉雅三角地带：英印与西藏、锡金、不丹

关系的历史调查 1765～1950

复印本—Includes Bibliography and Index. —该书认为：东印度公司在 18 世纪 60 至 70 年代控制了孟加拉，由于经济利益向北发展，与不丹、锡金、西藏发生了直接接触，后来想进一步与中国做贸易，发现西藏是一个很好的通道，进而与以上三地产生各种关系。作者收集了印度官方图书馆各种有价值的文件和直到 1947 年印度独立这一期间的各种记录，对这种关系进行了历史调查。谈到英、俄在这一地区的势力角逐，中国对西藏的主权要求，并分析了 1947 年之前，英国对锡金、不丹、西藏的边界政策。全书分三部分，1. 西藏，从 1772 年的早期接触到 1947 年。2. 锡金。3. 不丹。

ISBN 0712306307：￥75.60.

K351.8/B267

Barpujari，H. K.

Problem of the hill tribes North-East frontier 1873 – 1962：inner line to McMahon line／H. K. Barpujari. —Gauhati：Spectrum Publications，1981.

372p.；22 cm. — （；3）—东北边疆的山地部落问题（1873～1962）

Includes bibliographical references and index. —本书叙述 1873～1962 年间，印度东北边疆山地部落的问题，同时涉及中印边境问题。包括这些部落与邻近平原地区的关系，从以前封闭时期，到后来受到英国影响的情况。中印边境问题：原先的内陆边境线，后来英国人划出的麦克马洪线。书中引用了大量材料说明这一问题。全书 12 章：1. 内陆线（1873～1878）。2. 南部和西南边疆（1873～1874）。3. 对科希马的围困（1878～1881）。4. 山区的最高权威（1875～1898）。5. 北部边疆（1873～1900）。6. 不干涉原则（1900～1910）。本章主要谈到荣赫鹏的远征和拉萨条约，英中关系，赵尔丰的军队进入拉萨，印藏边界危机，英国不丹条约，中国的要求，英国外交部的行动等。7. 远征和探险（1910～1914）。8. 希姆拉条约（1911～1914），中英藏会谈。9. 第一次世界大战和部落时代（1914～1934）。10. 麦克马洪线：向前移动（1934～1940）。11. 麦克马洪线：控制的确立（1940～1951）。12. 边境战争（1951～1962）。

ISBN HBK ￥20.00.

K351.8/F432

Fewkes，Jacqueline，1973 –

Trade and contemporary society along the silk road: an ethno-history of Lada-kh/ Jacqueline Fewkes. —Milton Park, Abingdon, Oxon; New York: Routledge, 2008.

xiii, 196 p. ill., map, 23cm. — (Routledge contemporary Asia series; 8) —沿着丝绸之路的贸易与当代社会: 拉达克民族历史

Includes bibliographical references and index. —Beyond the roof of the world—Recognizing the terrain: a historical background—The family business: community, kinship and identity—Social strategies for profit—Living in a material world: cosmopolitan elites—The demise of trade: coping with borders—The memory and legacy of trade. —拉达克位于印度次大陆北部克什米尔东部地区，面积11.7万平方公里，范围包括喜马拉雅山西部的拉达克山区，境内拉达克山属喀喇昆仑山脉一部分。拉达克在元代以后曾划入西藏境内，是西藏西端重镇。拉达克后来是印巴争夺的焦点之一，现在南部由印度控制，其余部分由巴基斯坦控制。本书在谈到拉达克经济、历史时，对西藏情况多有涉及。大体章节如下，1. 世界屋脊的那边。2. 认识那片地方: 历史背景。3. 家族企业: 团体、血族关系与身份。4. 谋取利益的社会策略。5. 生活在一个重要的世界: 世界精英。6. 贸易终止。7. 回忆与贸易遗产。

ISBN 978 - 0 - 415 - 77555 - 7: hardback: alk. paperCNY1095.78
ISBN 9780203273692 (ebook)

K351. 8/K878

Kotturan, George.

The Himalayan gateway: history and culture of sikkim / George Kotturan. —New Delhi: Sterling Publishers Private Limited, 1983.

172 p.; 21 cm. —喜马拉雅门户: 锡金的历史和文化

Includes bibliographical reference and index. —本书主要谈及锡金的历史和文化，其中有的地方涉及西藏，如第7章: 在帝国翼下。有摆向西藏一节。另外涉及西藏和藏族的还有第2、17、24、29、38、40、43、45、48、72 ~ 74、76、79、125 等页。

ISBN (hardcover)

K351. 9/C4359

Chakravorty, Birendra Chandra.

British relations with the hill tribes of Assam since 1858 / Birendra Chandra Chakravorty. —Calcutta：Firma Klm Private Ltd. ，1981.

v，222 p.：map；22 cm. —1858 年以来，英国与阿萨姆邦山区部落的关系

Includes bibliographical reference and index. —作者是印度学者，加尔各答学院历史系主任。全书 11 章：1. 上溯至 1858 年，与这些部落的早期接触。2. 西南部落。3. 阿保尔人。4. 拉龙格人、迦奇人和艾利德部落。5. 那盖斯人。6. 米西密人。7. 达夫拉斯人。8. 布舍斯人。9. 阿卡斯人和米诺部落。10. 后记。11. 补充说明。

ISBN （hardcover）

K351. 9/F823

Francke, A. H. 1870 – 1930

Ladakh：the mysterious land / A. H. Francke. —New Delhi：Cosmo Publications，1978.

191 p.：ill. ；20 cm. —拉达克：神秘之地

拉达克位于印度次大陆北部克什米尔东部地区，面积 11.7 万平方公里，范围包括喜马拉雅山西部的拉达克山区，境内拉达克山属喀喇昆仑山脉一部分。拉达克在元代以后曾划入西藏境内，是西藏西端重镇。拉达克后来是印巴争夺的焦点之一，现在南部由印度控制，其余部分由巴基斯坦控制。本书在谈到拉达克文化、历史时，对西藏情况多有涉及。作者是德国传教士，1920 年任柏林大学讲师，后任教授，藏学家。在拉达克一带传教多年，专攻西部西藏史，著述很多。曾于 1906 年将《圣经》译为藏文，主要著作有《西藏的古物》（*Antiquities of Indian Tibet*），上卷讲他在拉达克的旅行考古，下卷是他在拉达克地区获得的几部藏文史书，并附英译文 （1926）。他还有很多关于拉达克的著作，以及《西部西藏史》（1907）、《格萨尔史诗中的春季和冬季神话》、《藏族人中的伊斯兰教》、《森巴战争史》、《新疆的藏文文书》、《吐鲁番出土的藏文写卷》、《西藏本教史集》等。

ISBN （hardcover）

K351. 9/F983

Furer-Haimendorf, Christoph.

Himalayan traders/ by Christoph von Furer-Haimendorf. —New York：St.

Martin's Press. , 1975.

316p. : 44 ill, 7 maps; 22 cm. —喜马拉雅的贸易商

Includes bibliographical references and index. —本书叙述印度喜马拉雅地区社会经济发展和商业贸易的情况。包括那里的村镇、农业、旅游、社会、政治变化、贸易与社会关系等，书中很多地方谈到与西藏和藏人的交往。书中有大量插图、地图。

ISBN：

K351. 9/F983

Furer-Haimendorf, Christoph.

Himalayan adventure：Early travels in North-East India / by Christoph von Furer-Haimendorf. —India：Sterling Publishers（P）LTD. , 1983.

243p. : 10 ill; 22 cm. —喜马拉雅探险：在印度东北部的早期旅行

Includes bibliographical references and index. —本书叙述早期探险者在印度东北部喜马拉雅山区的旅行。书中一些地方谈到西藏和藏人，如 60、84、85、96、149、153、154、156、157、193、200、202、209、212 ~ 216、220 页等处。全书有插图 10 幅。

ISBN：

K351. 9/H657B94K281. 4

Himalayan Buddhist villages: environment, resources, society and religious life in Zangskar, Ladakh / John Crook and Henry Osmaston, editors—Delhi：Motilal Banarsidass Publishers Private Limited, 1994.

xxx, 866 p. , ［86］p. of plates. : ill. , maps; 25 cm. —喜马拉雅佛村：拉达克、藏斯卡尔地区的环境、资源、社会和宗教生活

两位作者中的 John Crook 是英国布里斯托尔大学的哲学和社会学博士，20 世纪 70 年代领导一个研究社会组织进化的团体。1977 年他带领一支探险队到达喜马拉雅山区拉达克人的村落，在研究过程中产生写作此书的念头，他一直保持着对藏语和藏传佛教的浓厚兴趣，并且担任这方面的教师。另一位作者 Henry Osmaston 是位博士，生于印度，曾在非洲生活多年，后来也在布里斯托尔大学学习，20 世纪 80 年代，他经常往返西藏和拉达克之间，从事地理、农业发展和环境问题的研究，发表了大量论文和专著，并且担任国际拉达克研究协会的书记。全书五个部分，1. 环境资源和农业。2. 人口、工作

和健康。3. 藏斯卡的历史和社会生活。4. 僧侣生活与价值观。5. 传统与改变。共 26 章。书后有附录，包括地名、人名索引。书中谈到拉达克的藏族文化和西方藏学研究的起源。

ISBN 81 - 208 - 1201 - 2：CNY320.00

K351.9/M1561

Mackenzie，Alexander.

The North-East frontier of India / Alexander Mackenzie；prefatory introduction to the new ed. by B. K. Roy Burman. —Delhi：Mittal Publications，1981.

586 p. ：map；22 cm. purpose precise sketch—印度的东北边疆

Includes Appendixes—据本书介绍：1869 年，作者负责为孟加拉政府撰写政治信函的工作，曾写了《关于孟加拉东北边疆的备忘录》，自那以后，对孟加拉和阿萨姆邦山地部落的政治关系就没有调查过。作者的书对印度外交部和当地官员提供了准确有用的材料，尽管开始只是一个梗概，但对官方真实目的的原始记录，仍有极大的参考价值。1871 年，作者根据孟加拉政府秘书处和外交部的材料，经详细调查，写出了《孟加拉与东北山地部落的历史关系》，并于 1882 年出版。书中的东北边疆包括那里的东、北山脉，也包括阿萨姆峡谷的南部和西面大山的斜坡。现在的这本书是 1884 年版的重印。全书分三部分：1. 阿萨姆邦的历史，英国与不丹的关系，不丹以外的人，关于喜马拉雅边界政策的回顾等。2. 主要叙述关于那加人（Nagas）的情况。3. 叙述这一地区的山地部落。此外还有 10 个附录。

ISBN （hardcover） $45.00

K351.9/N8641

North and North-Eastern frontier tribes of India / compiled in the intelligence branch division of the chief of the staff army head-quarters India. —Delhi：Cultural Publishing House，1983.

iv，249 p. ：map；22 cm. —印度北部和东北边境的部族

本书为印军参谋部情报部门编撰，介绍了印度北部和东北部边境地区部族的状况。那里是印度的一个著名地区，大片山地里，生活着很多部族，他们有独特的风俗习惯，法律，信仰，政治和历史，几个世纪以来，他们生活在自己的村庄里，很少与外部世界交流，直到后来英军的情报人员开始调查，并想控制他们。本卷内容原由英军司令部情报部门编写，讲述尼泊尔、锡金、

不丹、西藏、阿萨姆邦以及那里各个山区的情况。全书把以上地区划分为六个部分，分别从以下四方面描述，1. 那里土地和人民的简介，包括宗教和社会习俗。2. 历史和政治，与邻近地区和英国政府的关系。3. 军事史和重要战争。4. 英军行动路线图，对这些部落的军事行动和那里人民表示的礼貌与善意。

ISBN（hardcover）

K351. 9/S6178

Sinha, Satyanarayan.

Operation Himalayas：to defend Indian sovereignty / Satyanarayan, Sinha. —New Delhi：S. Chand & Co., 1975.

x，200 p.；22 cm. —操持喜马拉雅山区：保卫印度主权

全书六个部分，各部分下分若干章，一些地方谈到中国西藏。第一部分：翻越高高的喜马拉雅。其中第 6 章是在尼泊尔的中国第 5 纵队。第二部分：喜马拉雅的向导。第三部分：在尼泊尔正前方。第四部分：红色天空。第五部分：我们的西藏战役。第六部分：在红色的雪上。

ISBN（hardcover）

K353. 9/C549

Chopra, P. N.

Ladakh / P. N. Chopra. —New Delhi：S. Chand & Company Ltd., 1980.

109 p.；21 cm. —拉达克

Includes bibliographical reference. —拉达克位于印度次大陆北部克什米尔东部地区，面积 11. 7 万平方公里，范围包括喜马拉雅山西部的拉达克山区，境内拉达克山属喀喇昆仑山脉一部分。拉达克在元代以后曾划入西藏境内，是西藏西端重镇。拉达克后来是印巴争夺的焦点之一，现在南部由印度控制，其余部分由巴基斯坦控制。本书在谈到拉达克历史、文化时，对西藏情况多有涉及。作者 Chopra 博士是印度学者、教授，在海外多所大学做访问学者，有多部关于印度社会、文化、经济、历史的著作。本书 9 章：1. 自然特点。2. 历史。3. 人民。4. 风俗礼仪。5. 服装、打扮、装饰、食物和饮料。6. 集市、节日和娱乐。7. 宗教传统。8. 文化传统。附录：一些民歌。9. 寺院。附书目和词汇表。

ISBN（hardcover）

K353. 9/S9551

Sumi, Tokan D.

Ladakh, the moonland / Tokan D. Sumi, Masato Oki and Fida M. Mass-nain. —New Delhi: Light & Life Publisheres, 1975.

66 p. ; 25 cm. —拉达克，月亮之地

Includes index. —拉达克位于印度次大陆北部克什米尔东部地区，面积 11.7 万平方公里，范围包括喜马拉雅山西部的拉达克山区，境内拉达克山属 喀喇昆仑山脉一部分。拉达克在元代以后曾划入西藏境内，是西藏西端重镇。 拉达克后来是印巴争夺的焦点之一，现在南部由印度控制，其余部分由巴基 斯坦控制。本书在谈到拉达克文化、历史时，对西藏情况多有涉及。

ISBN （hardcover）

K353/S6717/: 1

Snellgrove, David L.

The cultural heritage of Ladakh. Vol. 1, Central Ladakh / David L. Snellgrove and Tadeusz Skorupski. —Warminster, England: Aris & Phillips Ltd, c1977.

xvi, 144 p. : ill. ; 30 cm. —拉达克的文化遗产

Includes bibliographical references （p. 143） and index （p. 144）. —作者戴 维·斯内尔格罗夫曾在伦敦大学东方和非洲研究学院学习，掌握藏文，对佛 学有一定造诣。还著有《喜马拉雅的佛教》、《喜马拉雅的朝圣者》等书。拉 达克位于印度次大陆北部克什米尔东部地区，面积 11.7 万平方公里，范围包 括喜马拉雅山西部的拉达克山区，境内拉达克山属喀喇昆仑山脉一部分。拉 达克在元代以后曾划入西藏境内，是西藏西端重镇。拉达克后来是印巴争夺 的焦点之一，现在南部由印度控制，其余部分由巴基斯坦控制。本书在谈到 拉达克文化遗产时，对西藏文化多有涉及，如 6、16 ~ 18、33、135 ~ 140 页。

ISBN 0856680583 （hardcover）

K355. 0/L259

Landon, Perceval.

Nepal / by Perceval Landon; edited by H. K. Kuloy. —Kathmandu: Ratn Pustak Bhandar, 1976.

363 p. : ill. , maps; 25 cm. — （Bibliotheca himalayica; Series 1, Vol. 16） —尼泊尔

Includes bibliographical reference and index. —本书是喜马拉雅丛书的第 1 册，第 16 卷。主要介绍尼泊尔的历史、政治、经济和文化，书中有很多地方提到尼泊尔与西藏的历史交往和关系问题，内容比较丰富。

ISBN （hardcover）

K355.5/T886/2：

Tucci，Giuseppe. 1894 – 1984

Journey to Mustang，1952 / Giuseppe Tucci. —Nepal：Ratna Pustak Bhandar，1977.

85 p.：ill.；25 cm. —（Bibliotheca himalayica；Series 1，Vol. 23）—1952 年穆斯塘旅行记

这是意大利学者杜齐的游记。杜齐是欧洲研究东方古代文化的著名学者，新中国成立前，他到过西藏多次，足迹遍布前后藏及阿里，写过西藏的专著十余种。由于他的努力，在其担任所长的"意大利中东远东研究所"内，有一个享誉世界的西藏研究中心。他培养出一批长期从事西藏历史文化研究的专家，著名藏学家毕达克即是他的学生。研究所自 1950 年出版的《罗马东方丛书》中，即有十几部关于西藏的研究成果。西方学界认为杜齐的作品代表欧洲研究西藏的最高水平。全书 11 章，主要记述作者 1952 年 9~11 月间第 4 次进入尼泊尔，到达加德满都，然后从那里进入我国西藏境内，到达穆斯塘，然后从西藏边境回到印度的过程。

ISBN （hardcover）

K355.8/F983/2：

Furer-Haimendorf，Christoph von，1909 –

A Himalayan tribe：from cattle to cash / Christoph von Furer-Haimendorf. —Berkeley：University of California Press，c1980.

xi，224 p.，[8] leaves of plates：ill.；22 cm. ——个喜马拉雅山区的部落：从牛到钞票

Bibliography：p. [221] – 222. —Includes index. —著者兹里斯托夫·费雷尔－海门多夫是奥地利出生的英国人类学家，20 多年一直从事喜马拉雅山区民族、历史地理和人类学的调查研究。1952 年，他到尼泊尔旅行，此后多次在喜马拉雅山区活动，后在伦敦大学东方非洲研究院主持和从事研究工作。其著述颇丰，仅与藏学有关的即有《喜马拉雅山里的商人》、《喜马拉雅的蒙

昧民族》、《尼泊尔的夏尔巴人》等。

ISBN 0520040740（hardcover）

K355. 9/A523/2：

Waddell, L. A. 1854 – 1938

Among the Himalayas / L. A. Waddell—Kathmandu：Ratna Pustak Bhandar, 1899

xvi, 452 p.：ill.；22 cm. —（ Bibliotheca Himalayica；Series 1, Vol. 18）—在喜马拉雅群山中

Includes index. —本书最初出版于 1899 年，作者在喜马拉雅山区旅行，到过包括印度、锡金、尼泊尔和西藏边界地区，在那里险峻的高山峡谷中间作素描、摄影，进行采风，探索尼泊尔和西藏边界地区人民的风俗习惯，向人们展示旅行的魅力。全书 11 章，其中 4、5、6、7、8、11 章谈到西藏。全书有大量插图和地图。本书 1978 年被收入《喜马拉雅丛书》第 1 套第 18 卷。

ISBN（hardcover）

K355/P477

Petech, Luciano.

Mediaeval history of Nepal（c. 750 – 1480）/ Luciano Petech. —Roma：Istituto Italiano Per il Medio ed Estremo Oriente, 1958.

xi, 238 p.；25 cm. —（Serie orientale Roma. 10, Materials for the stuey of Nepalese history and culture；3）—尼泊尔中世纪史

Includes index（p. 225 – 238）. —作者是意大利著名藏学家，专门研究西藏、尼泊尔和拉达克地区的历史和民族关系。著有多种藏学著作，如《18 世纪前期的中原和西藏》、《拉达克历史研究》、《1728 ~ 1959 年西藏的贵族与政府》、《旅居西藏、尼泊尔的意大利传教士文献》、《1681 ~ 1683 年西藏、拉达克及莫卧尔战争》、《18 世纪西藏历史注释》等。本书在书写尼泊尔中古史的时候对中国西藏与尼泊尔的关系都有涉及。

ISBN PBK

K355/P8821

Powell, E. Alexander.

The last home of mystery / E. Alexander Powell. —New York：The Century

Co. , 1929.

332 p. : ill. ; 21 cm. —最后的神秘家族

Includes index. —拉纳家族是尼泊尔地位最为显赫的家族，这个家族从 19 世纪上半叶开始历代世袭尼泊尔首相，并担任各种要职，时间长达百余年。本书介绍 1901～1929 年间，担任尼泊尔首相的昌德拉·苏姆·谢尔及其家族的情况。本书一些地方提到尼泊尔与西藏关系问题，如 139、204、207、208 页等处。

ISBN（hardcover）

K355/R7951

Rose, Leo E.

Nepal：profile of a Himalayan kingdom / Leo E. Rose and John T. Scholz. —India：Selectbook Service Syndicate, 1980.

144 p. ; 23 cm. —尼泊尔

Includes index. —本书是介绍尼泊尔王国的情况的著作。书中一些地方谈到西藏和藏人，如 16、17、34、35、121、132 页等，还有一些地方谈到藏缅族群。

ISBN（hardcover）

K356/A2859

Ahluwalia, H. P. S.

Hermit kingdom ladakh / H. P. S. Ahluwalia. —India：Vikas Publishing House Pvt Ltd, 1980.

186 p. : ill. ; 32 cm. —隐士王国拉达克

Includes bibliographical reference and index. —拉达克位于克什米尔东部地区，面积 11.7 万平方公里，范围包括喜马拉雅山西部的拉达克山区，境内拉达克山属喀喇昆仑山支脉。拉达克在元代以后曾划入西藏境内，是西藏西端重镇，后来成为印巴争夺焦点之一，现在南部由印度控制，其余部分由巴基斯坦控制。本书是本画册，在介绍拉达克历史、文化时，对西藏情况多有涉及，如第 3、48～49、52、55～56、74、97、138 页。

ISBN 0706910222（hardcover）

K356/E231/2：

Edgar, J. Ware.

Report on a visit to Sikhim and the Thibetan frontier / J. Ware Edgar. —New Delhi: Manjusri, 1969.

93 p. : ill. ; 23 cm. — (Bibliotheca himalayica; Series 1, Vol. 2) —访问锡金和西藏边境的报告 1873 年 10 ~ 12 月

作者曾任英国驻大吉岭代理事务长官。1873 年冬，他从大吉岭出发到锡金和西藏边境访问，于 1874 年 1 月 20 日给库奇比哈尔的行政事务长官写出了这一报告。报告分三部分：1. 西藏边境（1 ~ 50 页）。2. 锡金本部（51 ~ 82 页）。3. 附录：在锡金所经的一些路线。此书 1969 年收入喜马拉雅丛书重印时，限制印数 1000 册。

ISBN (hardcover)

K357/M4985

Mehra, G. N.

Bhutan: land of the peaceful dragon / G. N. Mehra. —New Delhi: Vikas Publishing House Pvt Ltd. , 1974.

xiv, 151 p. , [45] leaves of plates: ill. (some col.); 24 cm. —不丹：和平之龙的土地

Includes index (p. [147]—151). —本书主要介绍不丹的历史、艺术、宗教、文化、民俗等，由于不丹历史上与西藏有过交往，因此一些地方谈到西藏，如：5、11、17 ~ 19、49、86 ~ 87、89、91、96 页等。

ISBN 0706903102 (hardcover)

K357/R416

Rennie, Surgeon.

Bhotan and the story of the Dooar War / by Surgeon Rennie, M. D. —London: John Murray, Albemarle Street, 1866.

xxiii, 408p. : illus. , map. ; 19cm. —不丹道尔战争

Original t. p. reads: Bhotan and the story of the Dooar War; including sketches of a three months' residence in the Himalayas, and narrative of a visit to Bhotan in May 1865, by Surgeon Rennie. London, John Murray, 1866. —First published in 1866. —不丹在梵语中意为西藏边陲。18 世纪后期英国开始侵入不丹。1864 年 11 月，英印政府向不丹宣战，不丹战败。1865 年双方签订了《辛楚拉和约》，不丹被迫割让 2000 平方公里领土，英国每年付给不丹 5 万卢比的津贴。

本书 1866 年出版，叙述此次战争。

ISBN（hardcover）

K36/D922/：1

Dunmore.

The Pamirs. Vol. 1 / Dunmore. —London：John Murray，1893.

360 p. ：map；20 cm. —帕米尔

作者叙述一年间骑马、徒步穿越克什米尔、西藏西部、中国新疆、俄罗斯中亚地区的情况。全书共 2 卷，第 1 卷 24 章，从第 7 章开始，谈到在克什米尔的卡吉尔镇遇到拉萨达赖喇嘛的特使，从一条危险小路，经过印度寺庙，进入西藏西部。第 8 章继续谈到在西藏的旅行。第 9 章介绍进入拉达克的情况。第 10 章谈到藏人的婚姻习俗和婚姻法以及藏传佛教。作者一路上还记述了藏地的珍稀动物如雪豹、牦牛、藏羚羊等。其他各章对藏事也有述及。该书有照片、插图。第 2 卷从 25 章至 38 章。主要叙述中国新疆及中亚的情况。

ISBN（hardcover）

K36/D922/：2

Dunmore.

The Pamirs. Vol. 2 / Dunmore. —London：John Murray，1893.

340 p. ：map；20 cm. —帕米尔

作者叙述一年间骑马、徒步穿越克什米尔、西藏西部、中国新疆、俄罗斯中亚地区的情况。全书共 2 卷，第 1 卷 24 章，从第 7 章开始，谈到在克什米尔的卡吉尔镇遇到拉萨达赖喇嘛的特使，从一条危险小路，经过印度寺庙，进入西藏西部。第 8 章继续谈到在西藏的旅行。第 9 章介绍进入拉达克的情况。第 10 章谈到藏人的婚姻习俗和婚姻法以及藏传佛教。作者一路上还记述了藏地的珍稀动物如雪豹、牦牛、藏羚羊等。其他各章对藏事也有述及。该书有照片、插图。第 2 卷从 25 章至 38 章。主要叙述中国新疆及中亚的情况。

ISBN（hardcover）

K397. 39/B951

Burdsall，Richard L.

Men against the clouds：the conquest of minya konka / Richard L. Burdsall and Jack Theodore Young. —New York：Harper & Brothers Publishers，1935.

xiii，292 p.；22 cm. —对着云彩的人

Includes index. —讲述作者攀登四川贡嘎雪山的情况。贡嘎雪山坐落在青藏高原东部边缘，在四川康定、泸定、石棉、九龙四县之间，两边是大渡河与雅砻江。"贡嘎山"，藏语意为"最高的雪山"，海拔 7556 米，被称为"蜀山之王"，是中国海洋性山地冰川充分发育的高山之一，在登山运动和科学研究中占有十分重要的地位。本书介绍了当地藏族的一些情况。全书 2 部分、17 章，附录 4 节，有照片 64 张，地图 8 幅。

ISBN （hardcover）

K3：Z453 / A615

Annual newsletter of the Scandinavian Institute Asian Studies1986 – 1987：/ editor of the Annual newsletter，Karl Reinhold Haellquist. —Denmark：the Scandinavian Council of Ministers for Education and Culture，1988.

62p. 21cm. —斯堪的纳维亚亚洲研究所年度通讯集

Includes bibliographical references and index. —斯堪的纳维亚亚洲研究所包括 5 个国家：丹麦、芬兰、冰岛、挪威和瑞典。这是该所 1986～1987 年度的通讯集，本集包括一篇与西藏有关的文章：《斯堪的纳维亚的藏学研究》，有 10 页。

ISBN 0106 – 3871

K820/E9295

Evans-Wentz，W. Y.

Tibet's great yogi Milarepa，a biography from the Tibetan / by W. Y. Evans-Wentz. —London；New Yotk：Oxford University Press，1951.

315 p. ：illus. ；21 cm. —《米拉日巴的一生》，王沂暖译，上海，商务印书馆，1949，1955；《米拉日巴的一生》，刘立千译，北京，民族出版社，2000。

Includes bibliographical reference and index. —传记小说。作者藏族乳毕坚金（1452～1507），亦称海如噶·桑吉坚参。编者伊万斯－文孜，牛津神学院学者，著有《引路经》（*The Tibetan Book of the Dead*）等书，本书系其根据锡金藏族达瓦桑珠译稿重译。米拉日巴（1040～1123）是噶举派祖师，其人其事在西藏家喻户晓，脍炙人口，各阶层对他都有极深的崇拜和信仰。其传记不仅是一部藏族文学名著，而且从中可见西藏封建农奴制形成之初的若干社

会历史画面。全书包括第 1 版（1928）序言、二版序言、图版说明，编者所撰导论，日琼巴对米拉日巴的介绍（从藏文翻译）以及米拉日巴的家世、出生和经历等。

ISBN（hardcover）

K825. 4/G624

Goldstein，Melvyn C.

The struggle for modern Tibet：the autobiography of Tashi Tsering / Melvyn C. Golstein，William R. Siebenschuh，and Tashi Tsering—Armonk，N. Y. ：M. E. Sharpe，1997

vii-xi，207 p. ；24 cm. —为现代西藏而斗争：扎西次仁自传

Includes index. —这是扎西次仁的自传。本书是两位美国教授著名藏学家根据扎西次仁的口述录音整理出的一部传记，记录了他一生的沧桑和偿愿的过程。扎西次仁是位充满传奇色彩的西藏人，1929 年出生于西藏日喀则南木林县古确村的一个农民家庭。13 岁时成为布达拉宫宫廷舞乐团的一位艺员。1956 年开始在印度、美国等地求学，在华盛顿大学毕业后，1964 年毅然回国参加西藏建设，"文革"期间受到迫害，被关在狱中 6 年，接受劳改。十一届三中全会后得到平反，先后在西藏民族学院、西藏大学担任英文教师。曾编撰第一部《英藏汉对照词典》，出版《美国和美国人》等 5 部专著。1989 年退休从商，主要经营民族手工艺品。20 年中，扎西次仁在西藏的贫困乡村资助开办了 66 所学校，1 所农牧技术站。扎西次仁这位可敬老人一生为之奋斗的目标是要努力实现西藏的现代化，他也为此奉献了一切。

ISBN 1563249502（alk. paper）：CNY371. 10

K825/E9295

Evans-Wentz，W. Y.

Tibet's great yogi Milarepa：a biography from the Tibetan / W. Y. Evans-Wentz. —London：Oxford University Press，1928.

315 p. ；21 cm. —《米拉日巴的一生》，王沂暖译，上海，商务印书馆，1949. 12，1955；《米拉日巴的一生》，刘立千译，北京，民族出版社，2000。

Includes index. —传记小说。作者藏族乳毕坚金（1452 ~ 1507），亦称海如噶·桑吉坚参。编者伊万斯－文孜，牛津神学院学者，著有《引路经》（*The Tibetan Book of the Dead*）等书，本书系其根据锡金藏族达瓦桑珠译稿重

译。米拉日巴（1040~1123）是噶举派祖师，其人其事在西藏家喻户晓，脍炙人口，各阶层对他都有极深的崇拜和信仰。其传记不仅是一部藏族文学名著，而且从中可见西藏封建农奴制形成之初的若干社会历史画面。此书为第 1 版（1928），包括序言、图版说明，编者所撰导论，日琼巴对米拉日巴的介绍（从藏文翻译）以及米拉日巴的家世、出生和经历等。

ISBN（hardcover）

K828. 714/T533K297. 5

Tibetan Lives：Three Himalayan Autobiographies / edited by Peter Richardus—Great Britain：Curzon，1998

xxviii，223 p. : ill. , maps；23 cm—西藏人的生活

Includes bibliographical references and index. —本书收集了 1923 年左右，三名藏人的自传，以反映那时的社会历史，书中附三人照片，其中第三人 Ts'an-chih Chen 还附有画传。

ISBN 0 – 7007 – 1023 – X：CNY838. 40

K870. 6/I32/：3（1）K281. 4

Imaeda，Yoshiro

Choix de documents Tibétains conservés à la Bibliothèque nationale：complété par quelques manuscrits de l'India office et du British Museum / par Yoshiro Imaeda et Tsuguhito Takeuchi. Tome III. 1，Corpus syllabipue—Paris：Bibliotheque Nationale，c1990

xiv，319 p. ；30 cm—法藏敦煌吐蕃文献（第 3 卷第 1 册）

此书是法国国家图书馆藏伯希和所收敦煌吐蕃文献。伯希和是法国汉学家，曾从著名汉学家沙畹、高第等学汉文，1902 年起在北京法国使馆任职两年，1908 年和斯坦因同往敦煌，窃取我国文物 5000 余件。他通晓汉、满、藏、蒙、阿拉伯、伊朗等东方语言，研究中西交通史，曾主编《通报》，他的大部分文章均发表在《通报》上。西方认为他是 20 世纪最具权威的汉学家。全书 4 卷，此为第 3 卷第 1 册。

ISBN 2 – 7177 – 1817 – 6（Tome III）：CNY218. 00（v. III，1 – 3）

ISBN 2 – 7177 – 1416 – 2（Edition complete）

K870. 6/I32/：3（2）K281. 4

Imaeda，Yoshiro

Choix de documents Tib tains conserv s la Biblioth que nationale：compl t par quelques manuscrits de l'India office et du British Museum / par Yoshiro Imaeda et Tsuguhito Takeuchi. Tome III. 2，Corpus syllabipue—Paris：Bibliotheque Nationale，c1990

xiv，319 p.；30 cm—法藏敦煌吐蕃文献（第3卷第2册）

［复印本］—此书是法国国家图书馆藏伯希和所收敦煌吐蕃文献。伯希和是法国汉学家，曾从著名汉学家沙畹、高第等学汉文，1902年起在北京法国使馆任职两年，1908年和斯坦因同往敦煌，窃取我国文物5000余件。他通晓汉、满、藏、蒙、阿拉伯、伊朗等东方语言，研究中西交通史，曾主编《通报》，他的大部分文章均发表在《通报》上。西方认为他是20世纪最具权威的汉学家。全书4卷，此为第3卷第2册。

ISBN 2 – 7177 – 1817 – 6（Tome III）：CNY218.00（v. III，1 – 3）

ISBN 2 – 7177 – 1416 – 2（Edition complete）

K870. 6/I32/：3（3）K281. 4

Imaeda，Yoshiro

Choix de documents Tib tains conserv s la Biblioth que nationale：compl t par quelques manuscrits de l'India office et du British Museum / par Yoshiro Imaeda et Tsuguhito Takeuchi. Tome III. 3，Corpus syllabipue—Paris：Bibliotheque Nationale，c1990

xiv，319 p.；30 cm—法藏敦煌吐蕃文献（第3卷第3册）

［复印本］—此书是法国国家图书馆藏伯希和所收敦煌吐蕃文献。伯希和是法国汉学家，曾从著名汉学家沙畹、高第等学汉文，1902年起在北京法国使馆任职两年，1908年和斯坦因同往敦煌，窃取我国文物5000余件。他通晓汉、满、藏、蒙、阿拉伯、伊朗等东方语言，研究中西交通史，曾主编《通报》，他的大部分文章均发表在《通报》上。西方认为他是20世纪最具权威的汉学家。全书4卷，此为第3卷第3册。

ISBN 2 – 7177 – 1817 – 6（Tome III）：CNY218.00（v. III，1 – 3）

ISBN 2 – 7177 – 1416 – 2（Edition complete）

K870. 6/I32/：4K281. 4

Imaeda，Yoshiro

Choix de documents Tib tains conserv s la Biblioth que nationale. Tome IV，

Corpus syllabipue / par Yoshiro Imaeda et Tsuguhito Takeuchi; [r unis par la] Mission Paul Pelliot. —Tokyo: Universite des Langues Etrangeres de Tokyo, c2001

xiv, 1143 p.; 31 cm—法藏敦煌吐蕃文献（第4卷）

此书是法国国家图书馆藏伯希和所收敦煌吐蕃文献。伯希和是法国汉学家，曾从著名汉学家沙畹、高第等学汉文，1902年起在北京法国使馆任职两年，1908年和斯坦因同往敦煌，窃取我国文物5000余件。他通晓汉、满、藏、蒙、阿拉伯、伊朗等东方语言，研究中西交通史，曾主编《通报》，他的大部分文章均发表在《通报》上。西方认为他是20世纪最具权威的汉学家。全书4卷，此为第4卷。

ISBN 4 - 87297 - 806 - 4 (hbk): [CNY418.00]

K872. 751/B928/: 1

Buescher, Hartmut

Catalogue of Tibetan manuscripts and xylographs / Hartmut Buescher and Tarab Tulku. volume 1—Richmond, Surrey: Curzon Press, 2000

xvi, 538 p. : ill.; 29 cm. — (Catalogue of orientan manuscripts, xylographs etc. in Danish collections; 6) —西藏手稿与木版印画目录. 卷1

Hartmut Buescher 从前在丹麦皇家图书馆工作，后来是哥本哈根大学亚洲研究部的藏学家。Tarab Tulku 是丹麦皇家图书馆西藏问题的专家。丹麦皇家图书馆收藏有大量西藏文献，这是两卷本的目录，将便于世界范围的学者、图书馆员、收藏家等使用。第1卷：1. 权威文献。2. 伪书。3. 律藏等。4. 历史文献。5. 科学和艺术。6. 文学和哲学。7. 精神实践与释放方法。8. 玛尼堪布。

ISBN 0 - 7007 - 1330 - 1: CNY3549.00（全套二册）

K872. 751/B928/: 2

Buescher, Hartmut

Catalogue of Tibetan manuscripts and xylographs / Hartmut Buescher and Tarab Tulku. volume 2—Richmond, Surrey: Curzon Press, 2000

vii, 541 - 1048 p. : ill.; 29 cm. —西藏手稿与木版印画目录. 卷2

Hartmut Buescher 从前在丹麦皇家图书馆工作，后来是哥本哈根大学亚洲研究部的藏学家。Tarab Tulku 是丹麦皇家图书馆西藏问题的专家。丹麦皇家图书馆收藏有大量西藏文献，这是两卷本的目录，将便于世界范围的学者、图书馆员、收藏家等使用。第 2 卷：9. 祷告。10. 礼仪。11. 多种小品。12. 不同事物。13. 目录、索引、内容表。

ISBN 0 - 7007 - 1330 - 1：CNY3549. 00（全套二册）

K872. 753/B697B946. 6

Bon sgo gsal byed：Two Tibetan Manuscripts in Facsimile Edition of A Fourteenth Century Encyclopedia of Bon po Doxography / presented by Katsumi Mimaki, Samten Karmay—Tokyo：The Centre for East Asian Cultural Studies for Unesco, 1997.

xvi, 184 p. : ill. ; 31 cm. —（Bibliotheca Codicum Asiaticorum；13）—本教之门：14 世纪西藏本教颂歌全书之两种写本的复印件

赠送本书的一位是西藏本教活佛桑丹·吉参·卡梅。他 1959 年从西藏到印度，1961 ～ 1970 年在伦敦东方非洲研究院工作，后来到巴黎讲授藏文。本书用西藏本教颂歌两种写本的复印件进行对比研究。

ISBN 4 - 89656 - 612 - 2：CNY230. 00

K893. 5/S531

Sharma，D. D.

Peculiar customs and rites of the Himalayan people—New Delhi；Mittal Publications，2000.

ix, 174 p. ; 22 cm. —喜马拉雅地区人们的独特习俗和礼仪

Includes bibliographical references and index. —1975 ～ 1995 年间，作者在从拉达克到不丹的喜马拉雅地区，对那里的社会文化和人们的生活方式进行考察，写出此书。其中一些地方谈到藏族的情况，如第 7、71、82、94、109、111、112、126、144、148、155、161 页。

ISBN 81 - 7099 - 773 - 9：CNY133. 70

K919. 355/T886

Tucci，Giuseppe. 1894 - 1984

Preliminary report on two scientific expeditions in Nepal / Giuseppe Tucci. —Roma：Is M. E. O.，1956.

153 p. : ill. ; 23 cm. —（Serie orientale Roma；10, materials for the study of nepalese history and culture；1）—关于两次尼泊尔科学考察的报告

Includes bibliographical references. —作者杜齐是欧洲研究东方古代文化的著名学者。新中国成立前，他先后到过西藏不下 8 次，足迹遍布前后藏及阿里，搜集了大量资料，仅藏文文献即达 5000 余包。他还得到一些藏族学者的帮助，写过关于西藏的专著有十余种。本书是杜齐 1952、1954 年在尼泊尔的考察报告，书中涉及尼泊尔诸宗教的情况和西部西藏与尼泊尔的关系。所据资料是他从尼泊尔弄来当地豪族碑铭塔铭的拓片。

K924. 5/S6421

Smith, Nicol.

Golden doorway to Tibet / by Loren Tutell. —Indianapolis：Bobbs-Merrill Co.，1949.

288 p.：illus.，ports.，map（on lining-papers）；22 cm. —到西藏的金色之途

本书叙述到西藏的旅程，共 15 章：1. 挂着帘子的门径。2. 黄色丝绸枕头。3. 最后一个英国人。4. 天堂之夜。5. 穿越云中之门。6. 那依然是西藏的土地。7. 我不喜欢喇嘛。8. 在邪恶毒品的房子里。9. 我们遇到了王族。10. 法界寺。11. 面具的眼睛。12. 护身符。13. 五只大狗。14. 穿越地狱。15. 最后的大汽车。

ISBN（hardcover）

K927. 5 / K 13

Tibet：An enchanting land / Editor Jigme Lhundup Kunchok Dorjee. —India：The Office of Research & Analysis Centre，1991.

40p.：ill；26. 5 cm. —西藏——迷人的地方

这是一本关于西藏的画册，主要表现西藏地区美丽的自然风光，画面十分精美。

ISBN：

K927. 5/B1541/2：

Bailey，F. M.

No passport to Tibet / F. M. Bailey. —London：Rupert Hart-Davis，1957.

294 p.；22 cm. —《无护照西藏之行》，春雨译，拉萨，西藏社会科学院资料情报研究所编印，1983. 6。

Includes index. —作者早年在英印军队服役，是英国皇家地理学会会员。曾多次进入我国西藏地区，搜集情报。1910 年，曾潜入我国西藏东部地区活动，后写了《中国—西藏—阿萨姆》一书。1912 年冬，英军侵入我西藏下察隅地区，不久作者受命于当时英国外交大臣麦克马洪，于 1913 年 5 月至 11 月再次潜入西藏，开始了其无护照之行。要"搞清印度与西藏之间的地理状况，可以在两国之间画一条边界"。这次无护照之行的结果，是为英国谋取了实际利益，产生了非法的"麦克马洪线"。贝利一行为此在雅鲁藏布江河谷和喜马拉雅山区潜行 7 个月，最终炮制了一张麦克马洪需要的地图，这就是最终在"希姆拉会议"上，抛出"麦克马洪线"的蓝图。全书 5 章：1. 出发之前。2. 取得认可。3. 抵达瀑布。4. 绘制界图。5. 结束之后。书后有注释和附录。

ISBN （hardcover）

K927. 5/B3441

Bauer, Paul.

Kanchenjunga challenge / Paul Bauer. —London：William Kimber, 1955.

202 p. : ill. ; 23 cm. —挑战康清珠戈峰

这是一支德国登山队攀登喜马拉雅山康清珠戈峰的记录，全书四个部分：1. 巴伐利亚州和高加索山。2. 首次康清珠戈峰探险。3. 第二次康清珠戈峰探险。4. 胜利登顶。

ISBN （hardcover）

K927. 5/B7864

Bower, Hamilton.

Diary of a journey across Tibet / by Hamilton Bower. —Kathmandu Nepal：Ratna Pustak Bhandar, 1894.

309 p. : illus. ; 21 cm. — （Bibliotheca himalayica; S. 1, V. 17）—穿越西藏的旅行日记

Includes bibliographical references and index. —作者 19 世纪末期，曾从拉达克进入西藏，到达拉萨，并穿越西藏到达康藏边境地区，此为沿途日记。该书 1976 年重印时，收入《喜马拉雅丛书》第 1 辑第 17 卷，英国藏学家理查森为此书写导论。全书 16 章，有图片 30 张，地图 1 张。

ISBN （hardcover）

K927. 5/D2856

Deasy, H. H. P.

In Tibet and Chinese Turkestan：being the record of three years' exploration / Captain H. H. P. Deasy. —London：T. Fisher Unwin Paternoster Square，1901.

viii p. ：ill. ；22 cm. —在西藏和中国新疆三年的探险记录

Includes index. —作者叙述自己 1896 年前后三年间，在我国西藏、新疆地区探险的情况，全书 21 章，前 6 章主要讲在西藏以及拉达克等地的情况，以后几章也有相关内容，如第 11 章谈重返西藏的旅行。书中有大量照片插图，后有一幅地图，书后有附录、词汇表和索引。

K927. 5/D2856

Deasy, H. H. P.

In Tibet and Chinese Turkestan：being the record of three years' exploration / Captain H. H. P. Deasy. —London：T. Fisher Unwin Paternoster Square，1901.

xvi，416 p. ；22 cm. —在西藏和中国新疆三年的探险记录

Includes index. —作者叙述自己 1896 年前后三年间，在我国西藏新疆地区探险的情况，全书 21 章，前 6 章主要讲在西藏以及拉达克等地的情况，以后几章也有相关内容，如第 11 章谈重返西藏的旅行。书中有大量照片插图，后有一幅地图，书后有附录、词汇表和索引。

ISBN （hardcover）

K927. 5/F6661

Folk tales from Tibet / collected and translated by W. F. O'connor. —Kathmandu Nepal：Ratna Pustak Bhandar，1977.

176 p. ：13illus. ；21 cm. — （Biblotheca himalayica；S. 2，V. 2） —西藏民间故事

Includes bibliographical references. —本书收集了 22 个西藏民间故事，内容十分丰富，有动物、宗教、人物、神话等，还配有 13 幅精美的彩色插图。

ISBN （hardcover）：CNY10. 80

K927. 5/G2591

Louis, J. A. H.

The gates of Thibet：a bird's eye view of independent sikkhim，british bhootan

& the dooars as doorga poojah trip. by J. A. H. Louis. —Calcutta：Catholic Orphan Press，1894.

183p. ：illus. ；24 cm. —西藏的门户

Includes bibliographical references. —路易斯此游记，虽以记述印度东北边境、不丹和锡金的帕肖克、噶伦堡、佩东、格纳通杰拉山口、甘托克、土伦山口各地的风光和民情为主，但对西藏研究颇具参考价值，其附录中就有"同中国关于西藏的条约和会议"，"1890 年 3 月 17 日中英在加尔各答关于锡金和西藏的会议"等内容。全书 11 章，附照片 20 张，地图 1 张。

ISBN（hardcover）

K927.5/M3671

Marshall，Julie G.

Britain and Tibet 1765 – 1947：the background to the India- China border dispute / by Julie G. Marshall. —Bundoora：La Trobe University Library，1977.

372 p. ；23 cm. —英国和西藏 1765 – 1947：印中边境争端的背景

Includes bibliographical references and index. —此书是一本以中印边境争端为背景的西文图书资料目录。编者朱莉·马歇尔 1975 年 3 月在澳大利亚拉特罗布大学编成此书。在编辑过程中，得到以澳大利亚国立图书馆为首的 8 个图书馆，英国有关图书馆、博物馆等 15 个单位，法国国家图书馆，印度国家图书馆和香港中文大学图书馆等的支持和帮助。全书收有关中印边界的参考资料 2874 种。此书作为拉特罗布大学图书馆第 10 号出版物出版。

ISBN CNY75.60

K927.5/P379K927.5

Peissel，Michel 1937 –

Mustang：A lost Tibetan Kingdom / Michel Peissel—Delhi：Book Faith India，1992

288 p. ：ill. ；24 cm. —穆斯塘：失去的西藏王国

Bibliography：p. 276 – 280. —Includes index. —作者是法国人类学家、探险家，能讲流利藏语，曾在牛津和哈佛读书，博士学位。1958 年曾在墨西哥做过考古研究，1959 年开始，他到喜马拉雅地区进行人类学调查，以后在这里进行了长期的探险和工作，写有大量关于这一地区和西藏的著作，还拍摄了很多纪录片。本书当年首版时十分畅销。全书 18 章，有 45 幅照片、插图，十分精美。

ISBN 81 – 7303 – 002 – 2 （h）：CNY161. 28

K928. 274/D2551/2：

Davies, H. R.

Yun-Nan the link between India and the Yangtze ／ H. R. Davies. —Cambridge：The University Press，1909.

xii，429 p. ：ill. ；23 cm. —云南：印度与长江之间的一环

Includes index. —作者是英国人，早年来华勘探滇缅铁路，同时善于研究，认真记述沿途见闻，对当地各族人民都有详尽的描写，书中多处写到藏族的住房、语言、生活情况，书后还附云南之各部落，包括当地藏人、西番等内容。全书41章，另有附录10章，插图73幅。本书在新中国成立前即受到中国学者的重视，张君劢曾于1939年将本书最后"云南之各部落"一章译出，由商务印书馆1940年出版《云南各夷族及其语言研究》一书。

ISBN （hardcover）

K928. 3 – 64/O52K892. 475C912. 5

Olschak, Blanche C.

Hommes, divinites, montagnes des Himalayas ／ Blanche C. Olschak, Augusto Gansser, Emil M. Buhrer—Suisse：Glenat, c1994.

287 p. ：ill. maps. ；31 cm. —喜马拉雅的人、神、山

本书是本画册，介绍喜马拉雅地区各民族的生活，以及那里的自然风貌、文化古迹、宗教、建筑、农牧业等。画册十分精美，图片质量极高。

ISBN 2 – 7234 – 1834 – 0：CNY642. 00

K928. 3/B911

Brunton, Paul. 1898 – 1981

A hermit in the Himalayas：the journal of a lonely exile ／ Paul Brunton. —London：Rider, 1937,

187 p. ：ill. ；22 cm. —喜马拉雅山的隐士

作者1898年出生于伦敦，在1935～1952年间出版了13本书，一般认为是他把瑜伽和冥想的方式作为一种哲学介绍给了西方。作者是少数能够穿越印度和西藏并具有敏锐观察力的人，他走过喜马拉雅地区的雪峰和高原，向

西藏的圣山挺进，为人们展示了沿途一幅幅壮美的画卷。全书 18 章。

ISBN（hardcover）

K928. 3/K17

Kapadia, Harish, 1945 –

High Himalaya, unknown valleys / Harish Kapadia—3rd ed. —New Delhi：Indus Pub. Co. , c1997

335 p. ：ill. , maps；23 cm—喜马拉雅山的未知峡谷

Includes bibliographical references and index. —Personal accounts of the author's travels to the Himalaya Mountains undertaken from 1969 to 1991. —本书是作者 1969~1991 年间去喜马拉雅山区旅行的记述。全书分八个部分，共 28 章。1. 加尔瓦尔的艰苦跋涉。2. 加尔瓦尔的攀爬。3. 库玛恩。4. 尼泊尔——锡金。5. 喜马偕尔邦。6. 斯比提。7. 斯卡和拉达克。8. 东喀喇昆仑山。

ISBN 81 – 7387 – 063 – 2：CNY165. 96

K928. 3/R982

Ruttledge, Hugh.

Everest 1933 / Hugh Ruttledge. —London：Hodder and Stoughton，1936.

xix, 299 p. ：map, port. ；21 cm. —珠穆朗玛峰 1933

Includes index. —本书讲述攀登珠穆朗玛峰的事迹。全书 11 章：1. 历史。2. 准备。3. 集合。4. 行进。5. 低地的帐篷。6. 高地的帐篷。7. 首次攀登。8. 第二次攀登。9. 第三次攀登。10. 返回。11. 回顾与展望。索引。

ISBN（hardcover）

K928. 3/S9333

Studies in eco-development Himalayas mountains & men / editors, Tej Vir Singh, Jagdish Kaur; foreword Jack D. Ives. —Lucknow：Print House（India），1983.

xvi, 509 p. ：ill. , map；26 cm. —喜马拉雅山区人类生态发展研究

Includes index. —这是印度学者关于喜马拉雅山区人类生态发展的研究著作。一些地方也谈到西藏和藏族，如 4、6、144、160、166、205、217、218、225、226、339、416、380、381、419、424 页等。

ISBN（hardcover）

K928. 3/U41

Ullman, James Ramsey.

Kingdom of adventure：Everest / James Ramsey Ullman. —London：ST James's Place, 1948.

320 p. : ill. , map; 21 cm. —冒险的王国：珠穆朗玛峰

Includes index. —本书讲述登山队攀登珠峰的事迹，是讲述人类攀登世界最高峰的编年史。全书 8 章：1. 最高的道路。内容介绍。2. 未知领域。发现和接近。3. 最初的攀登。1922 年。4. 第二次攀登。1924 年。5. 围攻。第三次攀登。6. 翅膀。7. 怎么样？何时？问题。8. 为什么？人们和目的。附录：1. 珠峰年表。2. 传记注释。3. 登山术语表。4. 参考书目。索引。

ISBN（hardcover）

K928. 3/U41

Ullman, James Ramsey.

Kingdom of adventure：Everest / James Ramsey Ullman. —New York：WilliamSloane Associates, Inc. , 1947.

411 p. : ill. , map; 21 cm. —冒险的王国：珠穆朗玛峰

Includes index. —本书讲述登山队攀登珠峰的事迹，是讲述人类攀登世界最高峰的编年史。全书 8 章：1. 最高的道路。内容介绍。2. 未知领域。发现和接近。3. 最初的攀登。1922 年。4. 第二次攀登。1924 年。5. 围攻。第三次攀登。6. 翅膀。7. 怎么样？何时？问题。8. 为什么？人们和目的。附录：1. 珠峰年表。2. 传记注释。3. 登山术语表。4. 参考书目。索引。

ISBN（hardcover）

K928. 3/Y789

Younghusband, Francis Edward, Sir, 1863 - 1942.

The epic of Mount Everest / by Sir Francis Younghusband. —London：E. Arnold, 1926.

319 p. : front. , illus. （maps） plates, ports. ; 20 cm. —珠峰的史诗

Includes index. —作者扬哈斯本，中文名字荣赫鹏，英国人，生于印度，是 1904 年英帝国主义者第二次侵略西藏的主要策划者和指挥者。他以麦克唐

纳旅为后盾，进入拉萨，赶走了十三世达赖喇嘛，强迫西藏地方政府签订《藏印条约》。他有很多著作，1887 年，他作为英印政府派到中国的使节团成员，曾从北京经新疆到达克什米尔。1889 年到洪扎"考察"，1892 年英国占领该地后任政务官。1919～1922 年间他曾任伦敦皇家地理学会会长。本书是他记述喜马拉雅山和珠峰情况的著作。

ISBN （hardcover）

K928. 3/Y789

Younghusband, Francis Edward, Sir, 1863 – 1942.

Everest：the challenge / Francis Edward Younghusband. —London：T. Nelson, 1936.

ix, 243 p. : illus., maps. ; 22 cm. —挑战珠穆朗玛峰

Includes index. —作者扬哈斯本，中文名字荣赫鹏，英国人，生于印度，是 1904 年英帝国主义者第二次侵略西藏的主要策划者和指挥者。他以麦克唐纳旅为后盾，进入拉萨，赶走了十三世达赖喇嘛，强迫西藏地方政府签订《藏印条约》。他有很多著作，1887 年，他作为英印政府派到中国的使节，曾从北京经新疆到达克什米尔。1889 年到洪扎"考察"，1892 年英国占领该地后任政务官。1919～1922 年间他曾任伦敦皇家地理学会会长。本书是他记述喜马拉雅山和珠峰情况的著作。

ISBN （hardcover）

K928. 3/Z633/2：

Zhang, Rongzu.

Mount qomolangma：the highest in the world / Zhang Rongzu. —Beijing：Foreign Languages Press, 1981.

64 p. : ill. ; 18 cm. —珠穆朗玛峰：世界最高峰

本书介绍珠峰的情况。共 5 章：1. 世界最高峰的发现和征服。2. 从大海到"世界屋脊"。3. 奇特的自然风光。4. 千姿百态的生物。5. "世界屋脊"还在生长。

ISBN （pbk.）

K928. 42/B6221

Bishop, J. F.

The yangtze valley and beyond: an account of journeys in China, chiefly in the province of sze chuan and among the Nan-Tze of the somo territory / J. F. Bishop. — London: John Murray, Albemarle Street, 1899.

xv, 557 p. : ill. , map; 23 cm. —长江流域及其远处

Includes index. —本书是游记,记述了作者沿长江而上,访问中国内地各省的情况,他最远到过四川,还拍摄了当地藏族喇嘛进行宗教舞蹈的景况。

ISBN (hardcover)

K928. 42/K216

Kaulback, Ronald. 1909 – 1995

Salween / Ronald Kaulback. —London: Hodder and Stoughton, [19?] .

xi, 331 p. : ill. ; 23 cm. —萨尔温江

Includes index. —作者是一名探险家、植物学家和地理学家,他曾到缅甸、尼泊尔和西藏旅行。1933 年,作者随远征队经过印度的阿萨姆邦 Lohit 山谷,从边境进入西藏,后雨季来临,无法返回,便跨过香格里拉,从缅甸返回。本书追寻萨尔温江在西藏发源的情况,以及沿途的自然风貌、藏人的生活情形等。萨尔温江在我国称怒江,上游是那曲河,发源于青藏高原唐古拉山。全书 15 章,有 28 张照片、插图和 3 张地图。书后有附录索引。

ISBN (hardcover)

K928. 6/E138

Easton, John.

An unfrequented highway: through Sikkim and Tibet to Chumolaori / John Easton. —London: The Scholartis Press, 1928.

ix, 132 p. : ill. ; 26 cm. —人迹罕至的大路

本书是一部游记,叙述作者如何穿越锡金和西藏,到达 Chumolaori 的旅程。全书 10 章:1. 从西里古里到甘托克。2. 甘托克。3. Karponang 和 Changu。4. The Nathu La。5. The Chumbi 峡谷。6. Phari 寺庙。7. Goutsa 峡谷。8. 亚东,或是 Shashima。9. The Dzalep La。10. Sedonchen to Peshoke。全书有照片 16 张。

ISBN (hardcover)

K928. 75/K458

Khosla, Romi.

Buddhist monasteries in the western Himalaya / Romi Khosla. —Nepal：Ratna Pustak Bhandar，1979. Du-khang

198 p.：ill.；25 cm. — （Bibliotheca himalayica；Series 3，Vol. 13）—喜马拉雅山西部的寺院

本书详细介绍喜马拉雅山西部地区佛教寺庙的情况，包括位置、外形、建筑、绘画、内部结构等，有多幅插图、照片和构造图表。全书 6 章：前言：介绍佛教在印度的起源。第 1 章，喜马拉雅西部地区：拉达克，Spiti，Lahoul 和西藏影响的发展。第 2 章，早期情况，公元 1000 至 1300 年。第 3 章，后期情况，公元 1400 年至今。第 4 章，当地建筑。第 5 章，建筑结构。第 6 章，绘画与装饰。后有附言，附录：拉达克当地的重要寺院，目录等。

ISBN（hardcover）

K928. 76/T886

Tucci，Giuseppe. 1894 – 1984

The tombs of the Tibetan kings / Giuseppe Tucci. —Roma：M. E. O.，1950.

117 p.：ill.；24 cm. —藏王之墓

Includes index. —这是意大利学者杜齐的著作。杜齐是欧洲研究东方古代文化的著名学者，新中国成立前，他到过西藏多次，足迹遍布前后藏及阿里，写过西藏的专著十余种。由于他的努力，在其担任所长的"意大利中东远东研究所"内，有一个享誉世界的西藏研究中心。他培养出一批长期从事西藏历史文化研究的专家，著名藏学家毕达克即是他的学生。研究所自 1950 年出版的《罗马东方丛书》中，即有十几部关于西藏的研究成果。西方学界认为杜齐的作品代表欧洲研究西藏的最高水平。本书为西藏王墓考，书后附注释、藏文文献和索引。

ISBN（pbk. ）

K928. 775/M815K928. 775 / M815

Monuments Historigues du Tibet / Compile par Editions de I'Architecture et du Batiment de chine，Bureau d'Etude et de Prospection du Batiment industriel du Ti-bet—Beijing：Edition de I'Architecture et du Batiment de chine，1992.

219 p.：ill.；30 cm. —西藏古迹

这是中国建筑工业出版社和西藏工业建筑勘测设计院联合编印的一本画册，用精美图片展示西藏古迹。共 5 章：1. 古代建筑遗迹。2. 古代寺院装

饰。3. 不同的喇嘛寺。4. 不同教派的寺院。5. 达赖喇嘛的行宫。布达拉宫和诺布林卡。

ISBN 7 – 112 – 01172 – 8（h）：CNY491. 32

K928. 8/K332/4：

Kendall，Elizabeth.

A wayfarer in China：impressions of a trip across West China and Mongolia / by Elizabeth Kendall. —Boston；New York：Houghton Mifflin Co. ，1913.

xiv，338 p. ：ill. ，map；21 cm. —在中国的徒步旅行者

Includes index（p. ［325］ –338）. —这是一本在中国旅行的游记，主要记叙了作者穿越中国西部和蒙古地区的情况。全书 16 章：1. 越南海防港。2. 在云南府的日子。3. 穿越云南。4. 西昌。5. 在清朝官员的路上。6. 打箭炉。7. 小径。8. 穿越成都平原。9. 峨眉山。10. 顺长江而下。11. 从长江到长城。12. 蒙古草原。13. 穿越戈壁沙漠。14. 库伦，神秘之城。15. 向北，到西伯利亚铁路。16. 中国的几个印象。索引。作者经康西几节，进入藏区，记载了当地藏族情况。

ISBN（hardcover）

K928. 9/A565

Andrews，Roy Chapman，1884 – 1960.

Camps and trails in China：a narrative of exploration，adventure，and sport in little-known China / by Roy Chapman Andrews and Yvette Borup Andrews. —New York；London：D. Appleton and Company，1918.

xxv，［1］，334 p. ，［34］ leaves of plates（2 folded）：ill. （most reproductions of photographs），2 folded maps，ports. ；22 cm. —在中国的宿营和行踪

"Parts of the book have been published as separate articles in the American Museum Journal，Harper's Magazine，and Asia. "—Pref. —In publisher's gold-stamped cloth binding. —Has index. —LC Copy 3 has plate bound out of place：plate listed as facing p. 224 instead faces p. 228. Inscribed：To Colonel Theodore Roosevelt with deepest admiration，Roy Chapman Andrews，Yvette Borup Andrews，July 30th，1918. —作者是美国人，中文名字叫安德思，1916 年首次来华，即旅行西藏。1921 ~ 1928 年间又三次来华，搜罗文物，是地道的帝国主义者，对中国人态度傲慢。本书 38 章，其中部分记述了他在西藏的行踪，以

及当地的自然景物。

ISBN （hardcover）

K928. 9/A565

Andrews, Roy Chapman, 1884 – 1960.

Camps and trails in China：a narrative of exploration, adventure, and sport in little-known China / by Roy Chapman And Yvette Borup Andrews. —New York；London：D. Appleton and Company, 1920.

xxv, ［1］, 334 p., ［34］ leaves of plates （2 folded）：ill. （most reproductions of photographs）, 2 folded maps, ports. ; 22 cm. —在中国的宿营和行踪

Includes index. — "Parts of the book have been published as separate articles in the American Museum Journal, Harper's Magazine, and Asia." —Pref. —In publisher's gold-stamped cloth binding. —作者是美国人，中文名字叫安德思，1916 年首次来华，即旅行西藏。1921 ~ 1928 年间又三次来华，搜罗文物，是地道的帝国主义者，对中国人态度傲慢。本书 38 章，其中部分记述了他在西藏的行踪，以及当地的自然景物。

ISBN （hardcover）

K928. 9/B6221

Bishop, Bird.

The yangtze valley and beyond / Bird Bishop. —New York：G. P. Putnam's Sons, ［19?］.

xii, 410 p. ：ill., map；22 cm. —长江流域及其远处

本书是游记，记述了作者沿长江而上，访问中国内地各省的情况，他最远到过四川，还拍摄了当地藏族喇嘛进行宗教舞蹈的照片。

ISBN （hardcover）

K928. 9/C7761

Cooper, T. T.

Travels of a pioneer of commerce in pigtail and petticoats / by T. T. Cooper. —London：John Murray, Albemarle Street, 1871.

475 p. ：illu., map；22. 5 cm. ——位探险商人的旅行：在辫子和长袍的社会里

Includes bibliographical references. —本书 1871 年出版，是一本比较有名的游记。记述了一位商人不畏艰险，穿越中国到达印度的历程。作者是英国人。全书 15 章：1. 导言。2. 湖北平原。3. 宜昌到重庆。4. 重庆。5. 重庆到成都。6. 成都到雅安。7. 雅安到打箭炉。8. 西藏东部。9. 八宿。10. 八宿到林芝。11. The Lan-Tsan-Kiang 的部落。12. 在 The Tze-fan 村中。13. 关押在Weisee。14. 返回打箭炉。15. 家的守护。

ISBN （hardcover）

K928. 9/D2291

Das，Sarat Chandra. 1849 – 1917

Journey to Lhasa and central Tibet / Sarat Chandra Das. —London：John Murray，1904.

368 p. ：ill. ；22 cm. —拉萨和中部西藏纪行

Includes index. —作者瑟拉特钱德拉达斯是印度佛教协会的秘书长，孟加拉亚洲学会的会员。1874 年，他被任命为大吉岭藏族寄宿学校的校长。他到西藏进行了一些探险，与十三世达赖喇嘛结识，并对研究藏族的语言和文化深感兴趣，写有很多关于藏学的研究著作。1902 年编成《藏英词典》，1915年在印度出版了《藏语语法导论》，产生很大影响，1941 年中华民国重新影印出版。本书记述了作者 1879～1881 年间穿越锡金进入西藏的情况。他到达拉萨和西藏中部，详细了解了拉萨的政府，那里的风俗习惯、节日和文化。还详细记录了自己的回程，叙述了活佛的葬礼，访问了大喇嘛寺，经过雅鲁藏布江。返回印度后，他开始研究那里的问题，探讨西藏的社会分裂、婚姻、丧葬、医药和节日。全书 11 章，有照片、插图和地图。

ISBN （hardcover）

K928. 9/D6656/3：

D'Ollone，Vicomte. 1868 – 1945

In forbidden China：the D'ollone mission 1906 – 1909 China-Tibet-Mongolia / Vicomte D'Ollone. —London：T. Fisher Unwin，1912.

318 p. ：41ill. ，map；20 cm. —封闭的中国

Includes index. —作者是一名法军少校，叙述自己 1906～1909 年间率使团穿越中国西藏和蒙古的旅程，旅程从越南河内开始到北京结束，全书 13 章：第 1 章，从河内到四川。第 2 章，独立的倮倮地区的乡村。第 3 章，大凉山的

心脏。第4章, 最后一块独立的领地。第5章, 倮倮和苗族。第6章, 独立的
苗族。第7章, 围绕倮倮的领地。第8章, 西藏的大门。第9章, 西藏边地。
第10章, 进入藏区。第11章, 穿越草地。第12章, 遭受藏人攻击。第13
章, 从西藏进入蒙古, 达赖喇嘛, 北京。本书译自法文第二版, 有41张插图
和地图。

ISBN (hardcover)

K928. 9/H454

Hedin, Sven Anders, 1865 – 1952.

Across the Gobi Desert / by Sven Hedin; with 114 illustrations and three
maps. —London: G. Routledge and sons, Ltd., 1931.

xxi, [1], 402 p. : front., plates, ports., maps (2 fold.); 23 cm. —穿
越戈壁沙漠

Includes index. — "Translated from the German by H. J. Cant." — "Lop-
nor, the wandering lake" (p. 360 – 392) does not appear in the German edi-
tion. —作者斯文赫定是瑞典著名探险家, 生前多次在中亚及我国新疆、西藏
等地探险, 并写有大量著作。本书是他1923~1930年间来华组团, 穿越我国
青藏高原的记录。

ISBN (hardcover)

K928. 9/H454/2:

Hedin, Sven Anders, 1865 – 1952.

Riddles of the Gobi desert / by Sven Hedin; with 24 illustrations; translated
from the Swedish by Elizabeth Sprigge and Claude Napier. —London: George Rout-
edge & Sons, Ltd., 1933.

x, 382 p. : front., plates, ports.; 22 cm. —穿越戈壁沙漠

Sequel to the author's "Across the Gobi desert". —Includes index. —作者斯
文赫定是瑞典著名探险家, 生前多次在中亚及我国新疆、西藏等地探险, 并
写有大量著作。本书是他1923~1930年间来华组团, 穿越我国青藏高原的
记录。

ISBN (hardcover)

K928. 9/H7277

Holdich, Thomas H. 1843 – 1929

Tibet, the mysterious / by Col. Sir Thomas H. Holdich. —New York: Frederick A. Stokes Company, 1906. 10.

356 p. : illu. from phot, and maps, and with map in colours; 22 cm. —神秘的西藏

Includes bibliographical references and index. —作者写作这本书的时候，参考引用了大量到过西藏的西方探险家留下的材料，其中有俄罗斯人、美国人、意大利人、印度人、法国人、瑞典人和英国人。书后附有有关西藏的西文书目。全书 15 章: 1. 关于西藏的早期传说。2. 地质演化。3. 西藏历史概要。4. 莫卧尔人入侵西藏的首次记录。5.18 世纪的探险活动。6. 波格尔的使团和沃仁·哈斯汀士的政策。7. 西藏被中国征服。8. 耶稣会传教士 Huc 和 Gabet。9. Huc 和 Gabet（续）。10. Huc 和 Gabet 在东部西藏和到中国的邮路上。11. Nain Sing 在南藏的勘察。12. 西藏的西部和北部。13. 最近一次到西藏的考察。14. 走近拉萨。15. 一般概述。书中有不少照片、插图和地图。

ISBN hardcover ￥75. 00

K928. 9/H797/2:

Hopkirk, Peter.

Foreign devils on the Silk Road: the search for the lost cities and treasures of Chinese Central Asia / Peter Hopkirk. —London: John Murray, 1980.

x, 252 p., [10] leaves of plates: ill.; 22 cm. —《丝绸之路上的外国魔鬼》，杨汉章译，兰州，甘肃人民出版社，1983。

Includes bibliographical references (p. [243] – 245) and index (p. [246] –252). —本书已有中文译本。著者彼得·霍普科克是英国泰晤士报记者，他写这部书的目的是想谈一下，20 世纪初外国人进入中亚和我国丝绸之路，在考古学上进行的劫掠行为。书中一些地方也谈及西藏和藏族的情况。

ISBN 071953738X （hardcover）

K928. 9/H825

Hosie, Alexander. 1853 – 1925

Three years in Western China / Alexander Hosie. —London: George Philip & Son, 1889.

302 p. : ill., map; 21 cm. —华西三年

Includes index. —曾任英国驻重庆、成都领事，中文名字谢立山，多次在

华西旅行。本书 13 章，记叙其在中国西部旅行事迹，其中谈到当地藏族情况。

ISBN （hardcover）

K928. 9/H825

Hosie, Alexander. 1853 – 1925

Three years in Western China：a narrative of three journeys in Ssu-Ch'uan, Kuei-Chow, and Yun-Nan / Alexander Hosie. —New York：Dodd, Mead & Co. , 1889.

xxxiv, 302 p. : ill. , map；22 cm. —华西三年

Includes index. —曾任英国驻重庆、成都领事，中文名字谢立山，多次在华西旅行。本书 13 章，记叙其在中国西部旅行事迹，其中谈到当地藏族情况。

ISBN （hardcover）

K928. 9/H825 （2） /2：

Hosie, Alexander. 1853 – 1925

Three years in Western China：a narrative of three journeys in Ssu-Ch'uan, Kuei-Chow, and Yun-Nan / Alexander Hosie. —2nd ed. —London：George Philip & Son, 1897.

xxvii, 290 p. : ill. , map；21 cm. —华西三年

曾任英国驻重庆、成都领事，中文名字谢立山，多次在华西旅行。本书 13 章，记叙其在中国西部旅行事迹，其中谈到当地藏族情况。

ISBN （hardcover）

K928. 9/H825/2：

Hosie, Alexander. 1853 – 1925

Three years in Western China：a narrative of three journeys in Ssu-Ch'uan, Kuei-Chow, and Yun-Nan / Alexander Hosie. —London：George Philip & Son, 1890.

xxxiv, 302 p. : ill. , map；22 cm. —华西三年

Includes index. —曾任英国驻重庆、成都领事，中文名字谢立山，多次在华西旅行。本书 13 章，记叙其在中国西部旅行事迹，其中谈到当地藏族

情况。

ISBN（hardcover）

K928. 9/H882/3：1

Huc, E. 1813 – 1860

Souvenirs of a journey through tartary, Tibet and China. Vol. 1 / E. Huc. —
Peking：Lazarist Press, 1931.

xxvi, 360 p.：ill.；23 cm. —穿越新疆、西藏和中国的回顾

作者是法国遣使会教士，1839 年来华传教，1844 年同秦神甫到蒙古、西
藏游历，1848 年赴浙江传教，1852 年回国，死于巴黎。1853 年，著有两卷本
法文《鞑靼、西藏、中国游记》，本书是原法文本的英文译本。本书上卷 11
章，下卷 10 章，主要记述游历经过，书中还有照片和各种手绘插图。此外作
者还有《中华帝国——鞑靼、西藏游记续编》（两卷）（1854）和《基督教在
中国、鞑靼和西藏》（3 卷）（1857）。

ISBN（pbk. ）

K928. 9/H882/3：2

Huc, E. 1813 – 1860

Souvenirs of a journey through tartary, Tibet and China. Vol. 2 / E. Huc. —
Peking：Lazarist Press, 1931.

viii, 448 p.：ill.；23 cm. —穿越新疆、西藏和中国的回顾

Includes index. —作者是法国遣使会教士，1839 年来华传教，1844 年同秦
神甫到蒙古、西藏游历，1848 年赴浙江传教，1852 年回国，死于巴黎。1853
年，著有两卷本法文《鞑靼、西藏、中国游记》，本书是原法文本的英文译
本。本书上卷 11 章，下卷 10 章，主要记述游历经过，书中还有照片和各种
手绘插图。此外作者还有《中华帝国——鞑靼、西藏游记续编》（两卷）
（1854）和《基督教在中国、鞑靼和西藏》（3 卷）（1857）。

ISBN（pbk. ）

K928. 9/H882/：1

Huc, Evariste, 1813 – 1860.

Huc and Gabet travels in Tartary, Thibet and China, 1844 – 1846. Vol. 1 /
Evariste Huc. —London：George Routledge & Sons, Ltd. ；1928.

xliv, 387 p. : map; 21 cm. — （The Broadway travellers）—霍克与加贝特：鞑靼、西藏和中原旅行记 1844 – 1846

霍克和加倍特二人都是法国传教士，他们于 1844～1846 年（清道光二十四年至二十六年）在华期间，自北京、张家口，经内蒙古、青海入藏，后出康循长江转赣入广，折赣浙，沿运河返回北京，此书即他们的游记。霍克曾绘制西藏地图，但比例尺甚小，属较早的西藏地图。全书共 2 册，第 1 册 12 章 387 页，第 2 册 9 章 406 页。由 W. Hazlitt 从法文译成英文。书首有伯希和所撰序言，书末附有有关信件等。

ISBN（hardcover）

K928. 9/H882/：2

Huc, Evariste, 1813 – 1860.

Huc and Gabet travels in Tartary, Thibet and China, 1844 – 1846. Vol. 2 / Evariste Huc. —London：George Routledge & Sons, Ltd. ; 1928.

viii, 406 p. : map; 21 cm. — （The Broadway travellers）—霍克与加贝特：鞑靼、西藏和中原旅行记 1844 – 1846

Includes index. —霍克和加倍特二人都是法国传教士，他们于 1844～1846 年（清道光二十四年至二十六年）在华期间，自北京、张家口，经内蒙古、青海入藏，后出康循长江转赣入广，折赣浙，沿运河返回北京，此书即他们的游记。霍克曾绘制西藏地图，但比例尺甚小，属较早的西藏地图。全书共 2 册，第 1 册 12 章 387 页，第 2 册 9 章 406 页。由 W. Hazlitt 从法文译成英文。书首有伯希和所撰序言，书末附有有关信件等。

ISBN（hardcover）

K928. 9/J721

Johnston, R. F. 1874 – 1938

From Peking to Mandalay：a journey from north China to Burma through Tibetan Ssuch'uan and Yunnan / R. F. Johnston. —Taipei：Ch'eng Wen Publishing Co. , 1972.

xii, 460 p. : ill. ; 21 cm. —从北京到曼德勒

Includes bibliographical reference and index. —作者庄士敦，英国人，历任港英官员和威海卫行政公署长官，1918 年被溥仪聘为英语教师，1924 年 11 月协助溥仪逃往日本使馆，回国后任伦敦大学汉文教授，后来曾去"满洲国"

访问溥仪，写了本为其辩护的《紫禁城的黄昏》，作者还有关于中国的多种著作。本书记述作者 1906 年 1 月，从北京到宜昌，过三峡经万县，抵成都，从峨眉山到打箭炉，过巴塘，穿越西藏、四川、云南，从北部中国到达缅甸的旅程。全书 18 章。书后有附录、注释、索引，书中还有大量插图照片。

ISBN（hardcover）

K928. 9/J721

Johnston，R. F. 1874 – 1938

From Peking to Mandalay：a journey from North China to Burma through Tibetan Ssuch'uan and Yunnan / R. F. Johnston. —London：John Murray，1908.

460 p. ：ill. ；22 cm. —从北京到曼德勒

Includes index. —作者庄士敦，英国人，历任港英官员和威海卫行政公署长官，1918 年被溥仪聘为英语教师，1924 年 11 月协助溥仪逃往日本使馆，回国后任伦敦大学汉文教授，后来曾去"满洲国"访问溥仪，写了本为其辩护的《紫禁城的黄昏》，作者还有关于中国的多种著作。本书记述作者 1906 年 1 月，从北京到宜昌，过三峡经万县，抵成都，从峨眉山到打箭炉，过巴塘，穿越西藏、四川、云南，从北部中国到达缅甸的旅程。全书 18 章。书后有附录、注释、索引，书中还有大量插图照片。本书似是庄士敦的签名本。

ISBN（hardcover）

K928. 9/L261

Landor，A. H. Savage.

Le voyage d'un anglais aux regions interdites / A. H. Savage Landor. —Paris：Hachette & Cie，1899.

251 p. ：illus. ；23 cm. —在作为禁区的喇嘛圣地旅行

Includes bibliographical references. —本书记述一位英国人在藏区旅行的情况，书中配有多幅珍贵照片，甚至包括有在军前行刑，鞭打、砍头的照片。全书 8 章：1. 向西藏出发。2. 碰见藏人，在藏区。3. 库登喇嘛。4. 遭遇土匪。5. 在西藏的营地。6. 朋友的消息。7. 在藏人营地被囚禁。8. 痛苦的消息。作者还写有《西藏和尼泊尔的彩绘和雕塑》。

ISBN（hardcover）

K928. 9/L628/3：

Lesdain，Count de.

From Pekin to Sikkim: through the Ordos, the gobi desert, and Tibet / Count de Lesdain. —London: John Murray, Albemarle Street, W., 1908.

xii, 301 p.: ill., map; 21 cm. —《从北京到锡金: 穿越鄂尔多斯、戈壁滩和西藏》, 王启龙, 冯玲译; 拉萨, 西藏人民出版社, 2003.3。

Includes index. —这是本书作者及其夫人在 1904~1905 年间的一次新婚之旅, 历时一年零五个月。当时新婚的妻子只有 19 岁, 可见他们的探索精神。他们的队伍经过鄂尔多斯、大戈壁滩, 穿过陕甘和柴达木地区, 翻越昆仑山进入西藏, 他们经过唐古拉山过纳木错湖, 走上去拉萨的公路, 最后从西藏南下回到印度。此书主要记述沿途见闻, 并称自己此行的愿望, "是可以丰富我们当今时代的地理知识"。

ISBN (hardcover) ￥50.00

K928.9/M1463

McGovern, William Montgomery. 1897 – 1964

To Lhasa in disguise: a secret expedition through mysterious Tibet / William Montgomery McGovern. — [London]: Grosset & Dunlap, 1924.

462 p.: photographs; 23 cm. —乔装拉萨行——穿越神秘西藏的探险

作者是美国西北大学的教授, 主要研究中亚和中国的历史, 还写过《中亚古国史》, 有中华书局出的中文译本。本书写的是 20 世纪 20 年代的情况。共 14 章: 1. 西藏和藏人。2. 首次尝试。3. 准备新尝试: 穿越锡金。4. 在通道上的收获。5. 在西藏最初的日子。6. 加入藏人的商队。7. 日喀则和更远的地方。8. 穿越 the Rong Gorge。9. 最后一圈——但有所怀疑。10. 最后 50 里。11. 到达拉萨。12. 生活在一个封闭的城市。13. 一名国家的罪犯。14. 拉萨的最后几天和返回印度。

ISBN (hardcover)

K928.9/M219/2:

Maillart, Ella, 1903 –

Forbidden journey from Peking to Kashmir / by Ella K. Maillart. —London: William Heinemann Ltd. 1937.

312 p.: front., illus. (map) plates, ports.; 21 cm. —被禁止的旅行: 从北京到克什米尔

Maps on lining-papers. — "Translated from the French by Thomas

McGreevy. " —Includes index. —这是一本游记，作者叙述 1935 年 1 月，从北京出发，横穿中国，经河北、河南、山西、甘肃、青海、新疆到达克什米尔的旅程，全书分两部分，第 1 部分 17 章，其中第 9、14、15 章，都讲述了藏地寺院、喇嘛的情况，以及与藏人的交往。第 2 部分 17 章。全书第 4、5、10、11、49、51、59、65、67、106、117、128、207、209、218、238、240 页，都谈到藏人的情况。

ISBN （hardcover）

K928. 9/P168 （4）

Pallis, Marco, 1895 – 1989

Peaks and lamas / Marco Pallis. —4th ed. —London：Cassell, 1939.

xvi, 428 p. ：illus. ；24 cm. —山峰与喇嘛

Includes index. —作者是英国人，旅行家和作家。第一次世界大战时曾在英军服役，膝盖负伤。战后他不顾伤腿，爱上了登山，并学习音乐，两项都卓有成就。他后来到喜马拉雅山探险，并于 1923 年第一次访问西藏，以后在 1933、1936 年又去西藏。他穿藏服，在寺院里学习藏语、藏传佛教和文化。1947 ~ 1952 年，他再次来到西藏，学习研究藏语和藏传佛教。他是藏传佛教的提倡者和忠实实践者。他曾帮助西藏流亡分子。他因音乐事业卓有成就，被西方誉为藏学家和音乐家。他写过三本关于西藏佛教的书，本书是其中一本，1939 年初版，曾多次再版。本书四个部分：1. 恒河和 Satlej1933 年。2. 锡金 1936 年。3. 拉达克 1936 年。4. 回想。索引。本书有 95 幅照片插图和三幅地图。

ISBN （hardcover）

K928. 9/P2278

Parekh, Navnit.

Himalayan memoirs / Navnit Parekh. —Bombay：Popular Prakashan，1986.

96 p. ：ill. ；25 cm. —喜马拉雅回忆录

这是作者在喜马拉雅地区旅行的回忆，这期间，他去过西藏，并与达赖喇嘛结识。全书 15 章：1. 缘由。2. 绳索。3. 雪人头皮。4. 在暴风雪中捕捉。5. 在冰湖洗澡。6. 与珠峰面对面。7. 在奎师那王国。8. 在西藏被监禁。9. 冰峰的洞穴。10. 在根戈德里冰川之夜。11. 虎窝。12. 活佛仪态。13. 麦克马洪线。14. 在神秘的喜马拉雅山中。15. 我的圣地。

ISBN 086132126X（hardcover）

K928. 9/T262/3：

Teichman，Eric. 1884 – 1944

Travels of a consular officer in North-West China / Eric Teichman. —Cambidge：At the University Press，1921.

xiii，219 p. : ill.，map；23 cm. —一位领事在中国西北部的旅行

Includes index. —作者是英国外交官和东方学者，毕业于剑桥大学，去世时担任英国驻重庆大使馆的顾问。他于 1904 年曾去西藏东部旅行，到达拉萨。他还在中国西北做过长途旅行，本书即是记述他在我国西北的旅行，书中也写到了藏族的情况，并拍有藏族村落的照片。

ISBN （hardcover）

K928. 9/T8338

Trinkler，Emil. 1896 – 1931

The stormswept roof of Asia / Emil Trinkler. —London：Seeley，Service & Co.，1931.

312 p. : ill.，map；21 cm. —被风暴破坏的亚洲屋顶

Includes index. —本书记述作者 1927 年，从克什米尔列城进入我国，翻越喀喇昆仑山脉，进入西藏、新疆的旅程，以及沿途见闻。

ISBN （hardcover）

K928. 9/Y789

Younghusband，Francis.

The heart of a continent：commemorating the fiftieth anniversary of his journey from Peking to India by way of the gobi desert and Chinese tukestan，and across the himalaya by the mustagh pass / by Sir Francis Younghusband. —London：John Murray，Albemarle Street，W.，1937.

xvi，246 p. : map，port. ；22 cm. —大陆的心脏

Includes index. —作者扬哈斯本，中文名字荣赫鹏，英国人，生于印度，是典型侵略西藏的帝国主义分子。1887 年，他作为英印政府派到中国的使节团成员，曾从北京经新疆到克什米尔。1889 年到洪扎"考察"，1892 年英国占领该地后任政务官。他还是 1904 年英国第二次侵略西藏的主要策划者和指

挥者，他以麦克唐纳旅为后盾，进入拉萨，赶走了十三世达赖喇嘛，强迫西藏地方政府签订《藏印条约》。1919～1922 年他担任伦敦皇家地理学会会长。他有很多著作，本书便是记述他从北京经新疆到克什米尔的这段历史。

ISBN （hardcover）

K928. 974/L261

Landor, A. Henry Savage. 1865 – 1924

In the forbidden land: an account of a journey in Tibet capture by the tibetan authorities imprisonment, torture, and ultimate release / A. Henry Savage Landor. —Taipei: Ch'eng Wen Publishing Co. , 1972.

vi, 302 p. : ill. ; 21 cm. —西藏禁地

作者是英国探险家、作家、画家，本书讲述他自己擅自闯入西藏内地，被西藏当局逮捕，遭到拷问和折磨，最终被释放的过程。全书 100 章，本书是第 1 卷。书中穿插很多西藏的风土民情，有 17 幅插图。

ISBN （hardcover）

K928. 974/R2787

Reitlinger, Gerald. 1900 – 1979

South of the clouds: a winter ride through Yun-nan / Gerald Reitlinger. —London: Faber and Faber, 1939.

327 p. : ill. , map; 21 cm. —云南

Includes index. —作者记述了冬季骑马穿越云南的历程，书中很多地方谈到当地藏族的情况，还有照片。

ISBN （pbk. ）

K928. 975/A2859

Ahluwalia, Major Hps.

Faces of Everest / Major Hps Ahluwalia. —Faridabad: Vikas Publishing House Pvt Ltd. , 1978.

244 p. : illus. ; 26 cm. —珠穆朗玛峰的面貌

Includes bibliographical reference and index. —本书介绍各国在珠峰登山探险的情况。全书 15 章：1. 珠峰的发现。2. 勘探和早期尝试。3. 1951 年勘探，1952 年瑞士探险队。4. 1953 年英国探险队。5. 1956 年瑞士探险队；1960 年、

1962 年印度探险队。6.1963 年美国探险队。7.1965 年印度探险队。8.1969 ~ 1970 年日本探险队。9.1971 年（春）国际探险队，1971 年（秋）阿根廷探险队。10.1972 年（春）欧洲探险队，1972 年（秋）英国探险队。11.1973 年意大利和日本探险队，1974 年西班牙和法国探险队。12.1975 年（春）日本妇女探险队。13.1975 年（春）中国探险队。14.1975 年（秋）英国探险队。15. 为何登山。书中有大量插图和地图。

ISBN 0706918800 （hardcover）：CNY87.50

K928.975/B5752

Bhanja, K. C.

Mystic Tibet and the Himalaya / by K. C. Bhanja. —Darjeeling：Oxford Book & Stationery Co., 1984.

306 p., ［13］p. of plates：ill., port.；22 cm. —神秘西藏和喜马拉雅

本书作者是印度学者，除此书外，还有一些关于喜马拉雅地区的研究著作问世。本书共 5 个部分：1. 大吉岭。2. 干城章嘉峰。3. 锡金。4. 喜马拉雅地区。5. 西藏。全书有 14 张照片插图。

ISBN （hardcover）

K928.975/B5752

Bhanja, K. C.

Mystic Tibet and the Himalaya / by K. C. Bhanja. —Delhi, India：Cultural Publishing House, 1984. Kangchenjunga

306 p., ［13］p. of plates：14 ill., port.；22 cm. —神秘西藏和喜马拉雅

本书作者是印度学者，除此书外，还有一些关于喜马拉雅地区的研究著作问世。本书共 5 个部分：1. 大吉岭。2. 干城章嘉峰。3. 锡金。4. 喜马拉雅地区。5. 西藏。全书有 14 张照片插图。

ISBN （hardcover）

K928.975/B6237

Bista, Bahadur Dor.

Report from Lhasa / Bahadur Dor Bista. —Kathmanudu：Sahayogi Press, 1979.

168 p.：ill.；21 cm. —来自拉萨的报告

本书是一位尼泊尔作者所写的，介绍拉萨和西藏情况的书，全书有 30 篇文章。作者 1972～1975 年在拉萨生活了 3 年，本书出版时，是周恩来、毛泽东去世之后，作者目睹了"文革"结束，中国人民逐步走上现代化建设道路的过程。

ISBN（pbk.）

K928. 975/B723/：2

Bonvalot, Gabriel. 1853－1933

Across Thibet：being a translation of "de Paris au tonkin a travers le Tibet incounnu". Vol. 2 / Gabriel Bonvalot. —London：Cassell & Co., 1891.

viii, 230 p.：ill.；24 cm. —跨越西藏

Includes index. —作者加布里埃尔是法国 19 世纪后期著名探险家，他在中亚和西藏的旅行，使他两次获得巴黎地理学会金牌和荣誉勋章。本书叙述了他 1889 年 1 月开始穿越我国西藏的见闻，在冬季极端困难的条件下，行程 6000 公里。作者认真记述了他们每天的行程，在海拔 4000～6000 米的高山间，冬季零下 20 度的气温，缺少水和食品的供应，等等，同时记述了当地的民风民俗。书中有很多清晰的插图照片。

ISBN（hardcover）

K928. 975/B7864

Bower, Captain Hamilton.

Diary of a journey across Tibet / Captain Hamilton Bower. —London：Rivington, Percival and Co., 1894.

309 p.：ill., map；21 cm. —穿越西藏的旅行日记

Includes index. —作者 19 世纪末期，曾从拉达克进入西藏，到达拉萨，并穿越西藏到达康藏边境地区，此为沿途日记。该书 1976 年重印时，收入《喜马拉雅丛书》第 1 辑第 17 卷，英国藏学家理查森为此书写导论。全书 16 章，有图片 30 张，地图 1 张。

ISBN（hardcover）

K928. 975/C273

Carey, William.

Travel and adventure in Tibet / William Carey. —Delhi：Mittal Publications,

1983. mohammadan rebellion

285 p. : ill. ; 21 cm. —西藏的旅行和探险

这是部作者在西藏探险的游记。全书分两部分，第一部分描述西藏这块陌生的土地以及那里神秘的人民，他们的风俗和生活方式，这些叙述一部分是依据泰勒小姐的日记，一部分是依据 22 个在泰勒之前去过西藏的欧洲旅行者（当然也包括印度人）留下的记录。第二部分是泰勒小姐的日记。1884 年 10 月，泰勒航行到中国，并在这里生活了 3 年。她少年时即向往西藏，决定利用此机会赴藏，她在 1887 年 7 月到达西宁附近的塔尔寺，继续坚定西行，一个拉萨青年给她当向导。经过种种艰辛，她终于在 1891 年穿越西藏。

ISBN （hardcover）

K928. 975/C4661

Chapman，F. Spencer. 1907 – 1971

Memoirs of a mountaineer：Helvellyn to Himalaya and'Lhasa：the holy city' / F. Spencer Chapman. —London：The Reprint Society，1945.

446 p. : ill.，ports. ; 19 cm. —登山者的回忆："从赫尔维林峰到喜马拉雅"与"拉萨：圣洁的城市"

Includes index （p. 435 – 446）—With 31 pages of illustrations. —作者 1907 年 5 月出生在伦敦，少年时即喜欢户外生活，成为蝴蝶收藏家和花卉、鸟类的爱好者。后毕业于剑桥大学，研究历史和语言，曾去冰岛、北极以及欧美各地旅行、探险。1936 年初，他加入喜马拉雅山探险队，进入锡金、不丹和西藏，并作为特派团的私人秘书到拉萨工作。1936 年 7 月至 1937 年 2 月，特派团在拉萨的任务是劝说西藏摄政王，说服班禅喇嘛从中国内地返回，并在可能的情况下，在拉萨设立永久的英国代表处。作者主要在特派团做翻译电码的工作，并收集资料，拍摄了大量的照片和电影。二战期间，作者参加了在新加坡和马来亚的对日抗战，被称为英雄，晋升为中校。1971 年 8 月作者自杀身亡。本书分两部分，第一部分记述作者从英国到喜马拉雅山区的过程，共 11 章，第二部分记述作者在西藏，特别是拉萨的见闻，共 15 章，另有结语和索引，全书有 31 页插图照片。

ISBN （hardcover）

K928. 975/C4661

Chapman，F. Spencer. 1907 – 1971

Lhasa：the holy city ／ F. Spencer Chapman. —London：Chatto & Windus，1938.

342 p. ：ill. ；23 cm. —拉萨：圣洁的城市

Includes index. —作者 1907 年 5 月出生在伦敦，少年时即喜欢户外生活，成为蝴蝶收藏家和花卉、鸟类的爱好者。后毕业于剑桥大学，研究历史和语言，曾去冰岛、北极以及欧美各地旅行、探险。1936 年初，他加入喜马拉雅山探险队，进入锡金、不丹和西藏，并作为特派团的私人秘书到拉萨工作。1936 年 7 月至 1937 年 2 月，特派团在拉萨的任务是劝说西藏摄政王，说服班禅喇嘛从中国内地返回，并在可能的情况下，在拉萨设立永久的英国代表处。作者主要在特派团做翻译电码的工作，并收集资料，拍摄了大量的照片和电影。二战期间，作者参加了在新加坡和马来亚的对日抗战，被称为英雄，晋升为中校。1971 年 8 月作者自杀身亡。本书记述作者当时在西藏的所见所闻，共 16 章，另有结语和附录，全书有 8 幅彩照和 64 页插图照片。

ISBN （hardcover）

K928. 975／C4661

Chapman，F. Spencer. 1907 – 1971

Memoirs of a mountaineer：Helvellyn to Himalaya and'Lhasa：the holy city ／ F. Spencer Chapman. —London：The Reprint Society，1951.

446 p. ：ill. ，ports. ；20 cm. —登山者的回忆："从赫尔维林峰到喜马拉雅"与"拉萨：圣洁的城市"

Includes index （p. 435 – 446）. —With 31 pages of illustrations. —作者 1907 年 5 月出生在伦敦，少年时即喜欢户外生活，成为蝴蝶收藏家和花卉、鸟类的爱好者。后毕业于剑桥大学研究历史和语言，曾去冰岛、北极以及欧美各地旅行、探险。1936 年初，他加入喜马拉雅山探险队，进入锡金、不丹和西藏，并作为特派团的私人秘书到拉萨工作。1936 年 7 月至 1937 年 2 月，特派团在拉萨的任务是劝说西藏摄政王，说服班禅喇嘛从中国内地返回，并在可能的情况下，在拉萨设立永久的英国代表处。作者主要在特派团做翻译电码的工作，并收集资料，拍摄了大量的照片和电影。二战期间，作者参加了在新加坡和马来亚的对日抗战，被称为英雄，晋升为中校。1971 年 8 月作者自杀身亡。本书分两部分，第一部分记述作者从英国到喜马拉雅山区的过程，共 11 章，第二部分记述作者在西藏，特别是拉萨的见闻，共 15 章，另有结语和索引，全书有 31 页插图照片。

ISBN （hardcover）

K928. 975/C729

Combe，G. A.

A Tibetan on Tibet：being the travels and observations of Mr. Paul Sherap（Dorje Zodba） of tachienlu；with an introductory chapter on buddhism and a concluding chapter on the devil dance / by G. A. Combe. —London：T. Fisher Unwin，Ltd.，1926.

xx，212 p. ：ill. ；22 cm. — （Bibliotheca himalayica；Series 3，Vol. 4） —《藏人言藏：孔贝康藏闻见录》，邓小咏译，成都，四川民族出版社，2002.9。

Includes index （p. 205 – 212）. —作者孔贝，曾是英国驻中国藏区打箭炉的领事，长期在康定居住，是个中国通。他在书中主要记述了藏人智慧保罗所讲的故事，描述了 20 世纪初我国藏区的民俗、宗教、文化、教育、历史的情况。智慧保罗曾穿越中国西部及西藏、锡金、印度东部等地区，先后旅行、经商、工作、要饭约 30 年，经历曲折动人。智慧保罗的中文名字是谢国安，他是我国老一辈著名的藏学家，藏学家刘立千是他的女婿。本书书前有关于佛教的导论，书后有关于跳神的结论章节。本书初版于 1926 年。1976 年收入《喜马拉雅丛书》第 3 辑第 4 卷。

ISBN （hardcover）

K928. 975/D2496/2：

David-Neel，Alexandra. 1868 – 1969

With mystics and magicians in Tibet / Alexandra David-Neel；with an introduction by A. D'Arsonval. —London：John Lane the Bodley Head Ltd.，1931.

xiv，320 p. ：ill. ；21 cm. —西藏的巫术和奥义

作者亚历山大莉亚·大卫 – 妮尔是法国著名东方学家、汉学家、探险家，特别是藏学家，是一位神话般的传奇人物，在法国乃至整个学界被誉为"女英雄"。她生前著作等身，其有关东方特别是西藏的论著、日记、资料、游记被译为多种文字，多次再版。她终生对西藏充满热爱和崇敬，从 1912 年在噶伦堡受到 13 世达赖接见，1916 年首次进入西藏，她曾先后 5 次到西藏及周边地区考察，而且还起了一个"智灯"的法号。20 世纪 20 年代，以其《喇嘛教度礼》为前奏，《一位巴黎女子的拉萨历险记》《西藏的巫术和奥义》《在贵族——土匪地区》组成了她早期入藏的三部曲。她在西藏旅行时所作的全

部笔记很早就已出版，第 1 卷写于 1904 ~ 1917 年，第 2 卷写于 1918 ~ 1940
年。1946 年返法后，大卫－妮尔在巴黎大学举办"藏传佛教特征讲座"，此
后写出一系列有关西藏的著作。此书为英文第 1 版。

ISBN （hardcover）

K928. 975/D9111

Duncan, Jane E. 1848 – 1914

A summer ride through Western Tibet / Jane E. Duncan. —London：Collins'
Clear-Type Press，1906.

316 p. ：ill. ；15 cm. —夏天穿越西部西藏

Includes index. —作者是位女性，出生在英国格拉斯哥，并在当地接受大
学教育。喜欢读书，后成为作家。她曾乘船做环球旅行，到过印度、锡兰、
缅甸、日本和美国，后返回印度，1904 年夏进行了穿越西藏西部的旅行。本
书记载这次旅行，全书 29 章，有前言、附录、索引。

ISBN （hardcover）

K928. 975/E9295

Evans-Wentz, W. Y.

Tibet's great yogi Milarepa, a biography from the Tibetan / by W. Y. Evans-
Wentz. —London；New Yotk：Oxford University Press，1958.

315 p. ：illus. ；21 cm. —《米拉日巴的一生》，王沂暖译，上海，商务印
书馆，1949. 12，1955；《米拉日巴的一生》，刘立千译，北京，民族出版
社，2000。

Includes bibliographical reference and index. —传记小说。作者藏族乳毕坚
金（1452 ~ 1507），亦称海如噶·桑吉坚参。编者伊万斯－文孜，牛津神学院
学者，著有《引路经》（*The Tibetan Book of the Dead*）等书，本书系其根据锡
金藏族达瓦桑珠译稿重译。米拉日巴（1040 ~ 1123）是噶举派祖师，其人其
事在西藏家喻户晓，脍炙人口，各阶层对他都有极深的崇拜和信仰。其传记
不仅是一部藏族文学名著，而且从中可见西藏封建农奴制形成之初的若干社
会历史画面。全书包括第 1 版（1928）序言、二版序言、图版说明，编者所
撰导论，日琼巴对米拉日巴的介绍（从藏文翻译）以及米拉日巴的家世、出
生和经历等。

ISBN （hardcover）

K928. 975/F2458/2：1

Farrer, Reginald. 1880 – 1920

On the eaves of the world. Vol. 1 / Reginald Farrer. —London：Edward Arnold，1917.

311 p. ：ill. , map；23 cm. —世界屋脊上

作者出生在英国一个富裕家庭，17 岁进入牛津大学，1902 年毕业后，去日本住了一段时间，他在那里探索和了解中国、朝鲜和日本的情况，回到英国后出版了一系列著作。他于 1914～1915 年又到中国甘肃和西藏探险，主要研究甘藏地区动植物以及自然地理情况，并于 1917 年出版了本书（共 2 卷）。本书第 1 卷共 12 章：1. 海滨的波浪。2. 从北京到铁路尽头。3. 道路的开端。4. 西安与西部。5. 进入甘肃。6. 绕着甘肃的边缘。7. 进入西藏。8. 唐古拉。9. Satanee。10. 大批离去。11. 拐角。12. 拐角。

ISBN（hardcover）

K928. 975/F2458/2：2

Farrer, Reginald. 1880 – 1920

On the eaves of the world. Vol. 2 / Reginald Farrer. —London：Edward Arnold，1917.

viii, 328 p. ：ill. ；23 cm. —在世界屋脊上

Includes index. —作者出生在英国一个富裕家庭，17 岁进入牛津大学，1902 年毕业后，去日本住了一段时间，他在那里探索和了解中国、朝鲜和日本的情况，回到英国后出版了一系列著作。他于 1914～1915 年又到中国甘肃和西藏探险，主要研究甘藏地区动植物以及自然地理情况，并于 1917 年出版了本书（共 2 卷）。本书第 2 卷为 13～21 章：13. 征服雷暴。14. 离开北方。15. Jo-Ni——宫殿和寺院——高大与圣洁。16. 石头山的山脚。17. 石头山。18. 家到拐角。19. 高级冒险。20. 再见了。21. 季节之末。书后有附录、索引。

ISBN（hardcover）

K928. 975/F483

Filippi, Filippo de. 1869 – 1938

The Italian expedition to the Himalaya, Karakoram and Eastern Turkestan (1913 – 1914) / by Filippo de Filippi. —London：Edward Arnold & Co. , 1932.

528 p. : illus., maps；23 cm. —意大利探险者到喜马拉雅、喀喇昆仑和新疆旅行记（1913 – 1914）

Includes bibliographical references and index. —作者是意大利人，讲述自己和探险队在 1913 ~ 1914 年间，经过巴基斯坦，拉达克，中国喀喇昆仑、新疆，俄国突厥斯坦的探险过程。全书 18 章：1. 探险的初衷和目标，准备和一般组织。2. 从意大利到巴基斯坦。3. 斯卡都的冬季，巴基斯坦首府。4. 在巴基斯坦的冬季旅行。5. 从斯卡都到列城。6. 列城。7. 在巴基斯坦和拉达克之间。8. 在拉达克的旅行。9. 从列城到 Depsang 高原。10. Depsang 高原。11. Rimu 冰川。12. Shayok 冰川、Rimu 冰川和叶尔羌河的源头。13. Rimu 冰川和喀喇昆仑山口之间的分水岭，叶尔羌河的源头。14. Rimu 冰川的地形和叶尔羌河的源头。15. 喀喇昆仑，Suget 和 Kokart 小路。叶尔羌河上游。16. 从 Surkowatdao 喀什，新疆。17. 中国和俄国突厥斯坦。18. 结语。后附引文目录和一般索引。全书有多幅照片插图。

ISBN（hardcover）

K928. 975/F4957

Finegan, Jack. 1908 – 2000

Tibet：a dreamt of image / Jack Finegan. —New Delhi：Tibet House, 1986.

xv, 260 p. : ill. ; 21 cm. —西藏：偶像之梦

Includes bibliographical reference and index. —本书 14 章：1. 飞进西藏。2. 土地、人民和语言。3. 文学和历史渊源。4. 早期西藏国王。5. 教义传播的初期和佛教王国。6. 教义传播的第二阶段。7. 藏传佛教：哲学。8. 藏传佛教：规则。9. 西藏后期历史。10. 神殿、图像、符号和象征器物。11. 西藏的位置和大山。12. 西藏西部：初始和拉达克第一个王朝。13. 西藏西部：拉达克的第 2 个王朝。14. 西藏西部（拉达克）的位置和大山。后附时间表、词表、注释和索引。

ISBN（hardcover）

K928. 975/F7142

Foreign misconceptions concerning Tibet. — ［S. l. ：s. n. , 19?］.

357 – 360 p. ; 23 cm. —外国人关于西藏的误解

这是篇文章，共 4 页。

K928. 975/F724K892. 475K297. 5

Forman，Harrison，1904 - 1978

Through forbidden Tibet：an adventure into the unknown / by Harrison Forman，M. E. C. —Delhi, India：Cosmo publications，1996

xvi，288 p. : photo.，ports.，facsims.；23 cm. —通过西藏禁区

Includes index. —本书在 1935～1996 年间，印行了 6 版。作者是美国人哈里森·福尔曼，有多部著作，一些已译成中文如《来自红色中国的报告》《北行漫记》等。本书记述作者 1935 年左右，到达兰州，继而向西南，穿过西藏的旅程。全书 22 章，有 36 幅照片。

ISBN 81 - 7020 - 731 - 2：CNY230. 68

K928. 975/G6989

Goullart，Peter.

Land of the lamas：adventures in secret Tibet / Peter Goullart. —New York：E. P. Dutton & Co.，1959.

221 p. : ill.；21 cm. —喇嘛之国：在秘密西藏的冒险

作者顾彼得是一名白俄作家，在中国生活多年。1937 年，日本轰炸上海，他逃离那个城市，成为设在西康的国际援华组织"中国工业合作协会"的成员，从那时起，他在滇西北高原工作、生活了 10 年，在那里结识了大量各族群众，多次进入纳西族、彝族、藏族的聚居区，事后他根据这些经历写出多部著作，如《被遗忘的王国》等（有中文译本），在国际上有广泛影响。本书 27 章：1. 到打箭炉之路。2. 打箭炉。3. 藏族朋友。4. 在 Garthar 的任务。5. 高海拔。6. 从 Garthar 逃走。7. 在群峰之间。8. 一个倮倮朋友。9. Fulin 的统治者。10. 到 Helluwa 之路。11. 强盗式贵族。12. 第一位倮倮朋友。13. 山中乐园。14. 返回倮倮。15. 黑骨贵族。16. 到 Dienba 之路。17. 贵族首领冒林。18. 大凉山。19. 至高无上之路。20. 黑骨贵族。21. 一位倮倮的田园生活。22. 最后的大凉山。23. 四川。24. 新路。25. Yajagkan 路口。26. 连续的喇嘛庙。27. 后记。书中有 15 张插图照片。

ISBN （hardcover）

K928. 975/G944/3：

Guibaut，Andre.

Tibetan venture：in the country of the Ngolo-Setas / Andre Guibaut. —London：

John Murray，Albemarle Street 1947.

206 p.：illus.；22 cm. —西藏探险

Includes index. —作者曾于 1936 年，1940 年两次去西藏探险，本书叙述他 1940 年第二次赴藏的情况。全书 11 章：1. 打箭炉，藏区商业中心，1940 年 5 月。2. 伟大的圣殿。3. 西藏最美丽的河谷。4. 日记。5. 第一次威胁。6. Chortaintong。7. 灾难降临。8. Liotard 路口。9. Tong 的发现。10. 慈悲的喇嘛。11. 回程，1940 年 9 月。结语。书后附地名坐标、汉藏语索引等。

ISBN （hardcover）

K928. 975/H2331

Han，Suyin，1917 –

Lhasa，the open city：a journey to Tibet / Han Suyin. —London：Jonathan Cape，1977.

x，180 p.，[8] leaves of plates：ill.；21 cm. —拉萨，开放城市：西藏旅行记

Bibliography：p. [173] – 174. —Includes index. —著名华裔英籍女作家韩素音作品，韩素音原名周光湖，出生于河南信阳，曾在北京、四川生活过。父亲是留比利时的中国工程师，母亲是比利时人。她曾在比利时学医，后在伦敦大学获博士学位，在香港留居期间从事写作和创作，后在瑞士定居，1956 年至"文化大革命"期间经常访问我国。有很多关于中国的著作，如《2001 年的中国》《早晨的洪流：1893 ~ 1953 年毛泽东和中国革命》《堡垒里的风：1949 ~ 1975 年毛泽东和中国革命》《周恩来传》等。作者曾于 1966 年启程入藏，因"文革"未到拉萨，10 年之后，1975 年 10 ~ 11 月，成功访问了西藏地区，本书即她这次访问后的综合报道。内容如下：1. 西藏和机械时代。2. 仅仅是昨天的拉萨。3. 米堆里的来福枪——1959 年的叛乱。4. 农奴。5. 新医术。6. 工人的诞生——新拉萨。7. 妇女的王国。8. 教育和自治。9. 一堵铜墙。书末附注释、书目和索引。书中有各种照片 29 张。

ISBN 0224013297 （hardcover）

K928. 975/H2969

Harrer，Heinrich，1912 – 2006

Seven years in Tibet / Heinrich Harrer；translated from the German by Richard Graves；with an introd. by Peter Fleming. —London：The Reprint Society，1953.

320 p. : ill. ; 19 cm. —在西藏七年

作者为奥地利登山家，二战时，他撇下怀孕妻子，参加德国登山队前往珠峰，登顶失败后下撤，被驻印英军俘获关进战俘营，几经越狱，最后和几名同伴逃出战俘营。他和 Pete 经历重重险阻，装扮成前往拉萨朝拜的僧侣，翻越喜马拉雅山进入西藏，并绕道藏北来到拉萨。在拉萨幸运地得到西藏高官的款待，最后与十四世达赖喇嘛结下终生友谊。作者在拉萨生活了 7 年，于 1950 年解放军进藏后离开那里，经印度回到奥地利，并写下这部作品。达赖喇嘛 1952 和 1996 年两次为此书作序。作者后来重返拉萨并著有《重返西藏》一书。本书原著是德语，此为英文译本。原书首版于 1950 年，最后一版完成于 1996 年，1997 年，本书被法国著名导演拍成电影。

ISBN （hardcover）

K928. 975/H414

Hayden, Henry.

Sport and travel in the highlands of Tibet / Henry Harden. —London：Richard Cobden-Sanderson, 1927.

262 p. : ill. ; 20 cm. —《在西藏高原的狩猎与旅游》，周国炎，邵鸿译；北京，中国社会科学出版社，2002.9。

Includes index. —作者是英国人、地质学家。在当时地质学界有一定声望，曾担任过印度地矿部主任之职。1903 ~ 1904 年间，他曾随荣赫鹏的英军进入拉萨。后来在 1922 年 4 月，受当时西藏地方政府的邀请，再次率地质勘探队，从印度出发，经尼泊尔、锡金，进入西藏，协助西藏地方政府进行了长达 5 个月的地质勘探工作。他们一行 5 人在西藏地方政府武装护送和专人陪同下，游历了西藏中南部很多湖泊、河流和山川。所到之处，除了地质勘探，还对当地的自然生态、风土民情及所见所闻进行了详细记录。全书共 9 章：1. 准备启程。2. 由大吉岭到江孜。3. 从江孜到拉萨。4. 早春的拉萨。5. 大湖地区：拉萨到申扎。6. 大湖地区：纳藏。7. 大湖地区：纳木如。8. 塔布。9. 回到印度。

ISBN （hardcover）

K928. 975/H454

Hedin, Sven. 1865 – 1952

Erovringstag i Tibet / av Sven Hedin. —Stockholm：Albert Bonniers Forlag,

1934.

437 p. : ill. ; 22 cm. —西藏

Includes index. —这是瑞典探险家斯文赫定的著作。继 1900 年发现楼兰古城，进而进入藏北高原，1901 年考察了西藏广大地区后，1906 年 8 月至 1908 年 8 月他第 4 次来中国，主要目标是西藏。于 1906 年 12 月到达波仓藏布。1907 年 2 月，到达日喀则，访问了扎什伦布寺，拜会了班禅。3 月，到达雅鲁藏布江。6 月，考察了中尼边界。9 月，考察了神山冈仁波齐峰，发现恒河源头。12 月至 1908 年 8 月，在克什米尔重组考察队，再返西藏考察，并绘制西藏地图。本书便是作者西藏考察旅行的笔记。他来到雅鲁藏布江边，在那里接触大量普通藏人，了解他们的生活习俗，由于照相机损坏，作者还手绘了大量图片。

ISBN （hardcover）

K928. 975/H454/：1

Hedin, Sven. 1865 – 1952

Trans-Himalaya：discoveries and adventures in Tibet. Vol. 1 / Sven Hedin. —London：Macmillan and Co. , 1909.

442 p. ; 18 cm. —穿越喜马拉雅：西藏的发现和探险 （1）

这是瑞典探险家斯文赫定的 2 卷本著作，本书为第 1 卷。1906 年 8 月至 1908 年 8 月他第 4 次来中国，主要目标是西藏。于 1906 年 12 月到达波仓藏布。1907 年 2 月，到达日喀则，访问了扎什伦布寺，拜会了班禅。3 月，到达雅鲁藏布江。6 月，考察了中尼边界。9 月，考察了神山冈仁波齐峰，发现了恒河源头。12 月至 1908 年 8 月，他在克什米尔重组考察队，再返西藏考察，并绘制西藏地图。本书便是作者这次考察旅行的笔记。他来到雅鲁藏布江边，在那里接触大量普通藏人，了解他们的生活习俗，写下大量文字。全书 34 章，插图 4 幅。

ISBN （hardcover）

K928. 975/H454/：2

Hedin, Sven. 1865 – 1952

Trans-Himalaya：discoveries and adventures in Tibet. Vol. 2 / Sven Hedin. —London：Macmillan and Co. , 1909.

450 p. ; 18 cm. —穿越喜马拉雅：西藏的发现和探险 （2）

Includes index. —这是瑞典探险家斯文赫定的 2 卷本著作，本书为第 2 卷。1906 年 8 月至 1908 年 8 月他第 4 次来中国，主要目标是西藏。于 1906 年 12 月到达波仓藏布。1907 年 2 月，到达日喀则，访问了扎什伦布寺，拜会了班禅。3 月，到达雅鲁藏布江。6 月，考察了中尼边界。9 月，考察了神山冈仁波齐峰，发现了恒河源头。1907 年 12 月至 1908 年 8 月，他在克什米尔重组考察队，再返西藏考察，并绘制西藏地图。本书便是作者这次考察旅行的笔记。他来到雅鲁藏布江边，在那里接触大量普通藏人，了解他们的生活习俗，写下大量文字。全书 35 ~ 74 章，图片 4 幅。

ISBN（hardcover）

K928. 975/H882/: 1

Huc, M. 1813 – 1860

Travels in Tartary, Thibet and China. Vol. 1 – 2 / M. Huc. —Chicago: Open Court Publishing Co. , 1900.

342 p. : ill. ; 20 cm. —鞑靼、西藏和中国游记

Includes index. —作者是法国遣使会教士，1839 年来华，1843 年同秦神甫到蒙古、西藏游历，1848 年转赴浙江传教，1852 年回国，逝于巴黎。他 1850 年出版《鞑靼、西藏、中国游记》，原书为法文本，后又出英译本。本书为 2 卷本合订，记述他 1844 ~ 1846 年间在中国的经历。在华期间，他们自北平、张家口，经内蒙古、青海入藏，后出康循长江进入内地，此书即他们的游记。作者曾绘制西藏地图，但比例尺甚小，属较早的西藏地图。第 1 卷 12 章，有插图 50 幅。第 2 卷 9 章，插图 48 幅。

ISBN（hardcover）

K928. 975/K216

Kaulback, Ronald. 1909 – 1995

Tibetan trek / Ronald Kaulback. —London: Hodder and Stoughton, 1934.

319 p. ; 17 cm. —西藏的艰苦跋涉

作者是一名探险家、植物学家和地理学家，他曾到缅甸、尼泊尔和西藏旅行。1933 年，作者随远征队经过印度的阿萨姆邦 Lohit 山谷，从边境进入西藏，后雨季来临，无法返回，便跨过香格里拉，从缅甸返回。全书 17 章：1. 一个年轻人的幻想。2. 湿毯子。3. 承诺之地。4. 软帽上的蜜蜂。5. 新区。6. 警报与游览。7. 冒险的道路。8. 古怪的牛。9. 道路的分界点。10. 悦耳的

声音。11. 少量啤酒。12. 纠缠不休的女人。13. 动物温泉。14. 背弃的素食者。15. 各式各样的痛苦。16. 没有失败。17. 浪子回头。

ISBN（hardcover）

K928. 975/K22

Kawaguchi, Ekai.

Three years in Tibet：with the original Japanese illustrations / by the Shramana Ekai Kawaguchi. —Adyar, Madras：Pub. by the Theosophist office；Benares and London：Theosophical publishing society, 1909.

xv, 719 p.：front., illus., fold pl., ports., fold. map, facsim.；15 cm. —旅藏三年记

日本僧人河口慧海的西藏旅行记。河口慧海曾于 20 世纪初穿越尼泊尔，包括穆斯塘和多尔波地区，进入西藏。此书记录其沿途见闻。此书 1909 年初版，1979 年重印，全书有地图 1 张，图片 11 张和大量版刻。此书记述很多重要历史内容，如第三章，英国利用烟台条约先后派人深入西藏盗走大批文献和手稿，挑拨达赖和班禅的关系制造不和等。

K928. 975/K521

King, Louis Magrath.

By tophet flare：a tale of adventure on the Chinese frontier of Tibet / Louis Magrath King. —London：Methuen & Co. Ltd., 1937.

283 p.；19 cm. —地狱之火

作者是英国人，本书讲述他在中国西藏边界探险的故事。全书 20 章。

ISBN（hardcover）

K928. 975/K692

Knight, E. F.

Where three empires meet：a narrative of recent travel in kashmir, western Tibet, Gilgit, and the adjoining countries / by E. F. Knight. —London：Longmans, Green, and Co., 1915.

xv, 528 p.：ill., map；21 cm. —三个帝国的会合处

作者奈特 1891 年，以一年时间在克什米尔、兴都库什、喀喇昆仑、洪查、拉达克和我国西藏西部游历，此书系他在这些地区的见闻，是关于克什

米尔、西藏西部、吉尔吉特及其毗邻地区的游记。所谓三个帝国的会合处，是指英、俄、中三国在这一地区的对抗、冲突和矛盾。全书共 32 章，附图片 54 张，地图 1 张。

ISBN（hardcover）

K928. 975/L261/：1

Landor，A. Henry Savage. 1865 - 1924

In the forbidden land：an account of a journey in Tibet capture by the Tibetan authorities imprisonment，torture，and ultimate release. Vol. 1 / A. Henry Savage Landor. —London：William Heinemann，1898.

xx，320 p. : 17 ill. ，map；22 cm. —西藏禁地

作者是英国探险家、作家、画家，本书讲述自己擅自闯入西藏内地，被西藏当局逮捕，遭到拷问和折磨，最终被释放的过程。全书 100 章，本书是第 1 卷。书中穿插很多西藏的风土民情，有多幅插图。

ISBN（hardcover）

K928. 975/L261/：2

Landor，A. Henry Savage. 1865 - 1924

In the forbidden land：an account of a journey in Tibet capture by the Tibetan authorities imprisonment，torture，and ultimate release. Vol. 2 / A. Henry Savage Landor. —London：William Heinemann，1898.

xvi，263 p. : ill. ，map；22 cm. —西藏禁地

Includes index. —作者是英国探险家、作家、画家，本书讲述自己擅自闯入西藏内地，被西藏当局逮捕，遭到拷问和折磨，最终被释放的过程。全书 100 章，本书是第 2 卷。书中穿插很多西藏的风土民情，有多幅插图。

ISBN（hardcover）

K928. 975/L7351

Lin，Tung-Hai.

A six-month sojourn in Tibet / by Lin Tung-Hai. — [S. l. : s. n. ，19？].

224 - 234 p. ；22 cm. —在西藏的六个月

这是一篇文章，介绍我国解放初期西藏的简况。

K928. 975/M1475

MacGregor, John.

Tibet: a chronicle of exploration / John MacGregor. —New York: Praeger Publishers, 1970.

373 p. : ill. maps; 22 cm. —《西藏探险》，向红笳译，拉萨，西藏人民出版社，1988. 12。

Includes bibliographical references (p. 355 – 359) and index (p. 361 – 373). —作者约翰·麦格雷格先生是美国国务院一位外交家的笔名。他根据收集的资料，系统叙述了自 17 世纪以来，葡萄牙、意大利的传教士，俄国、英国的外交官、探险家，以及打着探险旗号的帝国主义分子进入西藏的情况。全书共四个部分，第一部分描写了 17 世纪 20 年代到 18 世纪 40 年代间，天主教、基督教在西藏的传教活动。第二部分主要描述波格尔、塞缪尔·忒涅为东印度公司打开西藏大门所做的努力，及他们与班禅喇嘛之间的交往。第三部分描述了托马斯·曼宁及胡克的经历。第四部分谈 19 世纪后期，英俄两大帝国为攫取在西藏的利益而采取的明争暗斗，向西藏扩张侵略势力。

ISBN (hardcover)

K928. 975/M478

McGovern, William Montgomery 1897 – 1964

To Lhasa in disguise: a secret expedition through mysterious Tibet / William Montgomery McGovern—Delhi: Book Faith India, 1992

vii, 462 p. : ill. , maps; 23 cm. —乔装拉萨行 穿越神秘西藏的探险

作者是美国西北大学的教授，主要研究中亚和中国的历史，还写过《中亚古国史》，有中华书局出的中文译本。本书写的是 20 世纪 20 年代的情况。共 14 章：1. 西藏和藏人。2. 首次尝试。3. 准备新尝试：穿越锡金。4. 在通道上的收获。5. 在西藏最初的日子。6. 加入藏人的商队。7. 日喀则和更远的地方。8. 穿越 the Rong Gorge。9. 最后一圈——但有所怀疑。10. 最后 50 里。11. 到达拉萨。12. 生活在一个封闭的城市。13. 一名国家的罪犯。14. 拉萨的最后几天和返回印度。

ISBN 81 – 7303 – 001 – 4: CNY184. 87

K928. 975/M5687

Merrick, Henrietta Sands.

In the world's attic / Henrietta Sands Merrick. —New York：G. P. Putnam's Sons, 1931.

xxii, 259 p. : ill. ; 24 cm. —在世界的屋顶

Includes index. —作者记述他在喜马拉雅山一带的活动。作者主要在克什米尔列城一带活动。

ISBN（hardcover）

K928. 975/N234

Markham, Clements R. 1830 – 1916

Narratives of the mission of George Bogle to Tibet and of the journey of Thomas Manning to Lhasa / edited by Clements R. Markham. —New Delhi：Manjusri Publishing House, 1971.

clxv, 362 p. : ill. , map; 21 cm. — (Bibliotheca Himalayica；6) —《叩响雪域高原的门扉：乔治·波格尔西藏见闻及托马斯·曼宁拉萨之行纪实》，张皓，姚乐野译；北京，中国社会科学出版社，2002.9。

Includes index. —作者是英国著名地理学家和旅行家，曾担任英属印度事务部助理秘书，英国皇家地理学会会长。本书叙述英人波格尔和曼宁早期赴藏的情况。当时英驻印总督哈斯汀士（Warren Hastings）因侵扰不丹问题，派员与西藏班禅联系。1774 年东印度公司职员波格尔率团进入西藏，波于 5 月中旬从加尔各答起程，经不丹首都到拉萨，又经江孜到日喀则，晋见班禅，这是英人官吏首次与藏人正式会晤。波氏欲谈及通商问题，遭班禅拒绝。波于 1775 年离藏返印，沿途受到藏人款待。曼宁（Thomas Manning）是英国的一个私人探险家，曾在英法两国学中文，后至广东，生活三年。1811 年，带一名中国书记经不丹赴西藏，经江孜到拉萨，于 1812 年返加尔各答。所写游记死后很久才发表。

ISBN（hbk）：￥19. 00

K928. 975/N765

Noel, J. B. L. 1890 –

Through Tibet to everest / J. B. L. Noel. —London：Edward Arnold & Co. , 1927.

302 p. : ill. ; 17 cm. —穿过西藏到珠峰

Includes index. —本书记述作者到西藏攀登珠峰的旅行，书中也有和藏人

交往、对西藏宗教民俗的记录。全书共三个部分：1. 大山的挑战。2. 第一次探险和攀登。3. 第二次攀登探险。全书有 25 幅插图。

ISBN（hardcover）

K928. 975/P3171

Patterson, George N.

Tibetan journey / George N. Patterson. —London：Faber and Faber Limited，1952.

232 p. : ill. ; 21 cm. —西藏旅行

Includes index. —作者出生在苏格兰，曾在教会学校学医，1946～1947 年学习了汉语后，作为传教士前往中国。1947 年初，他来到西藏边界，游历了藏东广大地区，随后生活在好斗的康巴人部落中并学习他们的语言，同时也为他们治病。1950 年中国共产党人进入西藏，作者在藏区大肆活动，呼吁印、英、美关注中国动向，并要康巴人帮助抵抗。1950 年 3 月，逃到印度。1950～1961 年，他仍在印度噶伦堡和西藏边境城镇活动，1961～1963 年回到英国，与英国广播公司合作，并积极参加政治活动。1964～1973 年在香港做媒体工作，1973～1991 年，对戒毒研究感兴趣，1991 年还出版了戒除网瘾的书。本书分五部分：1. 作者前言。2. 序言。3. 旅行。4. 附言。5. 索引。

ISBN（hardcover）

K928. 975/P394

Pemba, Tsewang Y.

Young days in Tibet / Tsewang Y. Pemba. —London：Jonathan Cape, 1957.

184 p. ; 20 cm. —在藏青年时光

作者策旺班巴是一位医生，其父班巴次仁曾任英印驻噶大克的商务代办，1946～1947 年代理英国驻拉萨使团代表，能流利讲五种与印藏有关的语言，1954 年 7 月 17 日，不幸死于江孜洪水，享年仅 49 岁。策旺班巴在本书中记述了他在亚东的生活和后来在英国学医的经历，当然也记载了其父的事迹。全书 20 章。

ISBN（hardcover）

K928. 975/P899

Pranavananda, Swami.

Exploration in Tibet / Swami Pranavananda. —India：University of Calcutta，
1939.

xx，160 p.：ill.，port.；21 cm. —西藏探险记

作者是印度加尔各答大学教师、加尔各答地理学会会员。1937～1938 年
间，他考察了我国西藏西部边境冈底斯山和玛法木、兰嘎两湖地区。本书分
两部分：1. 在冈底斯山和玛法木湖的 12 个月。对湖的结冰、融化、植被、矿
藏，以及人们的衣食住行、宗教习俗、经济生活等都有叙述。2. 关于四大河
河源的新见解。对布拉马普特拉河、苏特里杰河（象泉河）、印度河和卡尔纳
利河等四河河源，以及到河源之路都有详细记述。书末附有藏语字汇等。

ISBN（hardcover）

K928. 975/P913/3：

Pratt，A. E.

To the snows of Tibet：through China / A. E. Pratt. —London：Longmans，
Green and Co.，1892.

xviii，268 p.：ill.，map；23 cm. —到雪域西藏

作者讲述从上海出发穿越中国到西藏旅行的经过，其实作者主要是到达
西康，在康定藏区活动。全书 15 章，前 1～9 章是溯江而上的路途。第 9 章到
达康定，第 10 章是在康定活动。第 11～13 章是他离开康定，又二次返回的
情况。14～15 章，是他返回上海的归程。书中有 33 幅动植物标本和自然景色
照片。

ISBN（hardcover）

K928. 975/R5727

Rijnhart，Susie Carson. 1868－1908

With the Tibetans in tent and temple / Susie Carson Rijnhart. —Chicago：
Fleming H. Revell Co.，1901.

406 p.：ill.；20 cm. —与藏人在帐篷和寺庙中

Includes index. —本书讲述作者在西藏居住四年，并深入藏区旅行的故事。
作者苏西卡森是一名喜欢冒险的加拿大女子，她试图用基督教和西方文明影
响西藏广袤的土地，1895 年，她在西藏边界的旅途上与一位迷路的荷兰传教
士结婚，三年后，两人和他们的孩子从北方进入西藏，不久，女婴去世，她
的丈夫也失踪了，卡森继续独自前进，最后得到西藏当局的帮助，走过数千

英里的艰难路程，到达康定。卡森的成功堪称奇迹，书中除了讲述她在西藏穿越的暴风雨，还告诉人们中国内地、西藏、新疆结合处的政治和生活，描绘了大型佛教寺院塔尔寺，以及当地佛教和伊斯兰的竞争。书中附照片和地图。

ISBN（hardcover）

K928.975/R578

Rin-Chen, Lha-Mo.

We Tibetans / Rin-Chen Lha-Mo. —London：Seeley Service & Co.，1926.

viii, 228 p.：29 ill.；21 cm. —我们西藏人

作者是位西康的藏族妇女，是位很有特点的人，她丈夫是英国人，前驻康定的领事。作者在书中记述了当地藏人是如何生活的，他们的信仰、观点，工作和娱乐，他们如何看待自己和他人。全书 22 章：1. 山与河流。2. 农场与牧场。3. 食物和饮料。4. 房屋和家具。5. 服装。6. 你们的文明和我们的。7. 获得用具。8. 祭司。9. 妇女。10. 儿童，起名与游戏。11. 过日子。12. 春节。13. 舞蹈和歌唱。14. 朝拜、旅行、狩猎、俘获。15. 宗教服务。16. 精神。17. 懒惰的儿子。18. 湖狗。19. 顽劣的女仆。20. 女巫。21. 不要儿子。22. 爱人。有插图 29 幅，后有索引。

ISBN（hardcover）

K928.975/R6283

On the road through Tibet / translated by Iris Urwin. —London：Spring Books，[195?].

223 p.：illus.；26 cm. —在穿越西藏的道路上

Includes bibliographical references. —这是一本 20 世纪 50 年代初期出版的关于西藏的画册，内容涉及西藏的自然风光、社会生活、各种人物、宗教仪式、建筑风格、文化艺术等。

ISBN（hardcover）

K928.975/R6829

Das, Sarat Chandra. 1849 – 1917

Journey to Lhasa and central Tibet / Sarat Chandra Das. —New York：E. P. Dutton and Co.，1904.

368 p. : ill. ; 22 cm. —拉萨和中部西藏纪行

Includes index. —作者瑟拉特钱德拉达斯是印度佛教协会的秘书长，孟加拉亚洲学会的会员。1874 年，他被任命为大吉岭藏族寄宿学校的校长。他到西藏进行了一些探险，与 13 世达赖喇嘛结识，并对研究藏族的语言和文化深感兴趣，写有很多关于藏学的研究著作。1902 年编成《藏英词典》，1915 年在印度出版了《藏语语法导论》，很有影响，1941 年中华民国重新影印出版。本书记述了作者 1879～1881 年间穿越锡金进入西藏的情况。他到达拉萨和西藏中部，详细了解了拉萨的政府，那里的风俗习惯、节日和文化。还详细记录了自己的回程，叙述了活佛的葬礼，访问了大喇嘛寺，经过雅鲁藏布江。返回印度后，他开始研究那里的问题，探讨西藏的社会分裂、婚姻、丧葬、医药和节日。全书 11 章，有照片、插图和地图。

ISBN （hardcover）

K928. 975/R982

Ruttledge，Hugh.

Everest：the unfinished adventure / Hugh Ruttledge. —London：Hodder & Stoughton，1937.

295，63 p. : ill. , map；26 cm. —珠穆朗玛峰：未完成的探险

Includes index. —介绍 20 世纪 30 年代攀登珠峰的探险。本书三个部分：第一部分，叙事：1. 远景。2. 勘测 1935。3. 动员 1936。4. 拓展训练。5. 接近 1/4 处。6. 北坡的西面，返回。7. 反思。第二部分，评论：收集几个人的文章，从气候、海拔、生理学、氧气、无线电、募捐、到山的命名几个方面讨论。附地图、索引。第三部分，照片插图。

ISBN （hardcover）

K928. 975/T262/2：

Teichman，Eric. 1884 – 1944

Travels of a consular officer in Eastern Tibet：together with a history of the relations between China，Tibet and India / Eric Teichman. —Cambridge：University Press，1922.

248 p. : ill. , map；23 cm. —驻东部西藏领事官的旅行：附中、藏、印关系史

Includes index. —作者是英国外交官和东方学者，毕业于剑桥大学，去世

时担任英国驻重庆大使馆的顾问。他于 1904 年去西藏东部旅行到达拉萨，写下此书。全书前面 5 个部分，主要介绍从 1904 年起直到 1918 年中国、西藏和印度之间的关系史：1. 英国人 1904 年到拉萨探险时中国和西藏的关系；2. 1904 ~ 1906 年；3. 1905 ~ 1911 年；4. 1912 ~ 1914 年；5. 1914 ~ 1918 年。全书 10 章，主要叙述作者从打箭炉向甘孜出发，经昌都、那曲到拉萨的行程，沿途见闻。并有照片 64 张，地图 7 幅。

ISBN（hardcover）

K928. 975/T4821

Thomson，Thomas.

Western himalaya and Tibet：a narrative of a journey through the mountains of Northern India / Thomas Thomson. —London：Reeve and Co. , Henrietta Street, Covent Garden，1852.

xii，501 p. : ill. , map；22 cm. —喜马拉雅西部和西藏

Includes index. —本书主要叙述 1847 ~ 1848 年间，穿越北部印度群山旅行的情况。作者从印度最北部的城市西姆拉出发，穿越西部喜马拉雅什瓦利克山区，进入西藏，并横穿拉达克、吉尔吉特，最后到达克什米尔的查谟。本书对当地的自然风光、各种植物、地理地质情况，以及生活在这里的各民族历史、现状做了民族志的记录。全书 15 章：1. 奉命进入西藏的使团。2. 离开西姆拉。3. Sildang 河。4. Piti 的分水岭。5. 离开 Piti 河谷。6. 顺 Hanle 河而上。7. 离开 Le 而去。8. 离开 Iskardo，向克什米尔前进。9. 离开 Iskardo，向 Bondu 进发。10. 克什米尔周边地区。11. 离开 Jamu，返回西藏。12. 植被的显著变化。13. 跨过 Zanskar 河的索桥。14. 走向喀喇昆仑。15. 西藏概说。

ISBN（hardcover）

K928. 975/T553

A Tibetan journey. — ［S. l. : s. n. , 19?］.

183 - 188 p. ；23 cm. —西藏旅行

这是英文《人民论坛》（The People's Tribune）杂志中的一篇文章，大约发表于 19 世纪 30 年代中期，讲述德国青年 1925 ~ 1928 年间及前后，赴中国内地和西藏探险的经历。全文 5 页。

K928. 975/T886

Tucci，Giuseppe. 1894 - 1984

Travels of Tibetan pilgrims in the swat valley / by Giuseppe Tucci. —Calcutta：The Greater India Society，1940.

103，ii p. ; 21 cm. — （Greater India Studies；No. 2）—西藏朝圣者在斯沃特河谷的旅行

Includes bibliographical references. —本书是意大利学者杜齐的早年作品。杜齐是欧洲研究东方古代文化的著名学者，解放前，他到过西藏多次，足迹遍于前后藏及阿里，写过西藏的专著十余种。由于他的努力，在其担任所长的"意大利中东远东研究所"内，有一个享誉世界的西藏研究中心。他培养出一批长期从事西藏历史文化研究的专家，著名藏学家毕达克即是他的学生。研究所自 1950 年出版的《罗马东方丛书》中，即有十几部关于西藏的研究成果。西方学界认为杜齐的作品代表欧洲研究西藏的最高水平。本书共 4 章，第 1 章是导言，第 2、3 章介绍朝圣者的旅行情况，第 4 章是藏文著作附录。

ISBN （hardcover）

K928. 975/W447/2：

Wellby，M. S.

Through unknown Tibet / M. S. Wellby. —London：T. Fisher Unwin，1898.

440 p. : ill. ; 22 cm. —《穿越西藏无人区》，李金希译，拉萨，西藏人民出版社，2003. 3。

Includes index. —作者是驻印英军的一名上尉，1896 年初从印度出发，穿越了西藏、甘肃和内蒙古，到达北京，又返回印度。全书记述了这次旅行。共 33 章，前 25 章都是讲他们一路上在藏区的生活。记述了当时当地的路途及民风民俗和社会情况。

ISBN （hardcover）

K928. 975O911

Ottley，W. J. 1870 –

With mounted infantry in Tibet / W. J. Ottley. —London：Smith，Elder & Co.，1906.

xiii，275 p. : 48 ill. ; 22 cm. —在西藏的全装步兵团

1904 年，英军侵略西藏，进入拉萨。作者是这支侵略军的一名英军军官，这支侵略军的 32 团和 23 团由印度的锡克人组成，还有一支部队由尼泊尔的廓尔喀人组成，作者和这些军队的军官结识，专门回顾这几支所谓"土著"

军队的成长，以其侵略业绩自豪，本书即是他们这次侵略战争的回忆录。全书 11 章，附录 6 章，插图照片 48 张，地图 1 张。

ISBN（hardcover）

K928/G6621

Gordon, Lieutenant-Colonel T. E.

The roof of the world: being, the narrative of a journey over the high plateau of Tibet to the Russian frontier and the oxus sources on Pamir / Lieutenant-Colonel T. E. Gordon. —Taipei: Ch'eng Wen Publishing Co., 1971.

xii, 172 p. : 42 ill. ; 26 cm. —世界屋脊

本书是本游记，叙述作者如何越过西藏高原到达俄罗斯边境和帕米尔的萨斯河源。全书 12 章，记载一路行程十分详细。有插图 42 幅。

ISBN（hardcover）

K930.9/J33

Jan, Michel

Le voyage en Asie Centrale et au Tibet: Anthologie des Voyageurs Occidentaux du Moyen age a la Premiere Moitie du xxe Siecle / Michel Jan—Paris: Robert Laffont, 1992.

xxxii, 1482 p. : ill. ; 20 cm. —西方旅行家中亚及西藏旅行记

Chronologie: p. 1419 – 1433. —Bibliographie: p. 1435 – 1447. —Cartes: p. 1451 – 1461. —Includes index: p. 1463 – 1473. —本书介绍西方旅行家到中亚及西藏旅行的事迹。全书大部分是从 13 世纪中叶开始到 20 世纪中叶，西方人去中亚各地的情况。后面是去西藏的情况，从 1625 年 Andrade 赴藏开始，直到 1950 年斯文赫定赴藏，共介绍了 15 人，每人都有专门章节。

ISBN 2 – 221 – 05912 – 3: CNY246.50

K931.3/K9697

Kurz, Marcel.

The mountain world 1953 / Marcel Kurz. —London: George Allen & Unwin Ltd, 1953.

220 p. : ill. ; 25 cm. —山的世界

这是本文集，主要讨论珠峰探险的情况。

ISBN （hardcover）

K933. 9/S9771

Swift，Hugh.

The trekker's guide to the Himalaya and Karakoram / by Hugh Swift... ［et al.］—London：Hodder and Stoughton，c1982.

ix，342 p.：ill.；22 cm. —喜马拉雅和喀喇昆仑的旅行指南

Bibliography：p.［296］－300. —Includes index. —本书相当于一部旅行手册，介绍喜马拉雅地区和喀喇昆仑旅行的路线，沿途的民风民俗，自然地理情况等。有多幅地图、插图。

ISBN 0871562952 （pbk.）

K935. 1/N511K927. 5K928. 975

Neve，Arthur

Kashmir Ladakh and Tibet / by Arthur Neve—Delhi：Shubhi Publications，1999

xvi，163 p.：ill.；25 cm. —克什米尔、拉达克和西藏

Includes index. —拉达克位于印度次大陆北部克什米尔东部地区，面积11.7 万平方公里，范围包括喜马拉雅山西部的拉达克山区，境内拉达克山属喀喇昆仑山脉一部分。拉达克元代以后曾划入西藏境内，是西藏西端重镇。拉达克后来是印巴争夺的焦点之一，现在南部由印度控制，其余部分由巴基斯坦控制。本书在谈到拉达克政治、历史时，对西藏情况多有涉及。

ISBN 81－87226－16－1 （hbk）：CNY225. 00

K935. 9/M9282

Orell Fussli Verlag，Zurich

Mount everest：formation，population and exploration of the everest region / Orell Fussli Verlag，Zurich. translated by E. Noel Bwman. —London：Oxford University Press，1963.

195 p.：ill.；21 cm. —珠穆朗玛峰

本书写珠峰地区的地质构造、人口和勘探。原书是德国人 Zurich1959 年所写，Bwman1963 年译为英文。全书三个部分：1. 世界最高山峰的演变。2. 珠峰的勘探。3. Khumbu 地区的夏尔巴人。4. 珠峰地区地图的前言。

ISBN （hardcover）

K935. 9/P379

Peissel，Michel. 1937 –

The great Himalayan passage：the story of an extraordinary adventure on the roof of the world / Michel Peissel. —Boston：Little，Brown and Co. ，1975.

254 p. ：ill. ；20 cm. —巨大的喜马拉雅走廊：世界屋脊的探险故事

作者是法国人类学家、探险家，能讲流利的藏语，曾在牛津和哈佛读书，博士学位。1958 年曾在墨西哥做过考古研究，1959 年开始，他到喜马拉雅地区进行人类学调查，以后在这里进行了长期的探险和工作，写有大量关于这一地区和西藏的著作，还拍摄了很多纪录片。本书主要介绍作者在这一地区尼泊尔一侧探险的事迹，一些地方谈到西藏，并有照片。

ISBN （hardcover）

K939/H649

Hillary，Edmund.

High adventure / Edmund Hillary. —London：Hodder & Stoughton，1955.

224 p. ：ill. ；21 cm. —高度冒险

讲述外国登山队攀登珠峰的事迹，全书 12 章。

ISBN （hardcover）

K939/H9391

Hunt，John.

The ascent of Everest / John Hunt. —London：Hodder & Stoughton，1953.

xx，299 p. ：48 ill. ；23 cm. —攀登珠峰

Includes bibliographical reference and index. —本书讲述英国登山队攀登珠峰的事迹。全书 6 个部分 18 章，有附录、书目、索引，有 8 幅彩照、48 幅照片，地图等。

ISBN （hardcover）

K939/J251

Jahangir and the jesuits. —London：George Routledge & Sons，Ltd，1930.

xxix，287 p. ：ill. ，map；22 cm. —贾汗吉和耶稣会士

Includes index. —本书讲述印度莫卧儿帝国第 4 代皇帝贾汗吉和西方耶稣会士的事迹，其中有几页提到西藏，如 123、148、149、164、172~173 页等。

ISBN （hardcover）

K939/M9811

Murray, W. H.

The Scottish Himalayan expedition / W. H. Murray. —London：J. M. Dent & Sons Ltd, 1951.

xiii, 282 p. : ill. ; 22 cm. —苏格兰人喜马拉雅探险

Includes index. —讲述作者在喜马拉雅地区探险的情况。书中谈到西藏地区和藏人，如 12、127、162、187、199、201、208、209、215、225、237、262 页等处。

ISBN （hardcover）

K939/M9981

Myrdal, Jan.

The silk road：a journey from the High Pamirs and Ili through Sinkiang and Kansu / Jan Myrdal; translated from the Swedish by Ann Henning; photos. by Gun Kessle. —London：Victor Gollancz Ltd, 1980.

xv, 292 p., ［16］ leaves of plates：ill. ; 24 cm. —丝绸之路

Includes index. —记述作者沿丝绸之路从帕米尔高原和伊犁穿越新疆、甘肃的游程。书中一些地方谈到西藏和藏人，如 17、27、37、43、63、70~71、119、197、200、233、234 页等。

ISBN 0575028017 （hardcover）

K939/Y789

Younghusband, Francis Edward. 1863 – 1942

The heart of a continent / Francis Edward Younghusband. —London：John Murray, 1904.

332 p. : ill. ; 22 cm. —大陆的心脏

Includes index. —作者扬哈斯本，中文名字荣赫鹏，英国人，生于印度，是 1904 年英帝国主义者第二次侵略西藏的主要策划者和指挥者。他以麦克唐纳旅为后盾，进入拉萨，赶走了十三世达赖喇嘛，强迫西藏地方政府签订

《藏印条约》。他有很多著作，1887 年，他作为英印政府派到中国的使节，曾从北京经新疆到克什米尔。1889 年到洪扎"考察"，1892 年英国占领该地后任政务官。本书便是记述他的这段历史。

ISBN （hardcover）

K939/Y789

Younghusband, Francis Edward, Sir, 1863 – 1942.

Everest, the challenge / Francis Edward Younghusband. —London：T. Nelson, 1936.

ix, 243 p. : illus. , maps. ; 19 cm. —挑战珠穆朗玛峰

Includes index. —作者扬哈斯本，中文名字荣赫鹏，英国人，生于印度，是 1904 年英帝国主义者第二次侵略西藏的主要策划者和指挥者。他以麦克唐纳旅为后盾，进入拉萨，赶走了十三世达赖喇嘛，强迫西藏地方政府签订《藏印条约》。他有很多著作，1887 年，他作为英印政府派到中国的使节团成员，曾从北京经新疆到克什米尔。1889 年到洪扎"考察"，1892 年英国占领该地后任政务官。1919 ~ 1922 年他曾任伦敦皇家地理学会会长。本书是他记述喜马拉雅山和珠峰情况的著作。

ISBN （hardcover）

K951. 29/S5341

Shaw, Robert. 1839 – 1879

Visits to high Tartary, Yarkand, and Kashghar / by Robert Shaw. —London：John Murray, Albemarle Street, 1871.

486, 16 p. : illus. , maps; 21 cm. —鞑靼高地、叶尔羌、喀什噶尔（原中国的鞑靼）游记——以及翻越喀喇昆仑山口的回程，《一个英国"商人"的冒险：从克什米尔到叶尔羌》，王欣，韩香译；乌鲁木齐，新疆人民出版社，2003.6。

Includes bibliographical references. —作者是英国的一名茶叶商人，热衷于探险，曾多次深入到被英国征服的克什米尔拉达克地区，后被任命为英国驻拉达克的高级代表。他曾先后两次越过昆仑山，进入我国新疆的叶尔羌和喀什噶尔等地游历。是第一个进入新疆的英国人，并见到当时南疆伪政权的头目阿古柏，后被任命为英国驻喀什噶尔的商务代表。本书记述的是他第一次游历的见闻，从 1868 年 5 月到 1869 年 6 月。这正是阿古柏政权盘踞南疆期

间，作者对当时的山川地形、道路交通、物产资源、风俗民情以及社会政治局势都有描述。作者在第一章也记录了西藏和拉达克的地理、民俗及宗教情况。

ISBN（hardcover）

K956. 19/D916

Dungan，Jane E.

A summer ride through western Tibet / Jane E. Dungan. —London：Collins Clear-type Press，1906.

316 p. : illus. ; 18 cm. —夏日骑马穿越西藏西部

Includes bibliographical references and index. —作者是位女性，1904 年 4 月，从印度经克什米尔，渡过杰赫勒姆河，从斯利纳加骑马进入西藏，本书记述此次旅行的经过。全书 29 章：1. 出发准备。2. 信德山谷和左吉拉。3. 多石的西藏。4. 婚礼。5. 列城和法戒寺。6. 魔鬼之舞。7. 法界寺的演出。8. 青稞酒和旁孔湖。9. 从旁孔湖到列城。10. 列城、葬礼、购物和演出。11. 通信。12. 运动、传教工作。13. 返回印度河山谷。14. 巴鲁姆哈堡垒。15. 西藏的音乐和史诗。16. 斯格毕缠和哈努峡谷。17. 果玛哈努，警戒和对营地的攻击。18. 从果玛哈努到卡哈帕鲁。19. 卡哈帕鲁。20. 卡哈帕鲁的生活。21. 卡哈帕鲁的产业。22. 卡哈帕鲁的收获。23. 卡哈帕鲁的大型演出。24. 从卡哈帕鲁到斯卡都。25. 斯卡都和西格尔。26. 佛像和古代拦河坝。27. 特斯拉达。28. 关口和平原。29. 通到克什米尔的山谷之路。附录、索引。

ISBN（hardcover）

K992. 1/L3647

Lattimore，Owen. 1900 –

Inner Asian frontiers of China / Owen Lattimore. —Boston：Beacon Press，1962.

585 p. ; 20 cm. —中国在亚洲内陆的边疆

Includes index. —Bibliography：p. 555 – 572. —本书叙述中国内陆边疆发展的历史，从北京人的石器时代，直到 20 世纪 40 年代。全书共四部分 17 章：第一部分是关于长城的历史地理。其中第 7 章是关于西藏的。包括地理因素，西藏人口的社会组织，西藏的农业和游牧，西藏与内陆的早期联系，西藏的政治统一，喇嘛教的政治功能，8 世纪西藏征服中国西部和新疆，喇嘛教的早期优势（800～1100），蒙古影响时期（1206～1700），满族统治下达赖和班禅的地位，现代中英在西藏利益的冲突。书中有地图 11 幅。

ISBN（pbk.）

K992. 2/T553/3：

Tibet：no longer mediaeval / editor，Jin Zhou. —Beijing：China Publications Centre，1981.

176 p.：ill.，map；26 cm. —不再是中世纪的西藏

这是北京中国出版中心出的画册，展示了现代西藏的崭新风貌。共 11 章：1. 历史背景。2. 和平解放。3. 平叛与改革。4. 培养藏族干部。5. 社会主义改革。6. 农业进步。7. 工业和运输。8. 艺术、教育和健康。9. 新拉萨。10. 团结前进。11. 军队的支援。

ISBN（hardcover）

L42/T456/：2

Thomas，Frederick William. 1867－1956.

Tibetan literary texts and documents concerning Chinese Turkestan. Pt. 2，Documents / selected and translated by F. W. Thomas. —London：The Royal Asiatic Society by Luzac & Company，Ltd.，1951.

470 p.；22 cm. —（Oriental translation fund；v. 37）—《敦煌西域古藏文社会历史文献》，刘忠译注，北京，民族出版社，2003. 3。

本书作者托玛斯为著名的英国东方学家、古藏文专家。斯坦因把第二次西域考古所获文献运回英伦后，曾请普散和托玛斯对其中的古藏文文书进行整理、编目、定名和研究。托玛斯从 20 世纪初即致力于此项工作，并在二三十年代陆续发表了一批论著和研究成果。在 1935 和 1951 年，他以《关于中国西域藏文文献和写本》先后结集出版了两卷专著，在此基础上，他又和同事于 1955 和 1963 年，汇集出版了第三、四卷，后两卷除了对前两卷做了勘误和补充外，主要是编成藏英词典性质的工具书，并附有完备的藏梵文和其他文种的词汇术语的对照，他的工作为后来学者解读古藏文文书铺平了道路。

ISBN（hardcover）

L42/T456/：3

Thomas，Frederick William. 1867－1956.

Tibetan literary texts and documents concerning Chinese Turkestan. Pt. 3 , Addenda and corrigenda, with Tibetan vocabulary concordance of document numbers and plates / selected and translated by F. W. Thomas. —London：The Royal Asiatic Society by Luzac & Company, Ltd. , 1955.

199 p. , [20] leaf of plates：ill. ; 22 cm. — (Oriental translation fund; v. 40) —《敦煌西域古藏文社会历史文献》,刘忠译注,北京,民族出版社,2003. 3。

本书作者托玛斯为著名的英国东方学家、古藏文专家。斯坦因把第二次西域考古所获文献运回英伦后,曾请普散和托玛斯对其中的古藏文文书进行整理、编目、定名和研究。托玛斯从20世纪初即致力于此项工作,并在二三十年代陆续发表了一批论著和研究成果。在1935和1951年,他以《关于中国西域藏文文献和写本》先后结集出版了两卷专著,在此基础上,他又和同事于1955和1963年,汇集出版了第三、四卷,后两卷除了对前两卷做了勘误和补充外,主要是编成藏英词典性质的工具书,并附有完备的藏梵文和其他文种的词汇术语的对照,他的工作为后来学者解读古藏文文书铺平了道路。

ISBN (hardcover)

R/B94 −61/E366 (2)

Eitel, Ernest J.

Hand-book of Chinese Buddhism being a Sanskrit-Chinese dictionary：with vocabularies of buddhist terms / by Ernest J. Eitel. —2nd ed. —Hongkong：Lane, Crawford & Co. , 1888.

231 p. ; 22 cm. —中国佛教手册：兼做梵汉词典

Includes Index. —日本出的中国佛教手册,梵汉词汇对照,可做梵汉词典。主要收的是佛教词汇,这些梵语词汇与藏传佛教有极大关系。

ISBN (hardcover)

R/B94 −62/E366 (2) /2：

Eitel, Ernest J.

Hand-book of Chinese Buddhism：being a Sanskrit-Chinese dictionary / by Ernest J. Eitel—2nd ed. , rev. and enl. —Tokyo：Sanshusha, 1904.

324 p. ; 23 cm. —中国佛教手册：梵汉词典

Includes indexes (p. 231 − 324). —with vocabularies of Buddhist tersm in

Pali, Singhalese, Siamese, Burmses, Tibetan, Monolian and Japanese—日本出的中国佛教手册，梵汉词汇对照，可做梵汉词典。主要收的是佛教词汇，这些梵语词汇与藏传佛教有极大关系。

ISBN （hardcover）

R/B94/Y952

Yumiko, Ishihama.

A new critical edition of the mahavyutpatti: Sanskrit-Tibetan-Mongolian dictionary of buddhist terminology / Yumiko Ishihama, Yoichi Fukuda. — [S. l.]: The Toyo Bunko, 1989.

460 p. ; 26 cm. — （Studia tibetica; no. 16）（Materials for tibetan-mongolian dictionaries; v. 1）—新订翻译名义大集

这是由日本学者石滨裕美子、福田洋一最新校订的梵文、藏文、蒙文佛教术语词典。共收词条 9492 种。

R/H214 –61/D2291

Das, Sarat Chandra. 1849 – 1917

A Tibeta-English dictionary: with sanskrit synonyms / by Sarat Chandra Das. — [S. l.]: The Bengal Secretahiat Press, 1951.

1353 p. ; 26 cm. —藏英词典

Includes bibliographical references and index. —作者瑟拉特钱德拉达斯是印度佛教协会秘书长，孟加拉亚洲学会会员。1874 年，他被任命为大吉岭藏族寄宿学校的校长。他 1879、1881 年两度进藏，与十三世达赖喇嘛结识，并对研究藏族的语言和文化深感兴趣，写有很多关于藏学的研究著作。1915 年在印度出版的《藏语语法导论》，很有影响，1941 年中华民国重新影印出版此书。这本《藏英词典》1902 年初版，1951 年再版。每一词条除藏英对照外，都附梵文同义词。

ISBN （hardcover）

R/H214. 6/J391

Jaschke, H. A. 1817 – 1883

A Tibetan-English dictionary: with special reference to the prevailing dialects: to which is added an english-tibetan vocabulary / by H. A. Jaschke. —Delhi: Motilal Banarsidass，1980.

 xxii，671 p.；22 cm. —藏英词典

 作者海因里希·雅施克是基督徒传教士，他是摩拉维亚赴西藏传教使团的《圣经》翻译。这本藏英词典初版于 1881 年，是作者于此几年前出版的藏德词典的基础上完成的，后经多次再版。作者在完成藏德词典时，曾在 Ladakh、Lahoul 和 Spiti 交界地区的藏族中生活多年，进行考察研究。本词典对各类词汇做了非常有用的文本解释，特别是对佛教哲学，还吸收了很多流行的土语方言。词典还提供了梵语对照，并增加了英藏词汇表。

 ISBN（hardcover）

R291. 4/W246K281. 4

Wang Lei，1935 –

The medical history of Tibet / written by Wang Lei；translated by Tang Dunyan，Cai Wenqian—Shanghai Xianggang：Shanghai Foreign Language Education Press：Sisu International Cultural Co.，1994.

 15，315 p.，[28] p. of plates：ill.（some col.）；22 cm. —西藏医学史

 Includes bibliographical references. —作者王镭，曾任医师、教授，中国医学院特约研究员，现任职国家教委高教司。有多种关于藏医研究的论文、论著。本书 6 个部分：1. 正文前的 30 段偈颂。2. 医学的涵义。3. 医药的起源。4. 医学的传播。5. 藏族医学史。6. 近现代西藏医学简史。后有注释、索引。

 ISBN 7 – 81009 – 825 – X：CNY20. 00

Z4/D2291

Das，Sarat Chandra. 1849 – 1917

Contributions on the religion and history of Tibet / Sarat Chandra Das. —New Delhi：Manjusri Publishing House，1970.

 210 p.：ill.；20 cm. —关于西藏宗教历史的贡献

 作者瑟拉特钱德拉达斯是印度佛教协会秘书长，孟加拉亚洲学会会员。1874 年，他被任命为大吉岭藏族寄宿学校的校长。他到西藏进行了一些探险，与十三世达赖喇嘛结识，并对研究藏族的语言和文化深感兴趣，写有很多关于藏学的研究著作。本书收于喜马拉雅丛书系列之三第 1 卷。

 ISBN（hardcover）

Z4/H6911

Hodgson, Brian Houghton. 1800 – 1894

Essays on the languages, literature and religion of Nepal and Tibet / Brian Houghton Hodgson. —Amsterdam: Philo Press, 1972.

191 p. ; 21 cm. —尼泊尔和西藏语言、文学与宗教论文集

本书 19 篇文章的作者布莱恩·霍顿·霍奇森是 19 世纪初期英印政府的官员、东方学家，曾担任英国派驻尼泊尔的代表。他曾从拉萨运走全套的《甘珠尔》和《丹珠尔》，送给东印度公司。萨默尔斯教授把霍奇森 19 世纪上半叶发表在孟加拉亚洲学会杂志上的这些文章，于 1857 年在加尔各答收集出版，1874 年在伦敦重印时，加了勘误和补编，1972 年在阿姆斯特丹重印时又加了附录。全书分两部分：1. 西藏、尼泊尔语言文学和宗教部分。收 11 篇论文，有的论文附语言词汇比较表，如藏语书面语、口语，夏尔巴语，珞巴语，雷布查语等。2. 主要是地理、民族。收文 8 篇，如"喜马拉雅山的自然地理"、"在喜马拉雅山的原始民族中"、"论西藏北部的民族和西番"等。

ISBN 906022101X （hardcover）

Z62/I5939/：74

Chang, Kun.

Spoken Tibetan texts. vol. 4 / by Kun Chang and Betty Shefts Chang. —Nankang, Taipei, Taiwan：[s. n.], 1981.

330 p. ; 24 cm. — （Institute of history and philology academia sinica special publications；74） —西藏口语语料

此书为台湾"中央研究院"历史语言研究所专刊之 74，西藏口语语料第 4 卷，书中共 18 个寓言小故事，用口语写成，生动活泼，藏英文对照，张琨等著。

Z812/H8737

Hsu Ginn-tze. 1908 – 1981

A bibliography of the Tibetan highland and its adjacent districts / by Hsu Ginntze. —Peking：Science Press, 1958.

462 p. ; 23 cm. —《青康藏高原及毗连地区西文文献目录》，徐近之编，北京，科学出版社，1958。

Includes bibliographical references. —该目录收集有关青康藏高原地区西文文献 5000 余种，时间从近代至 1956 年底，全文分 3 编，第 1 编是分类目录；

第 2 编是著者目录；第 3 编是俄文目录。

Z823. 5/G9775

Gupta, R. K.

Bibliography of the Himalayas / Dr. R. K. Gupta. —Gurgaon：Indian Documentation Service, 1981.

xxxviii, 373 p. ; 22 cm. —喜马拉雅参考书目

这是有关喜马拉雅地区研究的参考书目。共 13 章：1. 参考书目。2. 一般游记。3. 自然地理和地形学。4. 气候。5. 地下水和水资源。6. 地质学与土地资源。7. 矿物学、地质化学和地球物理学。8. 岩石学。9. 人文地理。10. 植物资源。11. 动物资源。12. 土壤保持。13. 旅游。所收书目大约从 1835 ~ 1980 年，共 4772 条。

ISBN（hardcover）

Z827. 12/H412

A catalogue of the United States library of congress collection of Tibetan literature in microfiche, Part Ⅲ / edited by Keijin Hayashi. —东京都：the Toyo Bunko, 1997.

281 p. ; 26 cm. —（Studia Tibetica；No. 37）—美国国会图书馆收藏的西藏文学缩微胶片目录

这是美国国会图书馆收藏的关于西藏文学缩微胶片的目录，书后附藏文的作者索引。

ISBN 估 CNY600. 00

Z839. 2/P878

Poussin, Louis De La Vallee. 1869 – 1938

Catalogue of the Tibetan manuscripts from tun-huang in the India office library / by the late Louis De La Vallee Poussin; with an appendix on the chinese manuscripts by Kazuo Enoki. —London：Oxford University Press, 1962.

xviii, 299 p. ; 28 cm. —印度事务部图书馆藏敦煌藏文卷子目录

Includes index. —作者布散是比利时皇家科学院院士、法国研究院通讯院士。佛教学者，懂梵、藏、巴利文。第一次世界大战期间，从比利时去英国，与陶玛斯（F. W. Thomas）合作研究敦煌古藏文卷子，编成《印度事务部图

书馆藏敦煌藏文卷子目录》。其中所附的汉文卷子目录，则由日本人木夏一雄编撰。

ISBN（hardcover）

dut/K928. 3/T332

Tervooren，Arthur.

De strijd om den top / Arthur Tervooren. —Amsterdam：Scheltens & Giltay，[19?] .

327 p. : ill. ; 24 cm. —攀登珠峰

本书讲述一支德国登山队攀登珠峰的事迹，全书三个部分。书中附有珠峰地区自然景色和登山队员的照片，以及登山路线图。

ISBN（hardcover）

fre/841. 9/S454V/O – O

Segalen，Victor，1878 – 1919.

Odes suivies de Thibet / Victor Segalen；de l'edition integrale etablie par Michael Taylor；presentation d'Henry Bouillier. — ［France］：Gallimard，c1979.

122 p. ; 18 cm. — （Collection poesie） —《发现西藏》，耿昇译，北京，中国藏学出版社，1998. 12。

本书作者是瑞士学者。他这部书叙述了西方人自元代以来，不断有使节和探险家入藏的情况。从 1245 年柏朗嘉宾出使蒙古到大卫 - 妮尔 1925 年入藏，历时近 680 年的探险史，书中都有大致介绍。特别是对 19 世纪末以来英国侵略西藏的历史，书中记载得更为详细。而且本书图文并茂，并附有史料来源，图版目录和译名对照。

ISBN 2070323366：CNY11. 40

fre/B94/B762/2：

Bouillard，G.

Le temple des lamas：temple lamaiste de yung ho kung a Peking：descriptionplans photos-ceremonies / G. Bouillard. —Pekin：Albert Nachbaur Editeur，1931.

127 p. : ill. ; 22 cm. —北京雍和宫的喇嘛寺

Includes bibliographical reference. —介绍北京雍和宫喇嘛寺的情况，包括大殿布局，各尊佛像的说明。

fre/B94/M3573

Marques-Riviere，Jean. 1903 – 2000

A l'ombre：des monasteres thibetains / Jean Marques-Riviere；preface de Maurice Magre. —Paris：Editions Victor Attinger，1929.

xxi，196 p.：ill.；21 cm. —（Orient；5）—西藏寺庙的阴影

作者是法国东方学者，本书介绍了民国早年西藏喇嘛寺的情况。全书 23 章，包括：走向神秘西藏，洞穴中的佛像，到达拉萨，死尸之谜，对龙的召唤，喜马拉雅寺庙的秘密，喜马拉雅的智慧语言等。本书是作者的签名本。

fre/B94/T886

Tucci，Giuseppe. 1894 – 1984

Les religions du Tibet et de la Mongolie / Giuseppe Tucci，Walther Heissig；traduit de l'allemand par R. Sailley. —Paris：Payot，1973.

517 p.：maps；22 cm. —（Bibliotheque historique）—西藏和蒙古的宗教

Includes bibliographical reference（p. 483 – 488）and index. —这是意大利学者杜齐与前西德波恩大学教授海西希（W. Heissig）合写的著作。杜齐是欧洲研究东方古代文化的著名学者，解放前，他到过西藏多次，足迹遍于前后藏及阿里，写过西藏的专著十余种。由于他的努力，在其担任所长的"意大利中东远东研究所"内，有一个享誉世界的西藏研究中心。他培养出一批长期从事西藏历史文化研究的专家，著名藏学家毕达克即是他的学生。研究所自 1950 年出版的《罗马东方丛书》中，即有十几部关于西藏的研究成果。西方学界认为杜齐的作品代表欧洲研究西藏的最高水平。后以此为底本，出版《西藏的宗教》一书。海西希是蒙古学专家，在本书中写作蒙古宗教。

fre/B948/B5827/：9

Madhyamakavatara par candrakirti：traduction Tibetaine / publiee par Louis de la Vallee Poussin. — ［S. l.］：St. – Petersbourg，1912.

289 – 427 p.；23 cm. —（Bibliotheca buddhica；9）—藏文译书

Includes index. —作者布散是比利时皇家科学院院士、法国研究院通讯院士。佛教学者，懂梵、藏、巴利文。第一次世界大战期间，从比利时去英国，与陶玛斯（F. W. Thomas）合作研究敦煌古藏文卷子，编成《印度事务部图书馆藏敦煌藏文卷子目录》。本书译自藏文，当是名著。

fre/B949/D2496

David-Neel, Alexandra. 1868 – 1969

Initiations lamaiques / Alexandra David-Neel. —Paris: Les Editions Adyar, 1930.

244 p. : ill. ; 19 cm. —喇嘛教度礼

作者亚历山大莉亚·大卫-妮尔是法国著名东方学家、汉学家、探险家、特别是藏学家,是一位神话般的传奇人物,在法国乃至整个学界被誉为"女英雄"。她生前著作等身,其有关东方特别是西藏的论著、日记、资料、游记被译为多种文字,多次再版。她终生对西藏充满热爱和崇敬,从 1912 年在噶伦堡受到 13 世达赖接见,1916 年首次进入西藏,她曾先后 5 次到西藏及周边地区考察,而且还起了一个"智灯"的法号。20 世纪 20 年代,以其《喇嘛教度礼》为前奏,《一位巴黎女子的拉萨历险记》《西藏的巫术和奥义》《在贵族——土匪地区》组成了她早期入藏的三部曲。她在西藏旅行时所作的全部笔记很早就已出版,第 1 卷写于 1904 ~ 1917 年,第 2 卷写于 1918 ~ 1940 年。1946 年返法后,大卫-妮尔在巴黎大学举办"藏传佛教特征讲座",此后写出一系列有关西藏的著作。本书便是其早期入藏的著作之一。书中有珍贵的照片插图。

ISBN (hardcover)

fre/B949/D379/: 1

Demieville, Paul. 1894 – 1979

Le concile de Lhasa: une controverse sur le quietisme entre bouddhistes de l'inde et de la chine au viiie siecle de l'ere chretienne. 1 / Paul Demieville. —Paris: Imprimerie Nationale de France, 1952.

1 vol. ; 23 cm. —逻娑僧诤记

Includes bibliographical references. —作者是法国著名汉学家,法国学士院院士,法兰西学院名誉教授,曾任《通报》主编。本书是他根据敦煌汉文文献《顿悟大乘正理诀》等,考证 8 世纪末汉、印僧人在吐蕃宫廷中的大辩论,分析当时的历史背景。此书颇受国际学术界的重视。1970 年,他在论文《关于敦煌的近作》(Recents travaux sur Touen-houang) 中,继续阐明他对西藏古代历史的看法。1973 年,法国国立科学研究中心和高等学术研究院成立"敦煌研究组",聘他担任指导。

fre/B949/P878

Poussin, Louis de la Vallee. 1869 – 1938

La morale bouddhique / Louis de la Vallee Poussin. —Paris: Nouvelle Librairie Nationale, 1927.

256 p. ; 20 cm. —佛教伦理

Includes bibliographical references. —作者布散是比利时皇家科学院院士、法国研究院通讯院士。佛教学者，懂梵、藏、巴利文。第一次世界大战期间，从比利时去英国，与陶玛斯（F. W. Thomas）合作研究敦煌古藏文卷子，编成《印度事务部图书馆藏敦煌藏文卷子目录》。其中所附的汉文卷子目录，则由日本人木夏一雄编撰。

fre/G127/M1351

Macdonald, Ariane.

Essais sur l'art du Tibet / Ariane Macdonald, Yoshiro Imaeda. —Paris: Librairie D'amerique et D'orient, 1977.

188 p. : illus. ; 23 cm. —西藏艺术论文集

Includes bibliographical references and index. —本书是关于西藏艺术的论文集，收集了 7 位作者的重要文章。其中的 Ariane Macdonald 是位女士，法国高等学术研究院史学文献部导师。她从 20 世纪 60 年代以来继拉露（M. Lalou）女士之后整理和研究法藏敦煌的古代吐蕃文献。写有论文《关于伯希和第 1286、1287、1038、1047 及 1290 号藏文卷子的解释》，探讨佛教传入前吐蕃王室的宗教信仰、松赞干布的个性和功业等。还有一篇《关于甲波依仓诠释的导言》，两篇文章都受到法国学界的重视。她还从拉露登录的 2000 种敦煌古藏文卷子中选出部分，出版了《巴黎国立图书馆藏伯希和携来文献丛刊》。

ISBN CNY60. 00

fre/H214. 4/F762/2：

Foucaux, Par Ph. ed.

Grammaire de la langue Tibetaine / Par Ph. ed. Foucaux. —Paris: A L'imprimerie Imperiale, 1858.

231 p. ; 21 cm. —藏语语法

Includes bibliographical reference. —作者收集 1759～1858 年的资料情况，用法文撰写的藏语语法著作。

ISBN （hardcover）

fre/H214. 9/L212

Lalou，Marcelle. 1890 – 1967

Manuel elementaire de Tibetain classique / Marcelle Lalou. —Paris：Imprimerie Nationale，1950.

111 p. ; 25 cm. —藏语课本

Includes bibliographical reference. —法文编写的藏语课本。作者拉露是法国高等学术研究院历史和语言学部的导师,《亚细亚杂志》编辑。她是法国藏学家巴科 ［J. Bacot（1877 ~ 1965）］ 的学生和助手,曾编制《法国国家图书馆藏敦煌古藏文卷子目录》,全书 3 卷,附专名和难字索引。她还发表了有关吐蕃官制、政书、苯教、藏医等方面的资料,其中尤以《八世纪吐蕃官员请求复职呈文》最为重要。

ISBN PBK ￥9. 45

fre/H214. 9/L212

Lalou，Marcelle. 1890 – 1967

Manuel elementaire de Tibetain classique / Marcelle Lalou. —Paris：Imprimerie Nationale，1950.

108 p. ; 25 cm. —藏语课本

Includes bibliographical reference. —法文编写的藏语课本。作者拉露是法国高等学术研究院历史和语言学部的导师,《亚细亚杂志》编辑。她是法国藏学家巴科 ［J. Bacot（1877 ~ 1965）］ 的学生和助手,曾编制《法国国家图书馆藏敦煌古藏文卷子目录》,全书 3 卷,附专名和难字索引。她还发表了有关吐蕃官制、政书、苯教、藏医等方面的资料,其中尤以《八世纪吐蕃官员请求复职呈文》最为重要。

ISBN PBK ￥5. 70

fre/H214/B129/5：1

Bacot, Jacques. 1877 – 1965

Grammaire du Tibetain litteraire. 1 / Jacques Bacot. —Paris：Librairie D'Amerique et D'Orient, 1946.

86 p. ; 25 cm. —藏语书面语语法

Includes bibliographical reference. —作者雅克·白柯德是名探险家和法国藏学先驱。他曾在印度、中国西部和西藏边境地区旅行，后在法国高等研究实践学院工作，1936 年他担任该院西藏部的主任，1945～1954 年担任亚洲学会的主任。他是研究西藏传统语法的第一位西方学者，以后和英国的陶玛斯 [F. W. Thomas（1867～1956）] 一起成为第一代研究古代西藏敦煌手稿的学者，他们还合作将英法两国所藏敦煌古藏文手稿译成《敦煌吐蕃历史文书》。他经常关注使用西藏的信息，有多部藏学著作问世。

ISBN PBK

fre/H214/B129/5：2

Bacot, Jacques. 1877 – 1965

Grammaire du Tibetain litteraire. 2, index morphologique / Jacques Bacot. —Paris：Librairie D'Amerique et D'Orient, 1948.

151 p. ; 25 cm. —藏语书面语语法

Includes bibliographical reference. —作者雅克·白柯德是名探险家和法国藏学先驱。他曾在印度、中国西部和西藏边境地区旅行，后在法国高等研究实践学院工作，1936 年他担任该院西藏部的主任，1945～1954 年担任亚洲学会的主任。他是研究西藏传统语法的第一位西方学者，以后和英国的陶玛斯 [F. W. Thomas（1867 – 1956）] 一起成为第一代研究古代西藏敦煌手稿的学者，他们还合作将英法两国所藏敦煌古藏文手稿译成《敦煌吐蕃历史文书》。他经常关注使用西藏的信息，有多部藏学著作问世。

ISBN PBK

fre/H214/D2496

David-Neel, Alexandra. 1868 – 1969

Textes Tibetains / Alexandra David-Neel. —Paris：La Colombe, 1952.

199 p. ; 21 cm. —西藏文献

Includes bibliographical reference. —西藏文献，包括诗歌、散文、格言等。作者亚历山大莉亚·大卫–妮尔是法国著名东方学家、汉学家、探险家、特别是藏学家，是一位神话般传奇人物，在法国乃至整个学界被誉为"女英雄"。她生前著作等身，其有关东方特别是西藏的论著、日记、资料、游记被译为多种文字，多次再版。她终生对西藏充满热爱和崇敬，从 1912 年在噶伦堡受到 13 世达赖接见，1916 年首次进入西藏，她曾先后 5 次到西藏及周边地区考察，而且还起了一个"智灯"的法号。20 世纪 20 年代，以其《喇嘛教度礼》为前奏，《一位巴黎女子的拉萨历险记》《西藏的巫术和奥义》《在贵族——土匪地区》组成了她早期入藏的三部曲。她在西藏旅行时所作的全部笔记很早就已出版，第 1 卷写于 1904～1917 年，第 2 卷写于 1918～1940 年。1946 年返法后，大卫－妮尔在巴黎大学举办"藏传佛教特征讲座"，此后写出一系列有关西藏的著作。

ISBN PBK

fre/H214/D9651

Durr, Jacques A.

Morphologie du verbe Tibetain / Jacques A. Durr. —Heidelberg：Carl Winter：Univrsitatsverlag, 1950.

192 p. ; 24 cm. —藏语动词形态学

Includes bibliographical reference. —研究藏语动词语法

ISBN PBK

fre/I277. 226/Y55

Yongden, Lama. 1899. 12 – 1955. 10

La puissance du neant：roman Tibetain / Lama Yongden；adaptation francaise de Alexandra David-Neel. —Paris：Librairie Plon, 1954.

254 p. ; 18 cm. —空的威力

本书作者庸登喇嘛出生于锡金一个藏族家庭，又被称为孟喇嘛。他 8 岁离家，在西藏一座寺庙学习佛法，后来成为大卫－妮尔的义子，从 14 岁起，便随大卫－妮尔游遍亚、非、欧三大洲，多次陪大卫－妮尔入藏。与其义母一起生活了 40 年。31 岁时入法国籍，中华民国政府 1945 年授予他"活佛"称号。他于 1954 年出版此书后，次年去世。亚历山大莉亚·大卫－妮尔（1868～1969）是法国著名东方学家、汉学家、探险家、特别是藏学家，是一位神话般传奇人物，在法国乃至整个学界被誉为"女英雄"。她生前著作等身，其有关东方特别是西藏的论著、日记、资料、游记被译为多种文字，多次再版。她终生对西藏充满热爱和崇敬，从 1912 年在噶伦堡受到十三世达赖的接见，1916 年首次进入西藏，她曾先后 5 次到西藏及周边地区从事科考，而且还起了一个"智灯"的法号。

fre/I291. 42/D2496

David-Neel, Alexandra. 1868 – 1969

La vie surhumaine de guesar de ling: le heros Thibetain racontee par les bardes de son pays / Alexandra David-neel. —Paris: Editions Adyar, 1931.

346 p. ; 20 cm. —西藏游记

Includes bibliographical references. —作者亚历山大莉亚·大卫–妮尔是法国著名东方学家、汉学家、探险家、特别是藏学家，是一位神话般的传奇人物，在法国乃至整个学界被誉为"女英雄"。她生前著作等身，其有关东方特别是西藏的论著、日记、资料、游记被译为多种文字，多次再版。她终生对西藏充满热爱和崇敬，从 1912 年在噶伦堡受到十三世达赖接见，1916 年首次进入西藏，她曾先后 5 次到西藏及周边地区考察，而且还起了一个"智灯"的法号。20 世纪 20 年代，以其《喇嘛教度礼》为前奏，《一位巴黎女子的拉萨历险记》《西藏的巫术和奥义》《在贵族——土匪地区》组成了她早期入藏的三部曲。她在西藏旅行时所作的全部笔记很早就已出版，第 1 卷写于 1904～1917 年，第 2 卷写于 1918～1940 年。1946 年返法后，大卫–妮尔在巴黎大学举办"藏传佛教特征"讲座，此后写出一系列有关西藏的著作。本书是她与义子庸登喇嘛合著，书中有珍贵的照片插图。本书还是大卫–妮尔本人的签名本，更珍贵。

fre/K20/H882/: 1

Huc, M. 1813 – 1860

L'empire chinois: souvenirs d'un voyage dans la Tartarie et le Thibet. Tome 1 / M. Huc. —Pekin: Imprimerie des Lazaristes, 1926.

479 p. : ill. ; 24 cm. —鞑靼、西藏游记

作者是法国遣使会教士，1839 年来华，1843 年同秦神甫到蒙古、西藏游历，1848 年转赴浙江传教，1852 年回国，逝于巴黎。他 1850 年首版《鞑靼、西藏、中国游记》，记述其 1844～1846 年间在中国的经历。在华期间，他们自北平、张家口，经内蒙古、青海入藏，后出康循长江出川。作者曾绘制西藏地图，但比例尺甚小，属较早西藏地图。本书再版，共两部分，第一部分是鞑靼，第二部分是西藏。

ISBN（hardcover）

fre/K20/H882/: 2

Huc, M. 1813 – 1860

L'empire chinois: souvenirs d'un voyage dans la Tartarie et le Thibet. Tome 2 / M. Huc. —Pekin: Imprimerie des Lazaristes, 1926.

493 p.: ill.; 24 cm. —鞑靼、西藏游记

作者是法国遣使会教士，1839 年来华，1843 年同秦神甫到蒙古、西藏游历，1848 年转赴浙江传教，1852 年回国，逝于巴黎。他 1850 年首版《鞑靼、西藏、中国游记》，记述其 1844～1846 年间在中国的经历。在华期间，他们自北平、张家口，经内蒙古、青海入藏，后出康循长江出川。作者曾绘制西藏地图，但比例尺甚小，属较早西藏地图。本书再版，共两部分，第一部分是鞑靼，第二部分是西藏。

ISBN（hardcover）

fre/K247/H6731/: 1

Deguignes, M.

Histoire generale des huns: des turcs, des mogols, et des autres tartares occidentaux. Par M. Deguignes. 1. —Paris: Chez Desaint & Saillant, 1756.

471 p.; 25 cm. —北狄通史

18 世纪 50 年代法国传教士 Par M. Deguignes 出版了煌煌五卷本的《北狄通史》，其中讲到匈奴、突厥、蒙古、鞑靼等民族，他依据汉文史籍和当时在华耶稣会士的记载，谈到西藏的历史，本书可以说是欧洲人写作关于西藏历史著作的开端。然而此书并不多为人知，在普及方面没有起到很大的作用。

ISBN（hardcover）

fre/K247/H6731/: 2

Deguignes, M.

Histoire generale des huns: des turcs, des mogols, et des autres tartares occidentaux. Par M. Deguignes. 2. —Paris: Chez Desaint & Saillant, 1756.

521 p.; 25 cm. —北狄通史

18 世纪 50 年代法国传教士 Par M. Deguignes 出版了煌煌五卷本的《北狄通史》，其中讲到匈奴、突厥、蒙古、鞑靼等民族，他依据汉文史籍和当时在华耶稣会士的记载，谈到西藏的历史，本书可以说是欧洲人写作关于西藏历史著作的开端。然而此书并不多为人知，在普及方面没有起到很大的作用。

ISBN（hardcover）

fre/K247/H6731/：3

Deguignes，M.

Histoire generale des huns：des turcs，des mogols，et des autres tartares occidentaux. Par. M. Deguignes. 3.—Paris：Chez Desaint & Saillant，1756.

292 p.；25 cm.—北狄通史

18 世纪 50 年代法国传教士 Par M. Deguignes 出版了煌煌五卷本的《北狄通史》，其中讲到匈奴、突厥、蒙古、鞑靼等民族，他依据汉文史籍和当时在华耶稣会士的记载，谈到西藏的历史，本书可以说是欧洲人写作关于西藏历史著作的开端。然而此书并不多为人知，在普及方面没有起到很大的作用。

ISBN（hardcover）

fre/K247/H6731/：4

Deguignes，M.

Histoire generale des huns：des turcs，des mogols，et des autres tartares occidentaux. Par. M. Deguignes 4.—Paris：Chez Desaint & Saillant，1756.

542 p.；25 cm.—北狄通史

18 世纪 50 年代法国传教士 Par M. Deguignes 出版了煌煌五卷本的《北狄通史》，其中讲到匈奴、突厥、蒙古、鞑靼等民族，他依据汉文史籍和当时在华耶稣会士的记载，谈到西藏的历史，本书可以说是欧洲人写作关于西藏历史著作的开端。然而此书并不多为人知，在普及方面没有起到很大的作用。

ISBN（hardcover）

fre/K247/H6731/：5

Deguignes，M.

Histoire generale des huns：des turcs，des mogols，et des autres tartares occidentaux. Par. M. Deguignes 5.—Paris：Chez Desaint & Saillant，1756.

517 p.；25 cm.—北狄通史

18 世纪 50 年代法国传教士 Par M. Deguignes 出版了煌煌五卷本的《北狄通史》，其中讲到匈奴、突厥、蒙古、鞑靼等民族，他依据汉文史籍和当时在华耶稣会士的记载，谈到西藏的历史，本书可以说是欧洲人写作关于西藏历史著作的开端。然而此书并不多为人知，在普及方面没有起到很大的作用。

ISBN（hardcover）

fre/K280. 75/B129

Bacot，Jacques. 1877－1965

Introduction a l'histoire du Tibet / Jacques Bacot. —Pairs：Societe Asiatique，1962.

138 p. ： ill. ，map；25 cm. —西藏历史介绍

作者雅克·白柯德是著名探险家和法国藏学先驱。他曾在印度、中国西部和西藏边境地区旅行，后在法国高等研究实践学院工作，1936 年他担任该院西藏部主任，1945～1954 年担任亚洲学会主任。他是研究西藏传统语法的第一位西方学者，以后和英国的陶玛斯［F. W. Thomas（1867～1956）］一起成为第一代研究古代敦煌吐蕃手稿的学者。他经常关注西藏的情况，有多部藏学著作问世。作者 1906 年赴西藏旅行，沿着朝圣路线，亲身接触西藏的宗教生活，1908 年返回法国。这是他晚年写的西藏历史介绍。

ISBN （pbk.）

fre/K281. 4/P391

Pelliot，Paul. 1878－1945

Histoire ancienne du Tibet / Paul Pelliot. —Paris：Librairie D'amerique et D'orient，1961.

168 p. ；24 cm. —西藏古代史

Includes index. —伯希和（1878～1945），法国著名汉学家、探险家。早年在法国政治科学院、东方语言学院等学习，曾随著名汉学家沙畹、高第学习汉文。1900 年后供职于印度支那考古学调查会，即法国远东学院（越南河内），1902 年来北京，在法使馆任职。1908 年他和斯坦因同往甘肃敦煌，窃取我国文物 5000 余件。第一次世界大战期间他曾任法驻华使馆武官，战后回法任教职。他精通汉、蒙、藏、满、阿拉伯、伊朗等东方语言，研究中西交通史。后来负责主编法文《通报》，他的大部分文章都发表在《通报》上。伯希和有大量汉学著作，他的遗稿由其弟子编辑为《伯希和遗稿丛刊》（*Oeuvres Posthumes de Paul Pelliot*），本书是他将《新唐书·吐蕃传》译成的法文书，据说他还对《吐蕃传》做了注释，但一直未见手稿刊行。

ISBN （pbk.）

fre/K287. 5/H882/：1

Huc，M. 1813－1860

Le christianisme en Chine：en Tartarie et au Thibet. 1 / M. Huc. —Paris：
Gaume Freres，1857.

469 p. ：map；20 cm. —中国基督教：鞑靼，西藏

作者是法国遣使会教士，1839 年来华，1843 年同秦神甫到蒙古、西藏游
历，1848 年转赴浙江传教，1852 年回国，逝于巴黎。他 1850 年出版《鞑靼、
西藏、中国游记》，记述其 1844 ~ 1846 年间在中国的经历。在华期间，他们
自北平、张家口，经内蒙古、青海入藏，后出康循长江入内地。作者曾绘制
西藏地图，但比例尺甚小，属较早西藏地图。本书叙述中国蒙古、西藏基督
教情况。

ISBN （hardcover）

fre/K287. 5/H882/：2

Huc，M. 1813 – 1860

Le christianisme en Chine：en Tartarie et au Thibet. 2 / M. Huc. —Paris：
Gaume Freres，1857.

455 p. ；20 cm. —中国基督教：鞑靼，西藏

作者是法国遣使会教士，1839 年来华，1843 年同秦神甫到蒙古、西藏游
历，1848 年转赴浙江传教，1852 年回国，逝于巴黎。他 1850 年出版《鞑靼、
西藏、中国游记》，记述其 1844 ~ 1846 年间在中国的经历。在华期间，他们
自北平、张家口，经内蒙古、青海入藏，后出康循长江入内地。作者曾绘制
西藏地图，但比例尺甚小，属较早西藏地图。本书叙述中国蒙古、西藏基督
教的情况。

ISBN （hardcover）

fre/K287. 5/H882/：3

Huc，M. 1813 – 1860

Le christianisme en Chine：en Tartarie et au Thibet. 3 / M. Huc. —Paris：
Gaume Freres，1857.

462 p. ；20 cm. —中国基督教：鞑靼，西藏

作者是法国遣使会教士，1839 年来华，1843 年同秦神甫到蒙古、西藏游
历，1848 年转赴浙江传教，1852 年回国，逝于巴黎。他 1850 年出版《鞑靼、
西藏、中国游记》，记述其 1844 ~ 1846 年间在中国的经历。在华期间，他们
自北平、张家口，经内蒙古、青海入藏，后出康循长江入内地。作者曾绘制

西藏地图，但比例尺甚小，属较早西藏地图。本书叙述中国蒙古、西藏基督教的情况。

ISBN （hardcover）

fre/K287.5/H882/：4

Huc, M. 1813 – 1860

Le christianisme en Chine：en Tartarie et au Thibet. 4 ／ M. Huc. —Paris：Gaume Freres, 1858.

476 p. ; 20 cm. —中国基督教：鞑靼，西藏

作者是法国遣使会教士，1839 年来华，1843 年同秦神甫到蒙古、西藏游历，1848 年转赴浙江传教，1852 年回国，逝于巴黎。他 1850 年出版《鞑靼、西藏、中国游记》，记述其 1844 ~ 1846 年间在中国的经历。在华期间，他们自北平、张家口，经内蒙古、青海入藏，后出康循长江入内地。作者曾绘制西藏地图，但比例尺甚小，属较早西藏地图。本书叙述中国蒙古、西藏基督教的情况。

ISBN （hardcover）

fre/K290.75/G7211/2：

McGovern, W. Montgomery. 1897 – 1964

Mon voyage secret a Lhassa ／ par W. Montgomery Mc Govern；traduit de l'anglais par Victor Marcel. —Paris：Plon-Nourrit et Cie, Imprimeurs-Editeurs, 1926.

viii, 294 p. : ill. , maps；22 cm. —秘密访问拉萨

Dans la terre du bouddha vivant. —作者是美国西北大学的教授，主要研究中亚和中国的历史，还写过《中亚古国史》，有中华书局出的中文译本。本书写的是 20 世纪 20 年代的情况，共 16 章。这本书是从原来的英文本译为法文。

ISBN （hardcover）

fre/K297.5/A4251

Allen, Nicholas J.

Quadripartition of society in early Tibetan sources ／ by Nicholas J. Allen. —Paris：Librairie Orientaliste Paul Geuthner, 1978.

342 – 360 p. ; 20 cm. —早期藏族起源时的社会

Includes bibliographical reference. —这是作者的一篇论文，原载于法国亚洲学报 1978 年号（*Journal Asiatique 1978*）。文章论述藏族早期社会的情况。

fre/K297. 5/B129/2:

Bacot，Jacques. 1877 – 1965

Trois mysteres Tibetains: tchrimekundan-djroazanmo-nansal / Jacques Bacot. —Paris：Editions Bossard，1921.

298 p. ; 21 cm. —三种神秘的西藏剧

作者雅克·白柯德是著名探险家和法国藏学先驱。他曾在印度、中国西部和西藏边境地区旅行，后在法国高等研究实践院工作，1936 年担任该院西藏部主任，1945~1954 年担任亚洲学会主任。他是研究西藏传统语法的第一位西方学者，以后和英国的陶玛斯［F. W. Thomas (1867~1956)］一起成为第一代研究古代西藏敦煌手稿的学者。他经常关注西藏的消息和情况，有多部藏学著作问世。本书作者搜集了三种藏族的古老传说，用法文翻译，第一种是"Tchrimekundan"，第二种是"djroazanmo"，第三种是"nansal"，每种之前都有说明和介绍，内附插图。

ISBN（hardcover）

fre/K297. 5/B723

Bonvalot，Gabriel. 1853 – 1933

Le Tibet inconnu / Gabriel Bonvalot. —Paris：Librairie Hachette et Cie，1892.

507 p. : illu. ; 23 cm. —穿越陌生的西藏

Includes bibliographical references. —作者加布里埃尔是法国 19 世纪后期最著名的探险家，他在中亚和西藏的旅行，使他两次获得巴黎地理学会的金牌和荣誉勋章。本书叙述了他从巴黎到东京途中，与瑞士王子亨利德奥尔良一起，于 1889~1890 年间穿越我国西藏的所见所闻。他们此行的目的，是要与俄国争夺亚洲的利益，探索从新疆经西藏到达印度支那的路线。他们在冬季极端困难的条件下穿越青藏高原，行程 6000 公里。作者精确记述了他们旅程的每一天，面临的困难，在海拔 4000~6000 米的高山间，冬季零下 20 度的气温，缺少水和食品的供应等，同时记述了当地的民风民俗。书中有很多高清晰度的插图照片。

ISBN（hardcover）

fre/K297. 5/B9196

Buchi, E. C.

Anthropologie des Tibetains / E. C. Buchi, A. Guibaut et G. Olivier. —Paris：Ecole Francaise D'extreme-Orien, 1965.

164 p. : ill. ; 24 cm. —西藏人类学

Includes bibliographical reference. —此书是法国著名刊物《法兰西远东学报》编辑出版的人类学集刊之一。全书分两部分：第一部分是包齐著的《西藏人类学》（1～104 页）；第二部分是吉保特和奥利维尔合著的《西藏东部人类学》（105～164 页）。两篇文章都是从体质人类学的角度对藏族进行研究，各附有藏族男女正面和侧面头像十多张以及大量统计数据。后一篇文章还附有示意地图四张。

ISBN（pbk.）

fre/K297. 5/D249

David-Neel, Alexandra. 1868 – 1969

Au pays des brigands gentilshommes / Alexandra David-Neel. —Paris：Librairie Plon Les Petits-Fils de Plon et Nourrit, 1933.

356 p. : ill. , map; 20 cm. —在贵族——土匪地区

作者亚历山大莉亚·大卫–妮尔是法国著名东方学家、汉学家、探险家、特别是藏学家，是一位神话般的传奇人物，在法国乃至整个学界被誉为"女英雄"。她生前著作等身，其有关东方特别是西藏的论著、日记、资料、游记被译为多种文字，多次再版。她终生对西藏充满热爱和崇敬，从 1912 年在噶伦堡受到十三世达赖接见，1916 年首次进入西藏，她曾先后 5 次到西藏及周边地区考察，而且还起了一个"智灯"的法号。20 世纪 20 年代，以其《喇嘛教度礼》为前奏，《一位巴黎女子的拉萨历险记》、《西藏的巫术和奥义》、《在贵族——土匪地区》组成了她早期入藏的三部曲。她在西藏旅行时所作的全部笔记很早就已出版，第 1 卷写于 1904～1917 年，第 2 卷写于 1918～1940 年。本书是她的签名本。

fre/K297. 5/D2496

David-Neel, Alrexandra. 1868 – 1969

Mystiques et magiciens du Thibet / Alrexandra David-Neel. —Paris：Librairie Plon, 1929.

306 p. : illus. ; 20 cm. —西藏的巫术和奥义

Includes bibliographical reference. —作者亚历山大莉亚·大卫-妮尔（1868~1969）是法国著名东方学家、汉学家、探险家、特别是藏学家，是一位神话般的传奇人物，在法国乃至整个学界被誉为"女英雄"。她生前著作等身，其有关东方特别是西藏的论著、日记、资料、游记被译为多种文字，多次再版。她终生对西藏充满热爱和崇敬，从1912年在噶伦堡受到十三世达赖的接见，1916年首次进入西藏，她曾先后5次到西藏及周边地区从事科考，而且还起了一个"智灯"的法号。20世纪20年代，其《喇嘛教度礼》为前奏曲，《一位巴黎女子的拉萨历险记》《西藏的巫术和奥义》《在贵族——土匪地区》组成了她早期入藏的三部曲。她在西藏旅行时所作的全部笔记很早就已出版，第1卷是1904~1917年间写的，第2卷是1918~1940年间写的。本书是她介绍藏传佛教的早期著作。

fre/K297.5/D454

Desgodins, C. H. 1826-1913

Le Thibet d'apres la correspondance des missionnaires / C. H. Desgodins. —Paris: Librairie Catholique de L'oeuvre de Saint-Paul, 1885.

475 p. ; 21 cm. —西藏传教使团的信函资料

A. Desgodins是巴黎外方传教会教士。1855年来华，在西康传教58年。他的著作大部分是关于西藏语言地理的。编有《藏、拉丁、法文词典》等书，后期生活于大吉岭。1913年度《通报》上载有他的著作目录。本书作者C. H. Desgodins是前者的兄弟，作为传教士，他们生活在一起。后者也有多种西藏研究著作问世，本书是作者收集研究在西藏的传教团的文献资料，全书19章。

ISBN（hardcover）

fre/K297.5/F2957

Feer, Leon. 1830-1902

Le Tibet: le pays, le peuple, la religion / Leon Feer. —Paris: Maisonneuve Freres et Ch., 1886.

107 p. ; 15 cm. —西藏

本书介绍西藏的地方、人民和宗教。全书6章，分别讲述地理、人种、政治、政府、经济、运输、文化发展、宗教、喇嘛寺、历史等。

ISBN（hardcover）

fre/K297. 5/G826

Grenard，F. 1865 – 1921

Le Tibet：le pays et les habitants / F. Grenard. —Paris：Libririe Armand Co-
lin，1904.

iii，387 p. ；19 cm. —西藏：国家和他的居民

本书是作者 1897 ~ 1898 年出版的《赴上亚细亚的科学使团》（*A Scientific
Mission to Upper Asia*）的节译本。这是该书的法文本，本书还出有英文本。作
者想讲述那里西藏和西藏人的故事，以期引起大批读者的注意。全书分两部
分：第一部分，旅行的故事，共 4 章，1. 在西北西藏和拉达克的首次冒险。
2. 拉萨的三月，荒凉的大山，纳木错湖，与西藏官员的谈判。3. 1894 年的探
险。4. 探险队员之死。第二部分，西藏和其居民的一般观点，共 11 章，
1. 作为一个整体国家的描述。2. 居民：他们的体质和道德类型。3. 西藏人民
的起源。4. 物质生活：居住、服装、食物、卫生和医药。5. 家庭。6. 社会组
织。7. 经济状况。8. 经济状况（续）。9. 宗教。10. 神职人员的组织。
11. 政府和政策。

ISBN（pbk. ）

fre/K297. 5/G826

Grenard，F. 1865 – 1921

Le Tibet：le pays et les habitants / F. Grenard. —Paris：Librairie Armand Co-
lin，1904.

387 p. ：map；18 cm. —西藏：国家和他的居民

本书是作者 1897 ~ 1898 年出版的《赴上亚细亚的科学使团》（*A Scientific
Mission to Upper Asia*）的节译本。作者想讲述那里西藏和西藏人的故事，以期
引起大批读者的注意。全书分两部分：第一部分，旅行的故事，共 4 章，
1. 在西北西藏和拉达克的首次冒险。2. 拉萨的三月，荒凉的大山，纳木错
湖，与西藏官员的谈判。3. 1894 年的探险。4. 探险队员之死。第二部分，西
藏和其居民的一般观点，共 11 章，1. 作为一个整体国家的描述。2. 居民：
他们的体质和道德类型。3. 西藏人民的起源。4. 物质生活：居住、服装、食
物、卫生和医药。5. 家庭。6. 社会组织。7. 经济状况。8. 经济状况（续）。
9. 宗教。10. 神职人员的组织。11. 政府和政策。

ISBN（hardcover）

fre/K297.5/H121

Hackin, J.

L'art Tibetain ／ J. Hackin. —Paris：Librairie Paul Geuthner, 1911.

xxv, 99 p. ; 18 cm. —西藏艺术

介绍西藏艺术，包括宗教艺术，菩萨、佛像，犍陀罗，喇嘛寺，佛塔，唐卡，以及西藏艺术受到的外来影响等。

ISBN（hardcover）

fre/K297.5/H454

Hedin, Sven. 1865 – 1952

Le Tibet devoile ／ Sven Hedin. —Paris：Librairie Hachette et Cie, 1910.

243 p. : ill. , map; 24 cm. —西藏

这是瑞典探险家斯文赫定的著作。继 1900 年发现楼兰古城，进而进入藏北高原，1901 年考察了西藏广大地区后。1906 年 8 月至 1908 年 8 月他第 4 次来中国，主要目标是西藏。于 1906 年 12 月到达波仓藏布。1907 年 2 月，到达日喀则，访问了扎什伦布寺，拜会了班禅。3 月，到达雅鲁藏布江。6 月，考察了中尼边界。9 月，考察了神山冈仁波齐峰，发现恒河源头。12 月至 1908 年 8 月，在克什米尔重组考察队，再返西藏考察，并绘制西藏地图。本书便是作者这次考察旅行的笔记。他来到雅鲁藏布江边，在那里接触大量普通藏人，了解他们的生活习俗，拍摄了大量照片。全书 20 章，有清晰的照片 47 幅，地图 1 幅。

ISBN（hardcover）

fre/K297.5/H882

Huc, R. P. 1813 – 1860

Dans le Thibet ／ R. P. Huc；nouvelle edition publiee et prefacee par H. D'Ardenne De Tizac. —Paris：Plon-Nourrit et Cie, Imprimeurs-Editeurs, 1926.

xiii, 318 p. : ill. ; 22 cm. — （Souvenirs d'un voyage dans la tartarie le Thibet et la Chine；2） —西藏

作者是法国遣使会教士，1839 年来华，1843 年同秦神甫到蒙古、西藏游历，1848 年转赴浙江传教，1852 年回国，逝于巴黎。他 1850 年出版《鞑靼、

西藏、中国游记》，原书为法文。后又出英译本。该书为 2 卷本，记述他
1844～1846 年间在中国的游历。第 1 卷 12 章，有插图 50 幅。第 2 卷 9 章，
有插图 48 幅。本书为 1926 年出版的法文本第 2 卷，讲述其在西藏的经历，只
扉页有插图一张。

fre/K297.5/L511

Legendre, A. F.

Massif Sino-Thibetain / A. F. Legendre. —Paris：Emile Larose, Libraire-Edi-
teur, 1950.

240 p. ：ill. ；25 cm. —汉藏高原

作者是位德国植物学家，在书中记述了 1914 年 2 月，他们几人从昆明经
云南西北部进入四川西部，经西昌、康定、理塘进入藏区的情况，述说了沿
途的地理概貌，山川河流走向，植物的分布和种群以及亲身经历等。

ISBN（pbk.）

fre/K297.5/M197/2：

Magnien, Marius.

Le Tibet sans mystere / Marius Magnien. —Paris：Editions Sociales, 1959.

196 p. ：ill. ；19 cm. —并不神秘的西藏

本书叙述了古代西藏的历史、喇嘛教的情况，同时重点介绍了 1950 年西
藏和平解放后的社会、政治情况。全书 16 章，有 1955 年达赖接见外国人，
雅鲁藏布江周边地区，布达拉宫，拉萨街头，藏族妇女，畜牧业，寺庙僧侣，
以及政治改革等内容。书中有照片 8 页，书后有 3 个附录。

ISBN（pbk.）

fre/K297.5/M656

Milloue, L. de.

Bod-youl ou Tibet：le paradis des moines / L. de Milloue. —Paris：Ernest Le-
roux, 1906.

304 p. ；23 cm. —西藏

Includes bibliographical references. —全书 10 章：1. 国家。隐居的民族、
勘探、自然地理、物产、地缘政治、政府。2. 人民。包括人口、性格、婚姻、
居住、风俗习惯。3. 教育。教授、语言、文字、印刷。4. 经济。农业、工

业、商业。5. 历史。古代史、现代史。6. 宗教。苯教，西藏的原始宗教；西藏的佛教；喇嘛教，密宗；宗喀巴的改革。7. 藏族名人。8. 宗教大师。9. 精神崇拜。10. 古迹、纪念物。陵墓、宗教珍品、科学艺术。

ISBN （hardcover）

fre/K297. 5/P391

Pelliot, Paul. 1878 - 1945

Histoire ancienne du Tibet / Paul Pelliot. —Paris：Librairie D'amerique et D'orient, 1961.

168 p. ; 23 cm. —西藏古代史

Includes bibliographical references. —伯希和（1878～1945），法国著名汉学家、探险家。早年在法国政治科学院、东方语言学院等学习，曾随著名汉学家沙畹、高第学习汉文。1900 年后供职于印度支那考古学调查会，即法国远东学院（越南河内），1902 年来北京，在法使馆任职。1908 年他和斯坦因同往甘肃敦煌，窃取我国文物 5000 余件。第一次世界大战期间他曾任法驻华使馆武官，战后回法任教职。他精通汉、蒙、藏、满、阿拉伯、伊朗等东方语言，研究中西交通史。后来负责主编法文《通报》，他的大部分文章都发表在《通报》上。伯希和有大量汉学著作，他的遗稿由其弟子编辑为《伯希和遗稿丛刊》（*Oeuvres Posthumes de Paul Pelliot*），本书是他将《新唐书·吐蕃传》译成的法文书，据说他还对《吐蕃传》做了注释，但一直未见手稿刊行。

fre/K297. 5/R626

Rivolier, Jean.

Expeditions francaises a l'Himalaya aspect medical / Jean Rivolier. —Paris：Boulevard Saint-Germanin, 1959.

229 p. ; 23 cm. —穿越喜马拉雅山的法国探险队

Includes bibliographical references. —本书介绍 1950～1955 年间，到达喜马拉雅山的几支法国探险队，他们主要侧重于医学研究。自从马可波罗非常艰难地翻越西藏的高山后，人们就知道高海拔对身体十分有害，人们一直对高原医学有着极大的兴趣。20 世纪，受登山家攀登世界最高峰的要求、同时也由于航空甚至太空旅行等新领域的出现，科学家已经研究了很多与高海拔相关的问题。医生和生理学家与探险队一起进入喜马拉雅高山，他们写出了很多关于登山者在不同海拔高度状况的报告。

fre/K297. 5/S8191

Stein, R. A. 1911 –

La civilisation Tibetaine / R. A. Stein. —Paris：Dunod, 1962.

269 p. ：ill. ；21 cm. —《西藏文明》，耿昇译，拉萨，西藏社会科学院编印，1985. 6。

Includes bibliographical reference and index. —作者石泰安是法国当代著名中国学家（主攻藏学），曾作为法国汉学家葛兰言（Marcel Granet）的学生攻读汉学，是法国当代研究藏族文化历史最有成就的学者之一。二战期间，在印度支那参加抗日战争，曾为日军所俘。1946~1949年来华考察，曾去昆明、成都、北京、内蒙古等地。后于1954~1960年对包括锡金在内的喜马拉雅山麓进行考察。以后在法兰西学院执教，主持西藏社会和文明讲座，直至1981年10月间退休。他善于运用汉藏两种文字的史料，藏学著作甚丰。以他为首及其弟子形成法国研究藏族的中心。20世纪60年代，曾聘请4名藏人，协助整理巴黎所存藏文文献目录，并与日本人山口瑞凤合作编制《西藏历史和书目词典》。本书便是他的名著之一。全书共5章附跋。1. 地域与居民。2. 西藏历史概况。3. 西藏社会。4. 西藏的宗教和习俗。5. 文学和艺术。跋里附有注释、索引、译名对照和参考书目。此书运用藏汉古典文献，参考西方学术论著写成，从社会、宗教、习俗、文学艺术几方面剖析西藏文化，书目中列举的藏文参考书即达57种之多。

ISBN（hardcover）

fre/K297. 5/T553

Tibet civilisation et societe. —Paris：Editions de la Maison des Sciences de l'homme, 1990.

204 p. ：ill. ；26 cm. —西藏文明与社会

Includes bibliographical reference. —这是1987年4月在巴黎，由 Singer-Polignac 基金会组织的"西藏文明与社会"讨论会上文集。文集共收入不同作者的16篇文章，讲述西藏文明与社会发展的情况。

ISBN 2900927226（pbk. ）

fre/K3/B723

Bonvalot, Gabriel. 1853 – 1933

L'asie inconnue：a travers le Tibet et la Chine / Gabriel Bonvalot. —Paris：Ernest Flammarion, Editeur, 1892.

328 p. : port. ; 23 cm. —西藏与中国游记

Includes bibliographical references. —作者加布里埃尔是法国 19 世纪后期著名的探险家，他在中亚和西藏的旅行，使他两次获得巴黎地理学会的金牌和荣誉勋章。本书叙述了他 1889 年 1 月开始穿越我国西藏的见闻，在冬季极端困难的条件下，行程 6000 公里。作者认真记述了他们每天的行程，在海拔 4000 ~6000 米的高山间，冬季零下 20 度的气温，缺少水和食品的供应，等等，同时记述了当地的民风民俗。书中有很多清晰的插图照片。全书 14 章：1. 在中国的天山。2. 在中国的天山（续）。3. 从塔里木到罗布泊。4. 青藏高原。5. 搜寻更近的路线。6. 搜寻更近的路线（续）。7. 攀上更高的世界。8. 藏族牧民。9. 拉萨人。10. 拉萨人（续）。11. 西藏居民。12. 西藏居民（续）。13. 东部西藏。14. 中国的康藏地区。

ISBN （hardcover）

fre/K351. 9/P379

Peissel, Michel. 1937 –

Zanskar：royaume oublie aux confins du Tibet / Michel Peissel. —Paris：Editions Robert Laffont，1979.

253 p. : ill. ; 24 cm. —扎斯卡：西藏边境一个被遗忘的王国

作者是法国人类学家、探险家，能讲流利的藏语，曾在牛津和哈佛读书，博士学位。1958 年曾在墨西哥做过考古研究，1959 年开始，他到喜马拉雅地区进行人类学调查，以后在这里进行了长期的探险和工作，写有大量关于这一地区和西藏的著作，还拍摄了很多纪录片。全书 14 章，本书作为脚本，曾被拍成《扎斯卡探险之旅》的电影。

ISBN 2221002832 （pbk. ）

fre/K382/F429

Fevre, Georges le.

La croisiere jaune：georges-marie haardt louis audouin-dubreuil / Georges le Fevre. —Paris：Librairie Plon，1933.

343 p. : ill. ; 28 cm. —巡游黄种人的地方

作者一行数人于 20 世纪初进入我国西北，沿途经过藏区，拍有照片等。

ISBN （hardcover）

fre/K919/B723

Bonvalot, Gabriel. 1853 – 1933

L'asie inconnue: a travers le Tibet / Gabriel Bonvalot. —Paris: Ernest Flammarion, 1892.

388 p.; 17 cm. —西藏游记

作者加布里埃尔是法国 19 世纪后期著名的探险家，他在中亚和西藏的旅行，使他两次获得巴黎地理学会的金牌和荣誉勋章。本书叙述了他 1889 年 1 月开始穿越我国西藏的见闻，在冬季极端困难的条件下，行程 6000 公里。作者认真记述了他们每天的行程，在海拔 4000 ~ 6000 米的高山间，冬季零下 20 度的气温，缺少水和食品的供应，等等，同时记述了当地的民风民俗。书中有很多清晰的插图照片。全书 14 章：1. 在中国的天山。2. 在中国的天山（续）。3. 从塔里木到罗布泊。4. 青藏高原。5. 搜寻更近的路线。6. 搜寻更近的路线（续）。7. 攀上更高的世界。8. 藏族牧民。9. 拉萨人。10. 拉萨人（续）。11. 西藏居民。12. 西藏居民（续）。13. 东部西藏。14. 中国的康藏地区。

ISBN (hardcover)

fre/K927. 5/B8863

Bruce, C. G.

L'assaut du mont Everest 1922: avec cartes et illustrations / C. G. Bruce. —Paris: Librairie Dardel, [19?].

xx, 302 p.: ill., maps; 26 cm. —攀登额菲尔士峰

Includes index. —额菲尔士峰即我国的珠穆朗玛峰，中央人民政府 1952 年即对这一名称的使用作了通报。额菲尔士是英国人名，当时印度的测量局长。本书详尽记述了一支外国登山队 1922 年攀登珠峰的情况，全书 14 章，附有照片，2 张地图。

ISBN (pbk.)

fre/K928. 9/H882

Huc, M. 1813 – 1860

Voyage dans la Tartarie et le Thibet / M. Huc. —Tournai: Editions Casterman, [19?].

360 p.: ill.; 26 cm. —鞑靼、西藏游记

作者是法国遣使会教士，1839 年来华，1843 年同秦神甫到蒙古、西藏游历，1848 年转赴浙江传教，1852 年回国，逝于巴黎。他 1850 年出版《鞑靼、西藏、中国游记》，记述其 1844 ~ 1846 年间在中国的经历。在华期间，他们自北平、张家口，经内蒙古、青海入藏，后出康循长江入内地。作者曾绘制西藏地图，但比例尺甚小，属较早西藏地图。本书为再版，共两部分，第一部分是鞑靼，第二部分是西藏。

ISBN （hardcover）

fre/K928. 9/H882/：1

Huc，M. 1813 – 1860

Souvenirs d'un voyage dans la Tartarie et le Thibet. 1 / M. Huc. —Pekin：Imprimerie des Lazaristes，1924.

421 p.：ill.；25 cm. —鞑靼、西藏游记

作者是法国遣使会教士，1839 年来华，1843 年同秦神甫到蒙古、西藏游历，1848 年转赴浙江传教，1852 年回国，逝于巴黎。他 1850 年首版《鞑靼、西藏、中国游记》，记述其 1844 ~ 1846 年间在中国的经历。在华期间，他们自北平、张家口，经内蒙古、青海入藏，后出康循长江出川。作者曾绘制西藏地图，但比例尺甚小，属较早西藏地图。本书再版，共两部分，第一部分是鞑靼，第二部分是西藏。

ISBN （hardcover）

fre/K928. 9/H882/：2

Huc，M. 1813 – 1860

Souvenirs d'un voyage dans la Tartarie et le Thibet. 2 / M. Huc. —Pekin：Imprimerie des Lazaristes，1924.

493 p.：ill.；25 cm. —鞑靼、西藏游记

作者是法国遣使会教士，1839 年来华，1843 年同秦神甫到蒙古、西藏游历，1848 年转赴浙江传教，1852 年回国，逝于巴黎。他 1850 年首版《鞑靼、西藏、中国游记》，记述其 1844 ~ 1846 年间在中国的经历。在华期间，他们自北平、张家口，经内蒙古、青海入藏，后出康循长江出川。作者曾绘制西藏地图，但比例尺甚小，属较早西藏地图。本书再版，共两部分，第一部分是鞑靼，第二部分是西藏。

ISBN （hardcover）

fre/K928. 9/V975

Huc, M. 1813 - 1860

Souvenirs d'un voyage dans la Tartarie, le Thibet et la Chine. M. Huc. —Paris: [s. n.], 1852.

433 p.; 17 cm. —鞑靼、西藏、中国游记

作者是法国遣使会教士，1839 年来华，1843 年同秦神甫到蒙古、西藏游历，1848 年转赴浙江传教，1852 年回国，逝于巴黎。他 1850 年出版《鞑靼、西藏、中国游记》，记述其 1844 ~ 1846 年间在中国的经历。在华期间，他们自北平、张家口，经内蒙古、青海入藏，后出康循长江出川。作者曾绘制西藏地图，但比例尺甚小，属较早西藏地图。本书共两部分，第一部分是鞑靼，第二部分是西藏。

ISBN (hardcover)

fre/K928. 975/B129

Bacot, Jacques. 1877 - 1965

Le Tibet revolte: vers nepemako, la terre promise des Tibetains / Jacques Bacot. —Paris: Librairie Hachette et Cie, 1912.

364 p.: map; 21 cm. —西藏暴乱

作者雅克·白柯德是著名探险家和法国藏学先驱。他曾在印度、中国西部和西藏边境地区旅行，后在法国高等研究院工作，1936 年担任该院西藏部主任，1945 ~ 1954 年担任亚洲学会主任。他是研究西藏传统语法的第一位西方学者，以后和英国的陶玛斯 [F. W. Thomas (1867 - 1956)] 一起成为第一代研究古代西藏敦煌手稿的学者。他经常关注西藏情况，有多部藏学著作问世。作者于 1906 年赴西藏旅行，沿着朝圣路线，亲身接触西藏的宗教生活，1908 年返回法国，后来又去过西藏。本书大约是写辛亥革命前后，川军入藏及被驱逐的情况。全书 6 章，叙述了西藏的自然地理、宗教寺庙僧侣、以及民风民俗等情况。书附注释、索引，书中有照片插页。

ISBN (hardcover)

fre/K928. 975/B723

Bonvalot, Gabriel. 1853 - 1933

De pasis au jonkin a lisvess le jilet inconnu / Gabriel Bonvalot. —Paris: Stock, 1891

248 p. ；18 cm. —从巴黎到东京（越南）到西藏的旅行

作者加布里埃尔是法国 19 世纪后期著名探险家，他在中亚和西藏的旅行，使他两次获得巴黎地理学会的金牌和荣誉勋章。本书叙述了他从巴黎到越南进入我国，1889 年 1 月开始穿越我国西藏的事迹，在冬季极端困难的条件下，行程 6000 公里。作者认真记述了他们每天的行程，在海拔 4000～6000 米的高山间，冬季零下 20 度的气温，缺少水和食品的供应，等等，同时记述了当地的民风民俗。全书 16 章，书中有很多清晰的插图照片。

ISBN 2234013771 （pbk.）

fre/K928. 975/D2496

David-Neel，Alexandra. 1868－1969

Voyage d'une parisienne a Lhassa / Alexandra David-Neel. —Paris：Librairie Plon，1951.

xii，332 p. ：ill.，map；20 cm. —《一个巴黎女子的拉萨历险记》，耿昇译，拉萨，西藏人民出版社，1997.8。

作者亚历山大莉亚·大卫－妮尔是法国著名东方学家、汉学家、探险家、特别是藏学家，是一位神话般的传奇人物，在法国乃至整个学界被誉为"女英雄"。她生前著作等身，其有关东方特别是西藏的论著、日记、资料、游记被译为多种文字，多次再版。她终生对西藏充满热爱和崇敬，从 1912 年在噶伦堡受到十三世达赖接见，1916 年首次进入西藏，她曾先后 5 次到西藏及周边地区考察，而且还起了一个"智灯"的法号。20 世纪 20 年代，以其《喇嘛教度礼》为前奏，《一位巴黎女子的拉萨历险记》《西藏的巫术和奥义》《在贵族——土匪地区》组成了她早期入藏的三部曲。她在西藏旅行时所作的全部笔记很早就已出版，第 1 卷写于 1904～1917 年，第 2 卷写于 1918～1940 年。1946 年返法后，大卫－妮尔在巴黎大学举办"藏传佛教特征讲座"，此后写出一系列有关西藏的著作。她的著作中以本书价值最大，这是她第五次西藏之行的游记，由于此次她是由云南经康区入藏，正好填补了当时当地研究的空白，书中有珍贵的照片插图。

ISBN （pbk.）

fre/K928. 975/H882

Huc，M. 1813－1860

Souvenirs d'un voyage dans la Tartarie，le Thibe et la Chine / M. Huc. —Paris：Typographie de J. Castermant et Fils，1850.

418 p. ; 21 cm. —鞑靼、西藏、中国游记

作者是法国遣使会教士，1839 年来华，1843 年同秦神甫到蒙古、西藏游历，1848 年转赴浙江传教，1852 年回国，逝于巴黎。他 1850 年出版《鞑靼、西藏、中国游记》，记述其 1844～1846 年间在中国的经历。在华期间，他们自北平、张家口，经内蒙古、青海入藏，后出康循长江出川。作者曾绘制西藏地图，但比例尺甚小，属较早西藏地图。本书共两部分，第一部分是鞑靼，第二部分是西藏。

ISBN（hardcover）

fre／K928. 975／H882（6）／：1

Huc，M. 1813－1860

Souvenirs d'un voyage dans la Tartarie et le Thibet. Tome 1 ／ M. Huc. —6th ed. —Paris：Gaume et Cie，1878.

430 p. ; 18 cm. —鞑靼、西藏游记

作者是法国遣使会教士，1839 年来华，1843 年同秦神甫到蒙古、西藏游历，1848 年转赴浙江传教，1852 年回国，逝于巴黎。他 1850 年出版《鞑靼、西藏、中国游记》，记述其 1844～1846 年间在中国的经历。在华期间，他们自北平、张家口，经内蒙古、青海入藏，后出康循长江入内地。作者曾绘制西藏地图，但比例尺甚小，属较早西藏地图。本书为再版，共两部分，第一部分是鞑靼，第二部分是西藏。

ISBN（hardcover）

fre／K928. 975／H882（6）／：2

Huc，M. 1813－1860

Souvenirs d'un voyage dans la Tartarie et le Thibet. Tome 2 ／ M. Huc. —6th ed. —Paris：Gaume et Cie，1878.

524 p. ; 18 cm. —鞑靼、西藏游记

作者是法国遣使会教士，1839 年来华，1843 年同秦神甫到蒙古、西藏游历，1848 年转赴浙江传教，1852 年回国，逝于巴黎。他 1850 年出版《鞑靼、西藏、中国游记》，记述其 1844～1846 年间在中国的经历。在华期间，他们自北平、张家口，经内蒙古、青海入藏，后出康循长江入内地。作者曾绘制西藏地图，但比例尺甚小，属较早西藏地图。本书为再版，共两部分，第一

部分是鞑靼，第二部分是西藏。

ISBN（hardcover）

fre/K928.975/H882（6）/：1

Huc，M. 1813 - 1860

Souvenirs d'un voyage dans la Tartarie et le Thibet Tome 1 / M. Huc. —6th ed. —Paris：Gaume et Cie，1878.

430 p. ; 17 cm. —鞑靼、西藏游记

作者是法国遣使会教士，1839 年来华，1843 年同秦神甫到蒙古、西藏游历，1848 年转赴浙江传教，1852 年回国，逝于巴黎。他 1850 年出版《鞑靼、西藏、中国游记》，记述其 1844～1846 年间在中国的经历。在华期间，他们自北平、张家口，经内蒙古、青海入藏，后出康循长江入内地。作者曾绘制西藏地图，但比例尺甚小，属较早西藏地图。本书为再版，共两部分，第一部分是鞑靼，第二部分是西藏。

ISBN（hardcover）

fre/K928.975/H882/：1

Huc，M. 1813 - 1860

Souvenirs d'un voyage dans la Tartarie et le Thibet. Tome 1 / M. Huc. —Pekin：Imprimerie des Lazaristes，1926.

xix，479 p. : ill. ; 23 cm. —（L'empire chinois）—鞑靼、西藏游记

作者是法国遣使会教士，1839 年来华，1843 年同秦神甫到蒙古、西藏游历，1848 年转赴浙江传教，1852 年回国，逝于巴黎。他 1850 年出版《鞑靼、西藏、中国游记》，记述其 1844～1846 年间在中国的经历。在华期间，他们自北平、张家口，经内蒙古、青海入藏，后出康循长江入内地。作者曾绘制西藏地图，但比例尺甚小，属较早西藏地图。本书为再版，共两部分，第一部分是鞑靼，第二部分是西藏。

ISBN（hardcover）

fre/K928.975/H882/：1

Huc，M. 1813 - 1860

Souvenirs d'un voyage dans la Tartarie et le Thibet. Tome 1 / M. Huc. —Paris：Imprimerie des Lazaristes，1924.

426 p. ： ill. ； 23 cm. —鞑靼、西藏游记

作者是法国遣使会教士，1839 年来华，1843 年同秦神甫到蒙古、西藏游历，1848 年转赴浙江传教，1852 年回国，逝于巴黎。他 1850 年出版《鞑靼、西藏、中国游记》，记述其 1844～1846 年间在中国的经历。在华期间，他们自北平、张家口，经内蒙古、青海入藏，后出康循长江入内地。作者曾绘制西藏地图，但比例尺甚小，属较早西藏地图。本书为再版，共两部分，第一部分是鞑靼，第二部分是西藏。

ISBN （hardcover）

fre/K928. 975/H882/：2

Huc，M. 1813 - 1860

Souvenirs d'un voyage dans la Tartarie et le Thibet. Tome 2 / M. Huc. —Paris：Imprimerie des Lazaristes，1924.

493 p. ： ill. ，map；23 cm. —鞑靼、西藏游记

作者是法国遣使会教士，1839 年来华，1843 年同秦神甫到蒙古、西藏游历，1848 年转赴浙江传教，1852 年回国，逝于巴黎。他 1850 年出版《鞑靼、西藏、中国游记》，记述其 1844～1846 年间在中国的经历。在华期间，他们自北平、张家口，经内蒙古、青海入藏，后出康循长江入内地。作者曾绘制西藏地图，但比例尺甚小，属较早西藏地图。本书为再版，共两部分，第一部分是鞑靼，第二部分是西藏。

ISBN （hardcover）

fre/K928. 975/H882/：2

Huc，M. 1813 - 1860

Souvenirs d'un voyage dans la Tartarie et le Thibet. Tome 2 / M. Huc. —Pekin：Imprimerie des Lazaristes，1926.

493 p. ： ill. ；23 cm. — （L'empire chinois）—鞑靼、西藏游记

作者是法国遣使会教士，1839 年来华，1843 年同秦神甫到蒙古、西藏游历，1848 年转赴浙江传教，1852 年回国，逝于巴黎。他 1850 年出版《鞑靼、西藏、中国游记》，记述其 1844～1846 年间在中国的经历。在华期间，他们自北平、张家口，经内蒙古、青海入藏，后出康循长江入内地。作者曾绘制西藏地图，但比例尺甚小，属较早西藏地图。本书为再版，共两部分，第一部分是鞑靼，第二部分是西藏。

ISBN（hardcover）

fre/K928.975/L628

Lesdain，Comte de.

Voyage au Thibet / Comte de Lesdain. —Paris：Plon Nourrit et Cie，1908.

346 p. : ill. , map；18 cm. —西藏旅行记

作者是法国人，本书是其从北京出发赴西藏旅行的游记。全书 11 章，1. 从北京到鄂尔多斯。2. 在鄂尔多斯。3. 宁夏。4. Fu-ma-Fu。5. 凉州—西宁—兰州。6. 戈壁探险。7. 通往西藏的分水岭。8. 柴达木盆地的蒙古尔人。9. 在西藏旅行。10. 到长江源头。11. 从印度返回。全书附 27 张照片和一张地图。

ISBN（hardcover）

fre/K928.975/N378/2：

David Neel，Alexandra. 1868－1969

Souvenirs d'une parisienne au Thibet / Alexandra David Neel. —Pekin：[s.n.]，1925.

129 p. ；22 cm. ——名巴黎女子在西藏的游历

作者亚历山大莉亚·大卫－妮尔是法国著名东方学家 、汉学家、探险家、特别是藏学家，是一位神话般的传奇人物，在法国乃至整个学界被誉为"女英雄"。她生前著作等身，其有关东方特别是西藏的论著、日记、资料、游记被译为多种文字，多次再版。她终生对西藏充满热爱和崇敬，从 1912 年在噶伦堡受到十三世达赖接见，1916 年首次进入西藏，她曾先后 5 次到西藏及周边地区考察，而且还起了一个"智灯"的法号。20 世纪 20 年代，以其《喇嘛教度礼》为前奏，《一位巴黎女子的拉萨历险记》《西藏的巫术和奥义》《在贵族——土匪地区》组成了她早期入藏的三部曲。她在西藏旅行时所作的全部笔记很早就已出版，第 1 卷写于 1904～1917 年，第 2 卷写于 1918～1940 年。1946 年返法后，大卫－妮尔在巴黎大学举办"藏传佛教特征讲座"，此后写出一系列有关西藏的著作。本书 1925 年在北京出版。

ISBN（pbk. ）

fre/K928.975/W7766

Winnington，Alan.

Visa pour le Tibet / Alan Winnington. —Paris：Gallimard，1958.

285 p.；20 cm. —西藏旅行记

这是解放后第一个到西藏的外国人所写的游记。原文为英文，此是该书的法文译本。作者艾伦·温宁顿，自 1950 年要求赴藏旅行，1955 年成行，夏秋之际，他由川藏公路入藏，为澄清所谓"西藏的秘密"而"作出真实的报道"。此书是作者关于我国边疆民族地区的第一本著作，全书 25 章，逐次记述沿途见闻。书末附：1951 年 5 月 23 日和平解放西藏协议和 1904 年 9 月 1 日的藏英条约。作者的第二本书是《凉山的奴隶》 (*The slaves of the cool mountains*)。

ISBN（pbk.）

fre/K933/D2496

David-neel，Alexandra. 1868 – 1969

Voyage d'une parisienne a Lhassa / Alexandra David-neel. —Paris：Libraire Plon，1927.

332p.：port. map；20 cm. —《一个巴黎女子的拉萨历险记》，耿昇译，拉萨，西藏人民出版社，1997.8。

Includes bibliographical references. —作者亚历山大莉亚·大卫－妮尔是法国著名东方学家 、汉学家、探险家、特别是藏学家，是一位神话般的传奇人物，在法国乃至整个学界被誉为"女英雄"。她生前著作等身，其有关东方特别是西藏的论著、日记、资料、游记被译为多种文字，多次再版。她终生对西藏充满热爱和崇敬，从 1912 年在噶伦堡受到十三世达赖接见，1916 年首次进入西藏，她曾先后 5 次到西藏及周边地区考察，而且还起了一个"智灯"的法号。20 世纪 20 年代，以其《喇嘛教度礼》为前奏，《一位巴黎女子的拉萨历险记》、《西藏的巫术和奥义》、《在贵族——土匪地区》组成了她早期入藏的三部曲。她在西藏旅行时所作的全部笔记很早就已出版，第 1 卷写于 1904～1917 年，第 2 卷写于 1918～1940 年。1946 年返法后，大卫－妮尔在巴黎大学举办"藏传佛教特征讲座"，此后写出一系列有关西藏的著作。她的著作中以本书价值最大，这是她第五次西藏之行的游记，由于此次她是由云南经康区入藏，正好填补了当时当地研究的空白，书中有珍贵的照片插图。

fre/K936.9/B129

Bacot，Jacques. 1877 – 1965

Dans les marches Tibetaines autour du dokerla / Jacques Bacot. —Paris：Plon-nourrit et Cie，1909.

215 p. ： maps；20 cm. —向西藏前进

Includes bibliographical references. —作者雅克·白柯德是名探险家和法国的藏学先驱。他曾在印度、中国西部和西藏边境地区旅行，后在法国高等研究实践学院工作，1936 年他担任该院西藏部的主任，1945～1954 年担任亚洲学会的主任。他是研究西藏传统语法的第一位西方学者，以后和英国的陶玛斯［F. W. Thomas（1867～1956）］一起成为第一代研究古代西藏敦煌手稿的学者，他们还合作将英法两国所藏敦煌古藏文手稿译成《敦煌吐蕃历史文书》。他经常关注使用西藏的信息。有多部藏学著作。作者于 1906 年赴西藏旅行，沿着朝圣路线，亲身接触西藏的宗教生活，1908 年返回法国。此是他写的西藏游记。

ISBN （hardcover）

fre/K939/F429

Fevre，Georges le.

La croisiere jaune / Georges le Fevre. —Paris：Librairie Plon，1933.

366 p. ： ill. ，map，port. ；19 cm. —巡游黄种人的地方

作者一行数人于 20 世纪初进入我国西北，沿途经过藏区，拍有照片。

ISBN （hardcover）

fre/K939/L297

Lanzmann，Jacques.

A l'altitude des dieux / Jacques Lanzmann. —Paris：Chene，1986.

146 p. ： ill. ；32 cm. —高海拔旅行

这是本画册，作者去西藏旅行，到达拉萨，并在高海拔山区、河谷行走，拍摄了大量现代西藏人民生活的照片，还有自然风貌，画册十分精美。

ISBN 2851084306 （pbk. ）

fre/Z839. 2/L212/：1

Lalou，M. 1890 - 1967

Inventaire des manuscrits Tibetains de Touen-houang：conserves a la bibliothe-que nationale （fonds pelliot tibetain）. 1，no. 1 - 849 / M. Lalou. — ［S. l. ］：

Bibliotheque Nationale，1939.

xvi，186 p.；28 cm.

此为当年伯希和运走法藏敦煌藏文文献目录之一，编号从 1 ~ 849。馆藏
1939 年版实为复印本。编者拉露是法国高等学术研究院历史和语言学部的导
师，《亚细亚杂志》编辑。她是法国藏学家巴科［J. Bacot（1877 ~ 1965）］的
学生和助手，编制了这部《法国国家图书馆藏敦煌古藏文卷子目录》，全书 3
卷，附专名和难字索引。她还发表了有关吐蕃官制、政书、苯教、藏医等方
面的资料，其中尤以《八世纪吐蕃官员请求复职呈文》最为重要。

fre/Z839. 2/L212/：2

Lalou，M. 1890 – 1967

Inventaire des manuscrits Tibetains de Touen-houang：conserves a la bibliotheque nationale（fonds pelliot tibetain）. 2，no. 850 – 1282 / M. Lalou. — ［S. l.］：Bibliotheque Nationale，1939.

xv，97p.；28 cm.

此为当年伯希和运走法藏敦煌藏文文献目录之二，编号从 850 ~ 1282。馆
藏 1939 年版者为复印本。编者拉露是法国高等学术研究院历史和语言学部的
导师，《亚细亚杂志》编辑。她是法国藏学家巴科［J. Bacot（1877 ~ 1965）］
的学生和助手，编制了这部《法国国家图书馆藏敦煌古藏文卷子目录》，全书
3 卷，附专名和难字索引。她还发表了有关吐蕃官制、政书、苯教、藏医等方
面的资料，其中尤以《八世纪吐蕃官员请求复职呈文》最为重要。

fre/Z839. 2/L212/：3

Lalou，M. 1890 – 1967

Inventaire des manuscrits Tibetains de Touen-houang：conserves a la bibliotheque nationale（fonds pelliot tibetain）. 3，no. 1283 – 2216 / M. Lalou. — ［S. l.］：Bibliotheque Nationale，1939

xix，220 p.；28 cm.

此为当年伯希和运走法藏敦煌藏文文献目录之三，编号从 1283 ~ 2216。
除 1939 年本，馆藏还有复印本。编者拉露是法国高等学术研究院历史和语言
学部的导师，《亚细亚杂志》编辑。她是法国藏学家巴科［J. Bacot（1877 ~
1965）］的学生和助手，编制了这部《法国国家图书馆藏敦煌古藏文卷子目
录》，全书 3 卷，附专名和难字索引。她还发表了有关吐蕃官制、政书、苯

教、藏医等方面的资料，其中尤以《八世纪吐蕃官员请求复职呈文》最为
重要。

freK297. 5/L376

Launay，Adrien

Histoire de la mission du Thibet / 2 Adrien Launay. —Lille-Paris：Societe
Saint-Augustin，1903.

470p. ；26cm. —西藏传教史

本卷复本 W0013596 为复印本—Includes bibliographical references and in-
dex. —作者是著名的教会史研究专家，本书叙述了 19 世纪中期至 20 世纪初法
国传教士在中国藏区活动、传教的情况。全书 2 卷，这是第 2 卷。作者在第 1
卷序言中指出，1846 年，西藏即开始设立由教廷派遣的神父传教组织，进行
福音宣传。19 世纪中叶，法国传教士开始进入中国藏区，并留有书信、文章
及游记等文献。全书以法国早期关于西藏文化研究的成果为基础，探讨了法
国传教士在与中国藏区初期文化交流过程中发挥的重要作用。

ISBN：

freK297. 5/L376

Launay，Adrien

Histoire de la mission du Thibet / 1 Adrien Launay. —Lille-Paris：Societe
Saint-Augustin，1903.

470p. ；26cm. —西藏传教史

本卷复本 W0013595 为复印本—Includes bibliographical references and in-
dex. —作者是著名的教会史研究专家，本书叙述了 19 世纪中期至 20 世纪初法
国传教士在中国藏区活动、传教的情况。全书 2 卷，这是第 1 卷。作者在本
卷序言中指出，1846 年，西藏即开始设立由教廷派遣的神父传教组织，进行
福音宣传。19 世纪中叶，法国传教士开始进入中国藏区，并留有书信、文章
及游记等文献。全书以法国早期关于藏族文化研究的成果为基础，探讨了法
国传教士在与中国藏区早期文化交流过程中发挥的重要作用。

ISBN：

ger/B94/B6468

Bleichsteiner，Robert.

Die gelbe kirche: mysterien der buddhistischen kloster in Indien, Tibet, Mongolei und China / von Univ. – Prof. Dr. Robert Bleichsteiner. —Wien: Verlag Josef Belf, 1937.

272 p. : ill. ; 26 cm. —黄教

作者是德国大学教授、东方学家，研究亚洲及中国内陆、蒙古、西藏的情况。本书介绍黄教（即藏传佛教"格鲁派"）在印度地区、西藏、蒙古和中国内陆流传的情况。黄教为明永乐七年（1409）宗喀巴于拉萨创立，对当时的佛教进行了改革，17 世纪前叶得到蒙古汗王的支持，成为蒙藏地区重要的宗教，现在也是藏传佛教的主要流派。本书共分四部分，分别谈到西藏、蒙古等地区的宗教；藏传佛教在这些地区的发展以及达赖大师的活动；黄教的寺庙、组织、僧人情况；黄教文化的影响及雕塑器物等。全书有插图83 幅。

ISBN （hardcover）

ger/B94/D2491

David-Neel, Alexandra.

Meister und schuler: die seheimnisse der lamaistifchen weihen / von Alexandra David-Neel. —Leipzig: F. A. Brodhaus, 1934.

191 p. : ill. ; 23 cm. —喇嘛教师徒

Includes index. —作者亚历山大莉亚·大卫 – 妮尔是法国著名东方学家 、汉学家、探险家、特别是藏学家，是一位神话般的传奇人物，在法国乃至整个学界被誉为"女英雄"。她生前著作等身，其有关东方特别是西藏的论著、日记、资料、游记被译为多种文字，多次再版。她终生对西藏充满热爱和崇敬，从 1912 年在噶伦堡受到十三世达赖接见，1916 年首次进入西藏，她曾先后 5 次到西藏及周边地区考察，而且还起了一个"智灯"的法号。20 世纪 20 年代，以其《喇嘛教度礼》为前奏，《一位巴黎女子的拉萨历险记》《西藏的巫术和奥义》《在贵族——土匪地区》组成了她早期入藏的三部曲。她在西藏旅行时所作的全部笔记很早就已出版，第 1 卷写于 1904～1917 年，第 2 卷写于 1918～1940 年。1946 年返法后，大卫 – 妮尔在巴黎大学举办"藏传佛教特征讲座"，此后写出一系列有关西藏的著作。本书介绍喇嘛教的情况，书中有珍贵的照片插图。

ISBN （hardcover）

ger/B94/K1913/：1

Kaschewsky，Rudolf.

Das leben des lamaistischen heiligen tsongkhapa blo-bzan-grags-pa（1357 –
1419）：dargestellt und erlautert anhand seiner vita quellort allen gluckes. 1. teil,
ubersetzung und kommentar / von Rudolf Kaschewsky. —Wiesbanden：Otto Harras-
sowitz，1971.

xi，339 p.；26 cm. —（Asiatische forschungen；32）—喇嘛教圣人宗喀巴
罗桑扎巴传

Includes bibliographical reference. —德国威斯巴登出版的宗喀巴传。此书
为《亚洲研究丛书》的 32 卷。全书共 2 册，此为第 1 册，主要是宗喀巴传的
译文和注释，339 页。第 2 册主要是影印的蒙藏经文，收图片 607 张。1971 年
出版。宗喀巴（1357 ~ 1419），原名罗桑扎巴。推行宗教改革运动，创立喇嘛
教格鲁派，俗称黄教。

ISBN 3447013745

ger/B942/K1913/：2

Kaschewsky，Rudolf.

Das leben des lamaistischen heiligen tsongkhapa blo- bzan- grags- pa（1357 –
1419）. t. 2 / Rudolf Kaschewsky. —Wiesbaden：Otto Harrassowitz，1971.

607 p.；26 cm. —喇嘛教圣人宗喀巴罗桑扎巴传

Includes bibliographical references. —德国威斯巴登出版的宗喀巴传。此书
为《亚洲研究丛书》的 32 卷。全书共 2 册，第 1 册为宗喀巴传的译文和注
释，340 页。此为第 2 册，主要是影印的蒙藏经文，收图片 607 张。1971 年出
版。宗喀巴（1357 ~ 1419），原名罗桑扎巴。推行宗教改革运动，创立喇嘛教
格鲁派，俗称黄教。

ger/B942/T553

Das Tibetanische totenbuch：aus der englishen fassung des lama kazi dawa
samdup / herausgegeben von W. Y. Evans-Wentz；ubersetzt und eingeleitet von
Louise Gopfert-March；mit einem psychologischen kommentar von C. G. Jung. —
Zurich；Leipzig：Rascher VErlag，1936.

161 p.：ill.；22 cm. —《西藏度亡经》，莲华生著，徐进夫译，北京，宗
教文化出版社，1995，2003。

本书是一部藏传佛教密宗名著，原名《中阴得度》，原书为藏文，解放前曾有中文译本《中阴救度密法》。本书最初译本是英文版，由已故西藏喇嘛达瓦桑度从藏文译出，并经美国伊文思·温慈博士（Dr. W. Y. Evans Wentz）编辑而成。此书曾以英、德等文在欧美许多国家流行，很受西方学术界重视，心理学家荣格亲自为本书做详细评述。本书是德文本，中文本由台湾学者徐进夫先生 1982 年由英文译出，并多次再版，为保持原书特点，译者将书中序、附注、补遗部分全部译出。

ISBN （hardcover）

ger/B946. 6/H925

Hummel, Siegbert. 1908 – 2001

Die lamaistische kunst: in der umwelt von Tibet / Siegbert Hummel. —Leipzig: Otto Harrassowitz, 1955.

149 p. : ill. ; 25 cm. —西藏喇嘛教艺术

Includes bibliographical reference. —作者是德国藏学家和文化史学者，他的著作主要是关于藏族文化和以此为背景的欧亚文化研究，包括苯教、藏族语言、格萨尔史诗等。本书介绍西藏喇嘛教艺术。有中原满清王朝的影响，蒙古的影响，以及不丹、锡金和尼泊尔的影响。书后有照片 110 幅。

ISBN （hardcover）

ger/B946. 6/T886

Tucci, Giuseppe. 1894 – 1984

Die religionen Tibets und der Mongolei / Giuseppe Tucci, Walther Heissig. — Stuttgart: Verlag W. Kohlhammer, 1970.

448 p. : ill. ; 22 cm. —西藏和蒙古的宗教

Includes bibliographical reference and index. —这是意大利学者杜齐与前西德波恩大学教授海西希（W. Heissig）合写的著作。杜齐是欧洲研究东方古代文化的著名学者，新中国成立前，他到过西藏多次，足迹遍布前后藏及阿里，写过西藏的专著十余种。由于他的努力，在其担任所长的"意大利中东远东研究所"内，有一个享誉世界的西藏研究中心。他培养出一批长期从事西藏历史文化研究的专家，著名藏学家毕达克即是他的学生。研究所自 1950 年出版的《罗马东方丛书》中，即有十几部关于西藏的研究成果。西方学界认为杜齐的作品代表欧洲研究西藏的最高水平。后以此为底本，出版《西藏的宗教》一书。海西希是蒙古学专家，在本书中写作蒙古宗教。

ISBN （hardcover）

ger/H214. 4/

Durr, Jacques A.

Deux traites grammaticaux Tibetains / Jacques A. Durr. —Heidelberg：Carl Winter Universitatsverlag, 1950.

93 p. ；23 cm. —藏文语法

分析藏文语法。

ISBN （pbk. ）

ger/H214/H2431

Hann, Michael.

Lehrbuch der klassischen Tibetischen schritsprache / Michael Hann. —Bonn：Michael Hann, 1974.

360 p. ；23 cm. —古典藏文文字教材

Includes bibliographical reference. —本书是教授古典藏文文字的德文教材，全书共 20 章。

ger/H214/J391

Jaschke. 1817 - 1883

Tibetan grammar / Jaschke. —Berlin：Walter de Gruyter & Co. , 1929.

161 p. ；18 cm. —藏语语法

Includes bibliographical reference. —作者是摩拉维亚使团的一名传教士，曾去拉胡尔和拉达克，精通藏语。他为藏族儿童写了很多教科书，并且把《圣经》译为藏文，还写了简明实用的藏语语法，其中特别提到口语方言问题。他 1865 年出了罗马字的《藏英词典》，1866 年把印地语和乌尔都语译为藏语，还编写了藏语语法词典，于 1881 年在伦敦出版。他还写了一些关于藏语语音的论文，并把米拉日巴的诗歌译为德文出版。

ISBN （hardcover）

ger/H214/L6664

Leviticus numbers and deuteronomy the third, fourth and fifth books of the holy bible in Tibetan. —Berlin：Printed for the British and Foreign，1907.

1 v. ; 21 cm. —圣经（3~5 卷）（藏文）

Includes bibliographical reference. —本书为 1907 年在柏林出版的藏文《圣经》（第 3~5 卷）。

ger/H214/R5351

Richter，Eberhardt.

Worterbuch Tibetisch deutsch ／ Eberhardt Richter. —Leipzig：VEB Verlag Enzyklopadie，1983.

444 p. ; 20 cm. —藏德词典

Includes bibliographical references. —最早在德国 1966 年出版的藏德词典，1983 年再版。按三十个藏文字母顺序排列，标出词性，用德文解释。

ISBN （hardcover）

ger/H214/R5351

Richter，Eberhardt.

Tibetisch-Deutsches worterbuch ／ Eberhardt Richter. —Leipzig：Veb Verlag Enzyklopadie，1966.

444 p. ; 21 cm. —藏德词典

Includes bibliographical reference. —此书为藏语德语对照词典，词汇表按藏文字母排列。

ISBN （hardcover）

ger/H214/S5251/：2

Shafer，Robert.

Introduction to Sino-Tibetan. P. 2 ／ by Robert Shafer. —Wiesbaden：Otto Harrassowitz，1967.

216 p. ; 26 cm. —汉藏语系介绍：2

Includes bibliographical reference. —对汉藏语系各语族情况进行介绍。

ger/H214/S5251/：3

Shafer，Robert.

Introduction to Sino-Tibetan. P. 3 ／ by Robert Shafer. —Wiesbaden：Otto

Harrassowitz，1967.

217 – 312 p.；26 cm. —汉藏语系介绍：3

Includes bibliographical reference. —对汉藏语系各语族情况进行介绍。

ger/H51/H7113

Hoffmann，H. 1912 –

Central asiatic journal ／ H. Hoffmann. —Wiesbaden：Otto Harrassowitz，1981.

245 p.；23 cm.

Includes bibliographical reference. —作者是慕尼黑大学教授，原西德藏族研究中心的领导人，多年研究西藏宗教。1954 年曾有一次亚洲之行，游历了喜马拉雅山周边国家，如锡金、尼泊尔等，与佛教徒有广泛接触，从而对藏传佛教产生浓厚的兴趣。本书即记述这次旅行。作者还有很多藏学著述，如：《西藏的宗教》（*Die religionen Tibets*）（1956），《西藏本教史料集》（*Quellen zur geschichte der Tibetischen Bon-religion*）（1950），《西藏宗教和萨满教的象征意义》（*Symbolik der Tibetischen religionen und des Schamanismus*）（1967），《西藏手册》（*Tibet：a handbook*）（1975）等。

ger/I291. 42/S3491

Schmidt，I. J.

Die thaten bogda gesser chan's：des vertilgers der wurzel der zehn ubel in den zehn gegenden ／ I. J. Schmidt. —Leipzig：St. Petersburg，1839.

287 p.；23 cm. —格萨尔王传

此为藏族民间文学《格萨尔王传》最早的德文译本，按德文直译书名为《在十地区根除十恶的英雄格萨尔汗的事迹》。译者为沙俄皇家科学院学者斯密特，他在该院常务秘书富斯的支持赞助下，据 1716 年（康熙五十五年）北京蒙文 7 卷本《格萨尔王传》译为德文出版。《格萨尔王传》是藏族民间说唱体英雄史诗，约自 11 世纪以来，在我国藏族、蒙古族、土族、撒拉族等地流传，为人民喜闻乐见。在国外已被译成多种文字出版。此书系 170 年前在俄国译成的德文译著，今已成为罕见善本。

ISBN （pbk.）

ger/K207. 8/S489

Serta Tibeto-Mmongolica ／ Herausgegeben von Rudolf Kaschewsky，Klaus Sagaster, Michael Weiers. —Wiesbaden：Kommissionsverlag Otto Harrassowitz，1973.

376 p. ：port. ；24 cm. —西藏学、蒙古学论文集

此为纪念西德波恩大学著名蒙古学家瓦尔特·海西希60寿辰而编辑出版的论文集。海西希1913年出生于维也纳。1941～1946年活动在我国内蒙地区，二战后任波恩大学教授。从1954～1958年他主持出版了《格丁根亚洲研究丛书》10卷，1959年以后主持出版《亚洲研究丛书》，1969年春，他在波恩大学建立东亚中亚研究中心。1981年秋曾到我国新疆、内蒙等地参加学术会议并访问。他的有关论著很多，他曾和杜齐合著《西藏和蒙古的宗教》，此书由德文译为英文时分别译成《西藏的宗教》和《蒙古的宗教》。此论文集共收论文12篇，附有141种图书简目，略举有关藏学文章如下："民间宗教蒙藏两种文字的同一版本"、"翻译藏文莲华生传说第一章"、"帕丹巴的借词"、"伦敦博物馆藏两种古藏文手抄经文"、"欧洲博物馆收藏蒙古族和藏族的物质文化"、"《西藏百科全书》中关于西藏东部婚姻习俗的说明"等。

ISBN （pbk.）

ger/K280. 75/H925

Hummel, Siegbert. 1908－2001

Namenkarte von Tibet / Siegbert Hummel. —Koenhagen：Ejnar Munksgaard，[19?] .

1 vol. ；35 cm. —西藏地名图

作者是德国藏学家和文化史学者，他的著作主要是关于藏族文化和以此为背景的欧亚文化研究，包括苯教、藏族语言、格萨尔史诗等。本书为西藏地名地图。

ISBN （hardcover）

ger/K281. 4/S3862

Schulemann, Gunther. 1889 －

Geschichte der dalai-lamas / von Gunther Schulemann. —Leipzig：VEB Otto Harrassowitz，1958.

519 p. ：ill. ，maps；25 cm. —达赖喇嘛的历史

Includes bibliographical references and index. —介绍西藏宗教和历世达赖喇嘛的书，全书11章，介绍藏传佛教的起源、发展，中印佛教的历史，蒙藏关

系，宗喀巴的宗教改革，历届达赖喇嘛的传承，满族统治者与达赖喇嘛的关系，达赖喇嘛在西藏的发展史和影响等。全书有很多照片，拍摄的寺庙、佛像、法器、雕塑、达赖画像等。书后有附录：1. 藏文的拼写发音。2. 达赖世系表。3. 班禅世系表。4. 西藏历史表。5. 目录索引。6. 增补书目。7. 人名索引等。

ISBN（hardcover）

ger/K281. 4/T124/：1

Tafel，Albert. 1877 – 1935

Meine Tibetreise. 1 / Albert Tafel. —Stuttgart：Union Deutsche Verlagsgesell-schaft，1914.

352 p. ：ill. ；25 cm. —我的西藏之旅

这是德国人阿尔伯特·塔菲尔博士的一本游记，记述他在 1905～1908 年间，如何穿过内蒙古和中国西部，到达西藏的旅行。全书两卷，上卷讲在内地的情况，共 10 章，讲述作者如何从汉口沿汉江而上到达黄河，穿越内蒙古，过甘肃，进入青海西宁，到达西藏。下卷 11～17 章，讲述在西藏的见闻，包括自然地理、交通建筑、城市村落、宗教僧侣、民居生活、民俗风情的情况。全书有多幅清晰照片，拍摄藏民生活场景及人物，并附说明。馆藏 2 卷为签名本。

ISBN（hardcover）

ger/K281. 4/T124/：2

Tafel，Albert. 1877 – 1935

Meine Tibetreise. 2 / Albert Tafel. —Stuttgart：Union Deutsche Verlagsgesell-schaft，1914.

346 p. ：ill. ；25 cm. —我的西藏之旅

Includes index. —这是德国人阿尔伯特·塔菲尔博士的一本游记，记述他在 1905～1908 年间，如何穿过内蒙古和中国西部，到达西藏的旅行。全书两卷，上卷讲在内地的情况，共 10 章，讲述作者如何从汉口沿汉江而上到达黄河，穿越内蒙古，过甘肃，进入青海西宁，到达西藏。下卷 11～17 章，讲述在西藏的见闻，包括自然地理、交通建筑、城市村落、宗教僧侣、民居生活、民俗风情的情况。全书有多幅清晰照片，拍摄藏民生活场景及人物，并附说明。馆藏 2 卷为签名本。

ISBN （hardcover）

ger/K297. 4/M815/：3 （2）

Monumenta Tibetica historica. Abteilung 3，band 2，diplomata et epistolae / Herausgegeben von D. Schuh... （et al.）. —ST. Augustin：Vgh Wissenschafts-verlag，1976.

xliii，324 p. ：ill. ；31 cm. —西藏历史碑铭

作者迪特尔·舒是一位德国藏学家，1972 年毕业于波恩大学，1978 年成为一名藏学教授，2007 年退休，主要研究藏族的历法、天文、算术史。他曾于 1967~1969 年间去印度、锡金，遍访达尔穆萨拉 （Dharmsala）、新德里、大吉岭、噶伦堡、莫索尔 （Mussorie）和甘托克，将流亡当地的藏族僧俗上层及各地寺庙所藏的抄本、刻本，共 6000 余种，拍成缩微胶卷，携归柏林国家图书馆编目。目录全名为《藏文抄本和刻本附西藏故事录音带目录》（*Tibetische handschriften und blockdrucke sowie* ……），出版于 1973 年。本书是西藏历史碑铭拓片的汇编，书中把收集的藏文历史文献和碑铭拓片拍成照片，按号排列，对每一幅都进行文字解释与介绍，书前有作者拍摄的数十幅风物照片。

ISBN （hardcover）

ger/K297. 4/M815/：3 （6）

Monumenta Tibetica historica. Abteilung 3，band 6，diplomata et epistolae / Herausgegeben von D. Schuh... （et al.）. —ST. Augustin：Vgh Wissenschafts-verlag，1988.

xi，263 p. ：ill. ；31 cm. —西藏历史碑铭

作者迪特尔·舒是一位德国藏学家，1972 年毕业于波恩大学，1978 年成为一名藏学教授，2007 年退休，主要研究藏族的历法、天文、算术史。他曾于 1967~1969 年间去印度、锡金，遍访达尔穆萨拉 （Dharmsala）、新德里、大吉岭、噶伦堡、莫索尔 （Mussorie）和甘托克，将流亡当地的藏族僧俗上层及各地寺庙所藏的抄本、刻本，共 6000 余种，拍成缩微胶卷，携归柏林国家图书馆编目。目录全名为《藏文抄本和刻本附西藏故事录音带目录》（*Tibetische handschriften und blockdrucke sowie* ……），出版于 1973 年。本书是西藏历史碑铭拓片的汇编，书中把收集的藏文历史文献和碑铭拓片拍成照片，按号排列，对每一幅都进行文字解释与介绍。

ISBN （hardcover）

ger/K297. 5 –62/T222/：**1**

Taube，Manfred.

Tibetische handschriften und blockdrucke. T. 1 / Manfred Taube. —Wiesba-den：Franz Steiner Verlag Gmbh，1966.

v – xvi，374 p. ；26 cm. —藏文抄本和刻本目录 第一卷

Includes bibliographical references. —作者陶贝，1966 年将东德（莱比锡除外）所有图书馆的藏文书籍编成书目，著录藏文书 3000 余种，共 4 卷，这些书大多是海尼施（E. Haenisch）1929 年从北京嵩祝寺买回的木刻本。后来迪特尔·舒（Dieter Schuh）编的目录为续，即第 5 卷。本卷为藏文大藏经甘珠尔和丹珠尔中，涉及密宗的文献，其中有手稿和刻本。

ISBN（hardcover）

ger/K297. 5 –62/T222/：**2**

Taube，Manfred.

Tibetische handschriften und blockdrucke. T. 2 / Manfred Taube. —Wiesba-den：Franz Steiner Verlag Gmbh，1966.

v – vii，375 – 683 p. ；26 cm. —藏文抄本和刻本目录 第二卷

Includes bibliographical references. —作者陶贝，1966 年将东德（莱比锡除外）所有图书馆的藏文书籍编成书目，著录藏文书 3000 余种，共 4 卷，这些书大多是海尼施（E. Haenisch）1929 年从北京嵩祝寺买回的木刻本。后来迪特尔·舒（Dieter Schuh）编的目录为续，即第 5 卷。本卷为藏文大藏经甘珠尔和丹珠尔中，涉及密宗的文献，其中有手稿和刻本。

ISBN（hardcover）

ger/K297. 5 –62/T222/：**3**

Taube，Manfred.

Tibetische handschriften und blockdrucke. T. 3 / Manfred Taube. —Wiesba-den：Franz Steiner Verlag Gmbh，1966.

v – vii，685 – 996 p. ；26 cm. —藏文抄本和刻本目录 第三卷

Includes bibliographical references. —作者陶贝，1966 年将东德（莱比锡除外）所有图书馆的藏文书籍编成书目，著录藏文书 3000 余种，共 4 卷，这些书大多是海尼施（E. Haenisch）1929 年从北京嵩祝寺买回的木刻本。后来迪特尔·舒（Dieter Schuh）编的目录为续，即第 5 卷。本卷为藏文大藏经甘珠

尔和丹珠尔中，涉及密宗的文献，其中有手稿和刻本。

ISBN（hardcover）

ger/K297. 5 –62/T222/：4

Taube，Manfred.

Tibetische handschriften und blockdrucke. T. 4 / Manfred Taube. —Wiesba-
den：Franz Steiner Verlag Gmbh，1966.

v – vii，997 – 1296 p. ；26 cm. —藏文抄本和刻本目录 第四卷

Includes bibliographical references. —作者陶贝，1966 年将东德（莱比锡除
外）所有图书馆的藏文书籍编成书目，著录藏文书 3000 余种，共 4 卷，这些
书大多是海尼施（E. Haenisch）1929 年从北京嵩祝寺买回的木刻本。后来迪
特尔·舒（Dieter Schuh）编的目录为续，即第 5 卷。本卷为藏文大藏经甘珠
尔和丹珠尔中，涉及密宗的文献，其中有手稿和刻本。

ISBN（hardcover）

ger/K297. 5 –62/T222/：7

Wilhelm，Friedrich.

Tibetische handschriften und blockdrucke. T. 7 / Friedrich Wilhelm，Jampa
Losang Panglung. —Wiesbaden：Franz Steiner Verlag Gmbh，1979.

195 p. ；28 cm. —藏文抄本和刻本目录 第七卷

Includes bibliographical reference. —作者陶贝，1966 年将东德（莱比锡除
外）所有图书馆的藏文书籍编成书目，著录藏文书 3000 余种，共 4 卷，这些
书大多是海尼施（E. Haenisch）1929 年从北京嵩祝寺买回的木刻本。后来以
迪特尔·舒（Dieter Schuh）编的目录为续，即第 5 卷。本卷又为后人编的续，
即第 7 卷。

ISBN（hardcover） ￥90. 00

ger/K297. 5/B8252

Brauen，Martin.

Heinrich Harrers impressionen aus Tibet：gerettete schatze / Martin Brauen；
mit bildlegenden von Eva Stoll. —Innsbruck：Pinguin-Verlag；Frankfurt a. M.：
Umschau-Verlag，1974.

244 p. ：ill. ；22 cm. — （Volkerkundemuseum der universitat Zurich）—海

因里希·哈勒的西藏印象

Includes index. —海因里希·哈勒是奥地利登山家，二战时参加德国登山队前往珠峰，登顶失败后下撤，被驻印英军俘获关进战俘营，最后和几名同伴逃出。他经历重重险阻，装扮成前往拉萨朝拜的僧侣，翻越喜马拉雅山进入西藏，并绕道藏北来到拉萨。在拉萨幸运地得到西藏高官的款待，最后与十四世达赖喇嘛结下终生友谊。作者在拉萨生活了 7 年，于 1950 年解放军进藏后离开那里，经印度回到奥地利。他后来重返拉萨并著有《重返西藏》一书。本书即描写哈勒赴藏的见闻，书中有大量照片插图，反映西藏的工艺品、唐卡、宗教、日常生活等。

ISBN （hardcover）

ger/K297. 5/B8259

Brautigam，Herbert.

Die prinzessin wen cheng und der gesandte aus Lhasa / Herbert Brautigam. —Berlin：Alfred Holz Verlag，［19？］.

220 p. ：ill. ；20 cm. —文成公主与来自拉萨的使者

本书是一本藏族民间故事集，包括童话、寓言、动物故事等。

ISBN （hardcover）

ger/K297. 5/D136

Dalai Lama 1935 –

Dalai Lama：mein leben und mein volk. —Berlin：Knaur，1962.

222 p. ：ill. ；18 cm. —达赖喇嘛：我的生活，我的人民

Includes index. —本书为达赖喇嘛自述，共 14 章：1. 序言。2. 农民的儿子。3. 追求光明。4. 内心的平和。5. 与中国相邻。6. 军队进驻。7. 红色中国。8. 克制和反抗。9. 到印度的朝圣者。10. 起义。11. 拉萨危机。12. 出逃。13. 流亡地。14. 面对未来。以下包括，附录 1：藏传佛教。附录 2：词汇表。文摘。参考书目等。

ISBN 3426036983 （pbk. ）

ger/K297. 5/D2496

David-Neel，Alexandra. 1868 – 1969

Arjopa：die erste dilgerfahrt einer weiszen frau nach der verbotenen stadt des dalai lama / Alexandra David-Neel. —Leipzig：F. A. Brockhaus，1928.

322 p. ：ill. ；22 cm. —《一个巴黎女子的拉萨历险记》，耿昇译，拉萨，西藏人民出版社，1997. 8。

Includes index. —作者亚历山大莉亚·大卫-妮尔是法国著名东方学家、汉学家、探险家、特别是藏学家，是一位神话般的传奇人物，在法国乃至整个学界被誉为“女英雄”。她生前著作等身，其有关东方特别是西藏的论著、日记、资料、游记被译为多种文字，多次再版。她终生对西藏充满热爱和崇敬，从1912年在噶伦堡受到十三世达赖接见，1916年首次进入西藏，她曾先后5次到西藏及周边地区考察，而且还起了一个“智灯”的法号。20世纪20年代，以其《喇嘛教度礼》为前奏，《一位巴黎女子的拉萨历险记》、《西藏的巫术和奥义》、《在贵族——土匪地区》组成了她早期入藏的三部曲。她在西藏旅行时所作的全部笔记很早就已出版，第1卷写于1904～1917年，第2卷写于1918～1940年。1946年返法后，大卫-妮尔在巴黎大学举办“藏传佛教特征讲座”，此后写出一系列有关西藏的著作。她的著作中以本书价值最大，这是她第五次西藏之行的游记，由于此次她是由云南经康区入藏，正好填补了当时当地研究的空白，书中有珍贵的照片插图。

ISBN （hardcover）

ger/K297. 5/F479

Filchne，Wilhelm. 1877 – 1957

Wetterleuchten im osten：erlebnisse eines diplomatischen geheimagenten / von Wilhelm Filchner. —Berlin：Peter J. Oestergaard Verlag，1928.

300 p. ：ill. ，port. ；22 cm. —东方闪电西藏

Includes bibliographical references. —作者威廉菲舍尔1877年出生于德国的拜罗伊特，15岁进入普鲁士军事学院，一生多次探险。21岁旅居俄罗斯，23岁时来到中亚帕米尔高原，1903～1905年领导了一个去西藏的探险队。返回后他突发奇想，又组织了一个探险队去南极探险，想完成穿越南极大陆的壮举，虽然失败，但在南极有了重要的地理发现。他后来决定返回中亚，第一次世界大战结束后，他去了尼泊尔搞调查，1939年，再度去西藏。二战期间，他在印度周边度过几年时间。本书记述了他早期赴藏所见，其中有十三世达赖喇嘛的情况，英军侵入拉萨，西藏的宗教寺庙，僧侣的生活，以及藏区的建筑、风俗习惯等，书中有多幅插图，包括照片、地图等。

ISBN （hardcover）

ger/K297. 5/H454

Hedin, Sven V. 1865 – 1952

Abenteuer in Tibet / Sven V. Hedin. —Leipzig：F. A. Brockhaus, 1904.

414 p. : ill. , map；21 cm. —西藏探险记

Includes index. —这是瑞典探险家斯文赫定著作的德文本，记述他在中国西藏的考察。1899 年，斯文赫定在瑞典国王的资助下，在新疆进行了第二次探险，1900 年 3 月考察罗布泊，意外发现了楼兰古城，7 月至 12 月，进入藏北高原考察，1901 年 5 月至 12 月考察了西藏广大地区。本卷所述如下：跨越戈壁沙漠，顺塔里木河而下，向楼兰方向前进，在罗布泊沙漠，从北向南穿越西藏，抵达拉萨，横跨西藏到拉达克，到印度，喀什和回家。

ISBN（hardcover）

ger/K297. 5/H454

Hedin, Sven. 1865 – 1952

Ferdinand Freiherr von Richthofen and Sven Hedin / Sven Hedin. —Berlin：Verlag von Dietrich Reimer, 1933.

148 p. : ill. ; 23 cm. —大师与学者：李希霍芬和斯文赫定

李希霍芬（1833~1905）是德国地质学家，从 1861 年以地质学家身份首次来华开始，先后在中国进行了 7 次考察，走遍了大半个中国，收集了许多地质和自然地理资料，回国后整理出版了《中国——亲身旅行和据此所做的研究成果》一书，共 3 大卷和 1 部地图集，到 1912 年才出齐。斯文赫定（1865~1952）多次来中国探险，一生大部分时间用在我国新疆、西藏等地的考察，写有大量关于中国的著作。此书叙述二人之间交往情况。

ISBN（hardcover）

ger/K297. 5/H454/：1

Hedin, Sven. 1865 – 1952

Durch Asiens wusten：drei jahre auf neuen wegen in pamir, lop = nor, Tibet und China. 1 / Sven Hedin. —Leipzig：F. A. Brockhaus, 1919.

236 p. : ill. , map；22 cm. —穿越亚洲荒漠

这是瑞典探险家斯文赫定的两卷本著作，记述他对中国新疆、西藏的考察。本书是第 1 卷。1893 年 10 月，作者来到我国新疆，1894 年 2 月进入帕米尔高原，在慕士塔格山脚下住了一段时间，曾试图攀登，并达到 6300 米处，

但未最终登顶。5 月 1 日，抵达喀什。1895 年 2 月 17 日，斯文赫定从麦盖提进入塔克拉玛干大沙漠，从西向东穿越，中途缺水 8 天，两名队员牺牲，经过苦苦支撑才被正巧路过的一支骆驼队搭救。1899 年，斯文赫定在瑞典国王经诺贝尔的资助下，又在新疆进行了第二次探险。1900 年 3 月，顺塔里木河而下，考察罗布泊，意外发现了楼兰古城。7 月至 12 月，进入藏北高原，1901 年 5 月至 12 月考察了西藏广大地区。途中因相机损坏，斯文赫定用笔描画了很多图片，成为斯氏作品的重要特点。1906 年 8 月至 1908 年 8 月，作者第 4 次进入中国，主要考察西藏，回国后，开始撰写赴西藏探险的著作，出版后，受到各国读者的欢迎和重视。他于 1906 年 12 月到达波仓藏布。1907 年 2 月，到达日喀则，访问了扎什伦布寺，拜会了班禅。3 月，到达雅鲁藏布江。6 月，考察了中尼边界。9 月，考察了神山冈仁波齐峰，发现恒河源头。12 月至 1908 年 8 月，他在克什米尔重组考察队，重返西藏，并绘制西藏地图。本书便是作者这次考察旅行的笔记。

ISBN （hardcover）

ger/K297.5/H454/：2

Hedin，Sven. 1865 – 1952

Durch asiens wusten：drei jahre auf neuen wegen in pamir，lop = nor，Tibet und China. 2 / Sven Hedin. —Leipzig：F. A. Brockhaus，1919.

245 p. ：ill.，map；22 cm. —穿越亚洲荒漠

这是瑞典探险家斯文赫定的两卷本著作，记述他对中国新疆、西藏的考察。本书是第 2 卷。1893 年 10 月，作者来到我国新疆，1894 年 2 月进入帕米尔高原，在慕士塔格山脚下住了一段时间，曾试图攀登，并达到 6300 米处，但未最终登顶。5 月 1 日，抵达喀什。1895 年 2 月 17 日，斯文赫定从麦盖提进入塔克拉玛干大沙漠，从西向东穿越，中途缺水 8 天，两名队员牺牲，经过苦苦支撑才被正巧路过的一支骆驼队搭救。1899 年，斯文赫定在瑞典国王经诺贝尔的资助下，又在新疆进行了第二次探险。1900 年 3 月，顺塔里木河而下，考察罗布泊，意外发现了楼兰古城。7 月至 12 月，进入藏北高原，1901 年 5 月至 12 月考察了西藏广大地区。途中因相机损坏，斯文赫定用笔描画了很多图片，成为斯氏作品的重要特点。1906 年 8 月至 1908 年 8 月，作者第 4 次进入中国，主要考察西藏，回国后，开始撰写赴西藏探险的著作，出版后，受到各国读者的欢迎和重视。他于 1906 年 12 月到达波仓藏布。1907 年 2 月，到达日喀则，访问了扎什伦布寺，拜会了班禅。3 月，到达雅鲁藏布

江。6 月，考察了中尼边界。9 月，考察了神山冈仁波齐峰，发现恒河源头。12 月至 1908 年 8 月，他在克什米尔重组考察队，重返西藏，并绘制西藏地图。本书便是作者这次考察旅行的笔记。

ISBN（hardcover）

ger/K297. 5/H5527

Hermanns, P. Matthias.

Das national-epos der Tibeter gling konig ge sar / P. Matthias Hermanns. —Regensburg: Verlag Josef Habbel, 1965.

962 p. : ill. , map; 23 cm. —藏族史诗格萨尔王

Includes bibliographical reference and index. —作者是德国的一位教授，曾把《格萨尔王传》从藏文译为德文。本书是对这一史诗进行分析，厘清史诗的文化背景，并与周边文化进行比较。本书第 1 卷共九个部分：1. 藏族人。2. 印度伊朗人。3. 尼泊尔。4. 汉族与藏族。5. 西夏与藏族。6. 游牧部落与藏族。7. 藏文化发展。8. 格萨尔在藏区的不同版本。9. 附录。第 2 卷主要是对史诗的分析，六个部分：1. 格萨尔的奇特出生。2. 格萨尔王的战斗。3. 格萨尔的失败。4. 去世上天堂。5. 附录。6. 参考文献。

ISBN（hardcover）

ger/K297. 5/H658

Himmelsstier und gletscherlowe: mythen, sagen und fabeln aus Tibet. —Eisenach: Im Erich Roth-Verlag, 1955.

259 p. : ill. , map; 18 cm. —天空与冰川

本书是赫尔曼斯教授收集的讲述西藏神话、传说和寓言的作品，其中也有很多宗教故事，一些寓言以格言形式出现。全书 9 章。

ISBN（hardcover）

ger/K297. 5/H925

Hummel, Siegbert. 1908 – 2001

Geschichte der Tibetischen kunst / Siegbert Hummel. —Leipzig: Veb Otto Harrassowitz, 1953.

123 p. : ill. ; 25 cm. —西藏艺术史

Includes bibliographical reference. —作者是德国藏学家和文化史学者，他

的著作主要是关于藏族文化和以此为背景的欧亚文化研究，包括苯教、藏族语言、格萨尔史诗等。本书着重研究西藏宗教艺术，图文并茂。主要内容：1. 前言。2. 西藏艺术发展史：史前时代，西藏和印度艺术，西藏与伊朗、土耳其斯坦、中原艺术，西藏艺术形式的本质和发展。3. 西藏艺术的形式和西藏的艺人：绘画、雕塑、建筑、艺术工作者。书末附图片 124 幅。

ISBN （hardcover）

ger/K297. 5/R521

Richardson, H. E. 1905 – 2000

Tibet: geschichte und schicksal / H. E. Richardson. —Frankfurt: Alfred Metzner Verlag, 1964.

341 p. : ill. ; 20 cm. —西藏：历史和命运

Includes bibliographical reference and index. —作者中文名字黎吉生，1936 ~ 1950 年间曾任英国驻江孜和拉萨的商务代办，1947 年印度独立后，他仍以印度商务代办身份留在拉萨，直至 1950 年西藏和平解放前夕才被迫离去。后任美国华盛顿大学、加利福尼亚大学、西德波恩大学教授，美国西雅图藏学研究中心导师，是英国继贝尔之后的又一个"西藏通"，积极鼓吹藏独，妄图把西藏从中国分裂出去。除此书外，他还著有《西藏简史》、《藏语词汇》、《拉萨的古代法令》等书。

ISBN （hardcover）

ger/K297. 5/S1293

Sagaster, Klaus.

Die weisse geschichte / Klaus Sagaster. —Wiesbaden: Otto Harrassowitz, 1976.

ix, 489 p. ; 25 cm. —白史研究

Includes index. —元世祖忽必烈崇尚佛教后制定了一系列政教并行的制度，《白史》是记载这些制度的一部典章性著作，系用蒙文撰写的最早的历史文献之一，也是一部有关元代国家体制与法制方面的重要文献。其中涉及西藏古代史实较多，后人据此参考敦煌古藏文等资料，整理出关于藏族古代历史的专著，如根敦琼培的《白史》。本书系对《白史》的分析研究。

ISBN （pbk. ）
ISSN 0571 – 320X

ger/K297. 5/S2961/2：

Schafer，Ernst. 1910 – 1992

Berge buddhas und baren：forschung und jagd in geheimnisvollem Tibet / Ernst Schafer. —Berlin：Verlag von Paul Parey，1933.

316 p.：ill.，map；21 cm. —山、佛、熊——狩猎西藏

作者是德国著名动物学家和藏学家，曾 3 次参与赴西藏的探险队，本书是记录他在 1931～1932 年间，第一次随美国人布鲁克多兰去西藏东部探险的情况。第二次是 1934～1936 年间，也是随布鲁克多兰探险队，反映在他的另外两本书里《未知的西藏》1937，《世界屋脊》1938。第三次是 1938～1939 年，受到德国党卫军的赞助，在希姆莱指示下进行的，是德国的官方行为，目的是要寻找"雅利安"人的族源，看能否在藏族人的佛教经典中找寻到雅利安人的原始宗教遗迹。他们甚至拍摄了《秘密西藏》的纪录片，在 1943 年首映。本书中他对西藏的动物、地理、人类进行了大量详细的调查，做了高原生物学、生态学、地理学以至人类学的研究。仅搜集的禽鸟就有 3000 只，对动物和地理的描写是本书的特点，书中也有对僧侣和藏民的描写。全书 8 章，有大量清晰照片插页。

ISBN （hardcover）

ger/K297. 5/S2969

Schafer，Ernft. 1910 – 1992

Dach der erde：durch das wunderland hochtibet / von Ernft Schafer. —Berlin：Verlag von Baul Baren，1938.

xii，292 p.：ill.，map；22 cm. —世界屋脊

作者是德国著名动物学家和藏学家，曾 3 次参与赴西藏的探险队。第一次是在 1931～1932 年间，随美国人布鲁克多兰去西藏东部探险，情况反映在他的《山、佛、熊——狩猎西藏》（1933）一书中。第二次是 1934～1936 年间，也是跟随布鲁克多兰的探险队，这次行动反映在他的另两本书里，《未知的西藏》（1937）和《世界屋脊》（1938）。第三次是 1938～1939 年间，受到德国党卫军资助，在希姆莱指示下进行，是德国官方行为，目的是要寻找"雅利安"人的族源，看能否在藏族人的佛教经典中找寻到雅利安人的原始宗教遗迹。他们甚至拍摄了《秘密西藏》的纪录片，在 1943 年首映。本书即《世界屋脊》，书前有他写的序言，全书 8 章。全书主要侧重于自然地理方面的考察，有道路交通、各种高原珍稀动物、飞禽以及藏獒等的情况，也有很

多西藏人民的情况，诸如宗教活动、寺庙、僧侣、法师，还有妇女、儿童、囚犯、民俗等内容。作者进行了大量地理学以至人类学的调查。书中有大量清晰照片插页，还附有地图1张。

ISBN （hardcover）

ger/K297. 5/S876

Stobner, Walther.

Jns unerfdrfchte Tibet / Walther Stobner. —Leipzig：Verlag von R. F. Roehler, 1924.

316 p. : ill. ; 21 cm. —进入没有调查过的西藏

原书德文，作者叙述了几名德国人，1907～1909年间，溯长江而上，通过四川，进入西藏的游记，原书1914年初版，1924年再版。全书18章，附照片143张，照片所摄景色、山水、民居、人物均十分清晰，地图2幅。

ISBN （hardcover）

ger/K297. 5/S8884

Stossner, Walther.

Das unerforschte Tibet：Tagebuch der deutschen Expedition stossner 1914 / Walther Stossner. —Leipzig：R. F. Roehler in Leipzig, 1924.

316 p. : illus. , maps; 21 cm. —神秘西藏

Includes bibliographical references. —这是一部游记，作者于1914年间，从湖北沿长江而上，进入四川，从成都到打箭炉（今康定），继续西行，进入藏区。本书详尽记述了这次行程，作者沿途拍摄大量照片，既有险峻山川风光，崎岖山路，又有各色人物，以及建筑房屋、艺术品、各种动物等，甚至有在站笼中服刑的人。

ISBN （hardcover）

ger/K297. 5/S9231

Strong, Anna Louise. 1885 – 1970.

Entschleiertes Tibet / Anna Louise Strong. —Berlin：Rutten & Loening, 1961.

152 p. : ill. ; 18 cm. —西藏真相

本书是美国著名记者、进步作家安娜·路易斯·斯特朗在我国国庆10周

年前夕，以 70 多岁高龄访问西藏后，写出的报道西藏情况的著作。原著为英文，此是德文译本。作者在书中叙述了过去西藏三大领主对农奴的压榨、迫害，以及西藏叛匪对翻身农奴的残害，介绍了中国人民解放军的平叛战斗，西藏民主改革的实施等。书中有多幅当时珍贵的历史照片。

ISBN（pbk.）

ger/K297.5/T222

Taube，Manfred.

Die Tibetica der Berliner Turfansammlung / Manfred Taube. —Berlin：Akademie Verlag，1980.

143，lxxxviii p.；26 cm. — （Schriften zur geschichte und kulutr des alten orients）—柏林吐鲁番收藏品中的吐蕃文献

Includes bibliographical references. —1902 年，柏林人类学博物馆向新疆派遣了第一批德国考察队，截止 1914 年，德国考察队先后四次来到这里，在吐鲁番及其周邻地区工作。他们收集了大量以壁画为主的艺术珍品，以及使用各种文字书写的文书残卷，包括突厥文、回鹘文等，统统被携往柏林，供学者研究使用。本册为该馆出版的《柏林藏吐鲁番文献》第 10 种，该册专门介绍其中的吐蕃文献。全书按文献性质不同分为 7 类，用照片反映了 139 个吐蕃文献残片的情况。

ger/K297.5/T553

Bell，Charles. 1870 – 1945

Tibet：einst und jetzt. Charles Bell. — ［Germany］：［s. n.］，［19?］.

xii，335 p.：ill.；22 cm. —西藏：过去与现在

Includes index. —原作者贝尔，英国人。1891 年进入英印政府，1904 ~ 1921 年间，在我国西藏及不丹和锡金充当英国政府代理人。通藏文，是西方所谓 "西藏通"。在藏期间，他经常同达赖密谈，离间西藏和中央的关系，培植亲英势力，策动西藏独立。他是帝国主义势力在西藏的代表人物。著有《藏语口语语法》《英藏口语词典》《西藏今昔》《西藏的宗教》《西藏的人民》《达赖喇嘛画像》等书。原书为英文，本书为德文译本，花体字，十分难认。从西藏的早期历史开始，一直到 1914 年，主要写近代以来的情况。书为花体字，十分难认。有附录、索引和插图，插图大都取自当年的照片。

ISBN（hardcover）

ger/K305/H454

Hedin, Sven von. 1865－1952

Meine letzte reise durch inner-asien ／ Sven von Hedin. —Berlin：Gebauer-Schwetschke Druckerei und Verlag, 1903.

xiv, 50 p. ： ill. ； 23 cm. —我在亚洲的最后一次旅行

作者斯文赫定是瑞典著名探险家，生前多次在中亚及我国新疆、西藏等地探险，并写有大量著作。本书是他穿越亚洲的旅行，其实并不是最后一次，后来他又有多次旅行。其中有在西藏旅行的记述。

ISBN （hardcover）

ger/K310. 7/H4735/：32 （1）

Heissig, Walther.

Asiatische forschungen. Band 32, das leben des lamaistischen heiligen tsongkhapa blo-bzan-grags-pa. 1 ／ Walther Heissig, Rudolf Kaschewsky. —Wiesbaden：Otto Harrassowitz, 1971.

viii, 339 p. ； 26 cm. —亚洲研究丛书 32 卷：喇嘛教圣人宗喀巴罗桑扎巴传 （1）

Includes bibliographical reference. —德国威斯巴登出版的宗喀巴传。此书为《亚洲研究丛书》的 32 卷。全书共 2 册，此为第 1 册，主要是宗喀巴传的译文和注释，339 页。第 2 册主要是影印的蒙藏经文，收图片 607 张。1971 年出版。宗喀巴 （1357～1419），原名罗桑扎巴。推行宗教改革运动，创立喇嘛教格鲁派，俗称黄教。

ISBN 3447013745 （pbk. ）

ger/K310. 7/H4735/：32 （2）

Heissig, Walther.

Asiatische forschungen. Band 32, das leben des lamaistischen heiligen tsongkhapa blo-bzan-grags-pa. 2 ／ Walther Heissig, Rudolf Kaschewsky. —Wiesbaden：Otto Harrassowitz, 1971.

607 p. ； 26 cm. —亚洲研究丛书 32 卷：喇嘛教圣人宗喀巴罗桑扎巴传 （2）

德国威斯巴登出版的宗喀巴传。此书为《亚洲研究丛书》的 32 卷。全书共 2 册，第 1 册为宗喀巴传的译文和注释，340 页。此为第 2 册，主要是影印

的蒙藏经文，收图片 607 张。1971 年出版。宗喀巴（1357～1419），原名罗桑扎巴。推行宗教改革运动，创立喇嘛教格鲁派，俗称黄教。

 ISBN 3447005939（pbk.）

ger/K310.7/H4735/：51

Heissig, Walther. 1913 - 2005

Asiatische forschungen. Band 51, berichte uber das leben des atisa / Walther Heissig, Helmut Eimer. —Wiesbaden：Otto Harrassowitz, 1977.

364 p. ; 26 cm. —菩提道灯论

Includes bibliographical reference. —译者 Helmut Eimer 是德国波恩大学印度学系教授，专攻藏文《大藏经》版本，历年发表作品有 100 多种。还把藏文名著《米拉日巴传》译为德文。本书是古印度佛学大师、藏传佛教噶当派祖师阿底峡（Atisa, 982～1054 年）的藏文经典，共 70 颂，讲述从学法到成佛的修习内容和阶段。译者将其译为德文。主编海西希是著名中亚学者，西德波恩大学的教授。1969 年，他在波恩大学成立了一个研究中亚的机构，主要刊布研究有关中亚政治、历史、宗教、民间文艺的蒙、藏、汉、日文资料。短篇论文发表在《中亚细亚研究》（*Zentral Asiatischen Studien*）杂志上，专著都发表在《亚洲研究》（*Asiatischen Forschungen*）丛书上。

 ISBN 3447018658（pbk.）

ger/K310.7/H4735/：67（1）

Heissig, Walther. 1913 - 2005

Asiatische forschungen. Band 67, rnam thar rgyas pa. 1 / Walther Heissig, Helmut Eimer. —Wiesbaden：Otto Harrassowitz, 1979.

486 p. ; 26 cm. —米拉日巴传（1）

Includes bibliographical reference. —译者 Helmut Eimer 是德国波恩大学印度学系教授，专攻藏文《大藏经》版本，历年发表作品有 100 多种。此书原著为藏文名著，作者是 15 世纪噶举派高僧桑结坚赞，内容是 11 世纪初西藏佛教大师米拉日巴的传记，米拉日巴对后来藏传佛教的发展起到过重要影响，这本书系依照藏文翻译。主编海西希是著名中亚学者，西德波恩大学的教授。1969 年，他在波恩大学成立了一个研究中亚的机构，主要刊布研究有关中亚政治、历史、宗教、民间文艺的蒙、藏、汉、日文资料。短篇论文发表在《中亚细亚研究》（*Zentral Asiatischen Studien*）杂志上，专著都发表在《亚洲研究》（*Asiatischen Forschungen*）丛书上。

ISBN 3447020431 （pbk.）

ger/K310. 7/H4735/：67 （2）

Heissig, Walther. 1913 – 2005

Asiatische forschungen. Band 67, rnam thar rgyas pa. 2 / Walther Heissig, Helmut Eimer. —Wiesbaden：Otto Harrassowitz, 1979.

xii, 436 p. ; 26 cm. —米拉日巴传 （2）

Includes bibliographical reference. —译者 Helmut Eimer 是德国波恩大学印度学系教授，专攻藏文《大藏经》版本，历年发表作品有 100 多种。此书原著为藏文名著，作者是 15 世纪噶举派高僧桑结坚赞，内容是 11 世纪初西藏佛教大师米拉日巴的传记，米拉日巴对后来藏传佛教的发展起到过重要影响，这本书系依照藏文翻译。主编海西希是著名中亚学者，西德波恩大学的教授。1969 年，他在波恩大学成立了一个研究中亚的机构，主要刊布研究有关中亚政治、历史、宗教、民间文艺的蒙、藏、汉、日文资料。短篇论文发表在《中亚细亚研究》（*Zentral Asiatischen Studien*）杂志上，专著都发表在《亚洲研究》（*Asiatischen Forschungen*）丛书上。

ISBN 3447020431 （pbk.）

ger/K919. 3/H454

Hedin, Sven O. 1865 – 1952

Im herzen von asien：zehntausend kilometer auf unbekannten pfaden / Sven O. Hedin. —Leipzig：F. A. Brockhaus, 1903.

566 p. : ill. ; 23 cm. —穿过亚洲

Includes bibliographical references. —作者斯文赫定是瑞典著名探险家，生前多次在中亚及我国新疆、西藏等地探险，并写有大量著作。本书是他穿越亚洲的游记。

ISBN （hardcover）

ger/K919/H454

Hedin, Sven. 1865 – 1952

Mein leben als entdecker / Sven Hedin. —Leipzig：F. A. Brockhaus, 1928.

viii, 403 p. : ill. ; 23 cm. —我的探险生涯

作者斯文赫定是瑞典著名探险家，生前多次在中亚及我国新疆、西藏等地探险。本书是他 60 岁时写成，可作为自传，本书又译作《亚洲腹地旅行记》。其中有在西藏旅行的记述。

ISBN（hardcover）

ger/K928. 6/H454

Hedin, Sven. 1865 – 1952

Die seidenstrabe / Sven Hedin. —Leipzig：F. A. Brockhaus，1936.

263 p. ：ill. ；23 cm. —丝绸之路

Includes index. —作者斯文赫定是瑞典著名探险家，生前多次在中亚及我国新疆、西藏等地探险，并写有大量著作。本书是他在我国西北新疆等地的考察，其中也有去西藏的情况，书中还有九世班禅曲吉尼玛送给他的签名照片。

ISBN（hardcover）

ger/K928. 9/F479

Filchner, Wilhelm. 1877 – 1957

Tschung-kue：das reich der mitte ／ Wilhelm Filchner. —Berlin：Deutsche Buch，1925.

vii, 358 p. ：ill. ；19 cm.

作者威廉·菲尔希纳中文名字费通起，1877 年出生在德国拜罗伊特，15 岁时进入普鲁士军事学院，21 岁时开始探险生涯，经过俄罗斯，23 岁时到达中亚帕米尔高原。1903 年率德国科考队到我国西藏考察，1907 年发表《费通起中国—西藏探险队的科学成果（1903~1905）》，共 11 卷。1908 年组织探险队到北极考察，1912 年初到达南极，前后在那里待了 1 年时间。后来他回到中亚和东亚，第一次世界大战后，去尼泊尔进行了一次调查，并在 1925 年和 1936 年两次进入西藏探险，并写有著作 Quer durch Ost-Tibet 1925 和《中国与西藏》（China und Tibet）2 卷，1933~1937。他花了几年时间在印度周边地区进行考察。本书是他在我国汉口溯江而上，一路西行，经西安、兰州、到西宁的记录，书中提到藏族情况，有照片插页。

ISBN（hardcover）

ger/K928. 9/F479

Filchner, Wilhelm. 1877 – 1957

In China auf asiens hochsteppen im ewigen eis / Wilhelm Filchner. —Berlin：
Herder & Co. G. m. b. h. Verlag, 1930.

x, 202 p. ：ill. , port；23 cm. —在中国冰封雪盖的高原

Includes index. —作者威廉·菲尔希纳中文名字费通起，1877 年出生在德
国拜罗伊特，15 岁时进入普鲁士军事学院，21 岁时开始探险生涯，经过俄罗
斯，23 岁时到达中亚帕米尔高原。1903 年率德国科考队到我国西藏考察，
1907 年发表《费通起中国—西藏探险队的科学成果（1903～1905）》，共 11
卷。1908 年组织探险队到北极考察，1912 年初到达南极，前后在那里待了 1
年时间。后来他回到中亚和东亚，第一次世界大战后，去尼泊尔进行了一次
调查，又在 1925 年和 1936 年两次进入西藏探险，并写有著作 *Quer durch Ost-
Tibet* 1925 和《中国与西藏》（*China und Tibet*）2 卷，1933～1937。本书是他
在我国汉口溯江而上，一路西行，经西安、兰州、到西宁的记录，书中提到
藏族情况，有照片插页。

ISBN （hardcover）

ger/K928. 9/F479（2）

Filchner, Wilhelm. 1877 – 1957

Bismillah：vom huang-ho zum fndus / Wilhelm Filchner. —2e auf. —Leipzig：
F. A. Brodhaus, 1938.

347 p. ：ill. , map；22 cm.

作者威廉·菲尔希纳中文名字费通起，1877 年出生在德国拜罗伊特，15
岁时进入普鲁士军事学院，21 岁时开始探险生涯，经过俄罗斯，23 岁时到达
中亚帕米尔高原。1903 年率德国科考队到我国西藏考察，1907 年发表《费通
起中国—西藏探险队的科学成果（1903～1905）》，共 11 卷。1908 年组织探
险队到北极考察，1912 年初到达南极，前后在那里待了 1 年时间。后来他回
到中亚和东亚，第一次世界大战后，去尼泊尔进行了一次调查，1925 年和
1936 年又两次进入西藏探险，并写有著作 *Quer durch Ost-Tibet* 1925 和《中国
与西藏》（*China und Tibet*）2 卷，1933～1937。本书是作者在我国沿黄河西行
的记录。

ISBN （hardcover）

ger/K928. 9/F479（3）

Filchner, Wilhelm. 1877 – 1957

Bismillah：vom huang-ho zum fndus / Wilhelm Filchner. —3e auf. —Leipzig：F. A. Brodhaus，1939.

347 p. : ill. , map；22 cm.

作者威廉·菲尔希纳中文名字费通起，1877 年出生在德国拜罗伊特，15 岁时进入普鲁士军事学院，21 岁时开始探险生涯，经过俄罗斯，23 岁时到达中亚帕米尔高原。1903 年率德国科考队到我国西藏考察，1907 年发表《费通起中国—西藏探险队的科学成果（1903~1905）》，共 11 卷。1908 年组织探险队到北极考察，1912 年初到达南极，前后在那里待了 1 年时间。后来他回到中亚和东亚，第一次世界大战后，去尼泊尔进行了一次调查，1925 年和 1936 年又两次进入西藏探险，并写有著作 Quer durch Ost-Tibet 1925 和《中国与西藏》（China und Tibet）2 卷，1933~1937。本书是作者在我国沿黄河西行的记录。

ISBN（hardcover）

ger/K928. 9/H454

Hedin，Sven. 1865 – 1952

Ratsel der gobi：die forrsetzung der broszen fahrt durch jnnerasien in den jahren 1928 – 1930 / Sven Hedin. —Leipzig：F. A. Brockhaus，1931.

ix，335 p. : ill. ；23 cm. —穿越戈壁沙漠

Includes index. —作者斯文赫定是瑞典著名探险家，生前多次在中亚及我国新疆、西藏等地探险，并写有大量著作。本书是他 1928~1930 年间来华组团，穿越我国青藏高原的记录。

ISBN（hardcover）

ger/K928. 9/H454/2：

Hedin，Sven. 1865 – 1952

Auf grosser fahrt：meine erpedition mit schweden，deutschen und thinesen durch die wuste bobi 1927 – 28 / Sven Hedin. —Leipzig：F. A. Brockhaus，1929.

xii，346 p. : ill. ；23 cm. —穿越戈壁沙漠

Includes index. —作者斯文赫定是瑞典著名探险家，生前多次在中亚及我国新疆、西藏等地探险，并写有大量著作。1926 年冬，斯文赫定带领一支由瑞典人、德国人及丹麦人组成的探险队再次来华，但考察还在筹备中，就遭到北京学术界的反对。经谈判，斯文赫定与北京的中国学术团体达成协议：

由中瑞双方共同组成中国西北科学考察团，考察团采集的一切标本、样本，都归中国所有。1927 年 5 月，斯文赫定和徐炳旭教授率科考队前往西北，本书是他们此行的记录。

ISBN （hardcover）

ger/K928. 9/H5681

Herrmann, Rarl.

Ein ritt fur deutschland / Rarl Herrmann. —Berlin：Nibelungen Verlag，1941.

591 p. ：ill. ; 21 cm. —中国旅行记

Includes index. —本书是本游记，作者从上海出发西行，经河南、陕西、甘肃、青海，最后到达青海与新疆交界的索尔库里。书中记述了很多青海藏区的情况，还拍有各种照片。但作者把中国比喻为：德国的一个暗礁。

ISBN （hardcover）

ger/K928. 9/R266

Rayfield, Donald.

Lhasa wat sein traum / Donald Rayfield. —Wiesbaden：F. A. Brockhaus，1977.

278 p. ：ill. ; 21 cm. —拉萨之梦

Includes bibliographical reference and index. —本书介绍了俄罗斯人尼古拉·普尔什瓦尔斯基（1839 ~ 1888）在中亚及我国西部探险的事迹。普氏是俄罗斯 19 世纪最著名的探险家和旅行家，从 1870 年开始，一生 4 次到中国西部探险，初衷是为了抵达西藏拉萨，然而始终未能如愿，几次他都深入西藏内地，第 3 次，甚至离拉萨只有 270 公里，遇当地驻军阻止退回。第 4 次，到了西藏东北部，然后回国。但他却在新疆走完了前无古人的路程。他的西北之行，引起了世界的极大关注。现在的新疆普氏野马和普氏羚羊都是他发现，并以他的名字命名的。

ISBN 3765302910 （hardcover）

ger/K928. 965/D2496

David-Neel, Alexandra. 1868 – 1969

Monche und strauchritter：eine libetsahrt auf schleichwegen / Alexandra David-

Neel. —Leipzig：F. A. Brockhaus，1933.

290 p. : ill. ; 22 cm. —和尚和骑士

作者亚历山大莉亚·大卫－妮尔是法国著名东方学家 、汉学家、探险家、特别是藏学家，是一位神话般的传奇人物，在法国乃至整个学界被誉为“女英雄”。她生前著作等身，其有关东方特别是西藏的论著、日记、资料、游记被译为多种文字，多次再版。她终生对西藏充满热爱和崇敬，从 1912 年在噶伦堡受到 13 世达赖接见，1916 年首次进入西藏，她曾先后 5 次到西藏及周边地区考察，而且还起了一个“智灯”的法号。20 世纪 20 年代，以其《喇嘛教度礼》为前奏，《一位巴黎女子的拉萨历险记》《西藏的巫术和奥义》《在贵族——土匪地区》组成了她早期入藏的三部曲。她在西藏旅行时所作的全部笔记很早就已出版，第 1 卷写于 1904～1917 年，第 2 卷写于 1918～1940 年。1946 年返法后，大卫－妮尔在巴黎大学举办“藏传佛教特征讲座”，此后写出一系列有关西藏的著作。本书便是其早期入藏的著作之一。书中有珍贵的照片插图。

ISBN （hardcover）

ger/K928. 975/E69/2：

Filchner, Wilhelm. 1877－1957

Sturm Uber Asien, Erlebnisse eines diplomatischen geheimagenten：mit vielen abbildungen, karten und vollbildern nach skizzen des verfassers / Herausgegeben von Wilhelm Filchner. —Berlin：Verlag Neufeld & Henius, 1924.

vii, 311 p. : ill., map; 23 cm. —亚洲的风暴：一个秘密外交史团的见闻

作者是德国人威廉·菲尔切尼尔。本书主要是关于我国西藏地方政治、历史情况，围绕 13 世达赖喇嘛的经历，反映英、俄、日等帝国主义在西藏的勾结、争夺和阴谋活动。全书 14 章，包括：序。1. 在世界屋脊之上。2. 俄国和英国。3. 危险的使命。4. 布达拉宫的英国旗帜。5. 达赖喇嘛在蒙古。6. 在喇嘛之中。7. 寺庙的武装。8. 唵嘛呢叭咪吽。9. 达赖喇嘛的棋子。10. 特拉姆土（日本人寺本）。11. 在英国的保护之下。12. 达赖喇嘛的胜利。13. 才仁丕勒。14. 在苏联的红星之下。

ISBN （hardcover）

ger/K928. 975/F479/2：

Filchner, Wilhelm. 1877－1957

Om mani padme hum: meine China und Libeterpedition 1925/28 / Wilhelm Filchner. —Leipzig: F. A. Brockhaus, 1930.

352 p. : ill. ; 23 cm. —六字真言

Includes index. —作者威廉·菲尔希纳中文名字费通起，1877 年出生在德国拜罗伊特，15 岁时进入普鲁士军事学院，21 岁时开始探险生涯，经过俄罗斯，23 岁时到达中亚帕米尔高原。1903 年率德国科考队到我国西藏考察，1907 年发表《费通起中国—西藏探险队的科学成果（1903 - 1905）》，共 11 卷。1908 年组织探险队到北极考察，1912 年初到达南极，前后在那里待了 1 年时间。后来他回到中亚和东亚，第一次世界大战后，去尼泊尔进行了一次调查，1925 年和 1936 年又两次进入西藏探险，并写有著作 Quer durch Ost-Tibet 1925 和《中国与西藏》（China und Tibet）2 卷，1933 ~ 1937。本书便是 1925 ~ 1928 年间的记录，共 38 节，附有大量照片。

ISBN（hardcover）

ger/K928. 975/H454/：1

Hedin, Sven. 1865 - 1952

Transhimalaja: entdeckungen und abenteuer in Tibet. band 1 / von Sven Hedin. —Leipzig: F. A. Brockhaus, 1909.

xviii, 402 p. : ill. , map, port. ; 23 cm. —穿越喜马拉雅：西藏的发现和探险（1）

这是瑞典探险家斯文赫定的 2 卷本德文著作，本书为第 1 卷。1906 年 8 月至 1908 年 8 月他第 4 次来中国，主要目标是西藏。于 1906 年 12 月到达波仓藏布。1907 年 2 月，到达日喀则，访问了扎什伦布寺，拜会了班禅。3 月，到达雅鲁藏布江。6 月，考察了中尼边界。9 月，考察了神山冈仁波齐峰，发现恒河源头。12 月至 1908 年 8 月，他在克什米尔重组考察队，再返西藏考察，并绘制西藏地图。本书便是作者这次考察旅行的笔记。他来到雅鲁藏布江边，在那里接触大量普通藏人，了解他们的生活习俗，拍摄了大量照片。全书 35 章，图片 194 幅。

ISBN（hardcover）

ger/K928. 975/H454/：2

Hedin, Sven. 1865 - 1952

Transhimalaja: entdeckungen und abenteuer in tibet. band 2 / von Sven Hedin. —Leipzig：F. A. Brockhaus，1909.

x，406 p. ：ill.，map，port. ；23 cm. —穿越喜马拉雅：西藏的发现和探险（2）

这是瑞典探险家斯文赫定的 2 卷本德文著作，本书为第 2 卷。1906 年 8 月至 1908 年 8 月他第 4 次来中国，主要目标是西藏。于 1906 年 12 月到达波仓藏布。1907 年 2 月，到达日喀则，访问了扎什伦布寺，拜会了班禅。3 月，到达雅鲁藏布江。6 月，考察了中尼边界。9 月，考察了神山冈仁波齐峰，发现恒河源头。12 月至 1908 年 8 月，他在克什米尔重组考察队，再返西藏考察，并绘制西藏地图。本书便是作者这次考察旅行的笔记。他来到雅鲁藏布江边，在那里接触大量普通藏人，了解他们的生活习俗，拍摄了大量照片。全书 40 章，图片 194 幅。

ISBN（hardcover）

ger/K928. 975/N825

Norbu，Thubten Dschigme. 1922 – 2008

Tibet verlorene heimat ／ Thubten Dschigme Norbu；erzahlt von Heinrich Harrer. —Wien：Verlag Ullstein，1960.

283 p. ：ill. ；21 cm. —西藏——失去的家园

作者土登晋美诺布，1951 年以后曾与达赖喇嘛在一起，流落海外藏人。全书 22 章，后附 1919～1959 大事年表。

ISBN（hardcover）

ger/K928. 975/S8889

Stotzner，Walther.

Ins unerforschte Tibet ／ Walther Stotzner. —Leipzig：Verlag von K. F. Koehler，1924.

xvi，316 p. ：ill. ；21 cm. —尚未勘察过的西藏

作者是位德国人，1914 年间来西藏考察，本书是此行的记录，全书 18 章，有大量人物、房屋、山川等照片。花体字，极难辨认。

ISBN（hardcover）

ger/K93/L527

Leifer，Walter.

Weltprobleme am Himalaya: eine entscheidungszone der gegenwart im spiel der menschheitsgeschichte / von Walter Leifer. —Wurzburg: Marienburg-Verlag, 1959.

197 p. : ill. ; 22 cm. —喜马拉雅山的世界性问题

Includes index. —本书叙述当地现代人类发展史,谈及喜马拉雅山区诸国情况,共16章,第4章介绍西藏宗教情况,有布达拉宫照片等。

ISBN (hardcover)

ger/K933. 8/R9172

Rudolph, Fritz.

Der kampf um das dach der welt / Fritz Rudolph. —Berlin: Sportverlag, [19?] .

286 p. : ill. ; 24 cm. —世界屋脊

Includes bibliographical reference. —主要介绍当地自然风貌,及登山队攀登各山峰的情况。

ISBN (hardcover)

ger/K951. 69/F479

Filchner, Wilhelm. 1877 – 1957

Om mani padme hum: meine shina = und lebeterpedition 1925/28 / Wilhelm Filchner. —Leipzig: F. A. Brockhaus, 1929.

352 p. : illu. , map; 21 cm. —六字真言

Includes bibliographical references and index. —作者威廉·菲尔希纳中文名字费通起,1877年出生在德国拜罗伊特,15岁时进入普鲁士军事学院,21岁时开始探险生涯,经过俄罗斯,23岁时到达中亚帕米尔高原。1903年率德国科考队到我国西藏考察,1907年发表《费通起中国—西藏探险队的科学成果(1903~1905)》,共11卷。1908年组织探险队到北极考察,1912年初到达南极,前后在那里待了1年时间。后来他回到中亚和东亚,第一次世界大战后,去尼泊尔进行了一次调查,1925年和1936年又两次进入西藏探险,并写有著作 Quer durch Ost-Tibet 1925 和《中国与西藏》(China und Tibet) 2卷,1933~1937。本书便是1925~1928年间的记录,共38节,附有大量照片。

ISBN (hardcover)

ger/O4/S385/2:

Schuh, Dieter. 1942 –

Untersuchungen zur geschichte der Tibetischen kalenderrechnung / von Dieter Schuh. —Wiesbaden：Franz Steiner Verlag Gmbh，1973.

239 p.；28 cm. —（Verzeichnis der orientalischen handschriften in deutschland；supplementband 16）—西藏历法史研究

Includes bibliographical reference. —作者迪特尔·舒是一位德国藏学家，1972 年毕业于波恩大学，1978 年成为一名藏学教授，2007 年退休，主要研究藏族的历法、天文、算术史。他曾于 1967～1969 年间去印度、锡金，遍访达尔穆萨拉（Dharmsala）、新德里、大吉岭、噶伦堡、莫索尔（Mussorie）和甘托克，将流亡当地的藏族僧俗上层及各地寺庙所藏的抄本、刻本，共 6000 余种，拍成缩微胶卷，携归柏林国家图书馆编目。目录全名为《藏文抄本和刻本附西藏故事录音带目录》（*Tibetische handschriften und blockdrucke sowie...*），出版于 1973 年。本书《西藏历法史研究》即据携去材料写成。

ISBN（hardcover）

hun/K563. 52/K848/：1

Korosi Csoma 1784 – 1842

Korosi Csoma- archivum. V. 1 / edited by Gyula Nemeth. —Leiden：Authorized Reprint，1967.

488 p.：illus.，map；21 cm. —克勒斯·乔玛文集第 1 卷

Includes bibliographical reference. —作者乔玛是匈牙利著名东方学家、藏学创始人。年轻时曾在罗马尼亚的一个基督教学院学习，后在德国的哥廷根大学学习。掌握多种语言。他为了寻找匈牙利人的起源，向东旅行，曾在拉达克一带的喇嘛寺生活了 9 年，精研藏文。后来他历尽坎坷，曾于 1823 年 6 月 20 日至 1824 年 10 月 22 日，1825 年 6 月 6 日至 1827 年 1 月，1827 年 8 月至 1830 年秋三次进入西藏。还结交了达赖喇嘛，以他为师学习藏族文化。编成了第一部藏英词典，包括藏字、语法、佛教用语的术语表，出版了英文版本的 Mahāvyutpatti，并收集汇编了大量来自各个领域的藏文资料。1842 年，他再次打算去西藏首府拉萨，并从那里向北方中国进发。进入维吾尔和蒙古人的地区，找到一些有关古代匈牙利人的消息来源，途中不幸患疟疾去世。此是他文集的第 1 卷。

hun/K563. 52/K848/：2

Korosi Csoma 1784 – 1842

Korosi Csoma- archivum. V. 2 / edited by Gyula Nemeth. —Leiden：Authorized Reprint，1967.

466 p. : illus. , map；21 cm. —克勒斯·乔玛文集第 2 卷

Includes bibliographical reference. —作者乔玛是匈牙利著名东方学家、藏学创始人。年轻时曾在罗马尼亚的一个基督教学院学习，后在德国的哥廷根大学学习。掌握多种语言。他为了寻找匈牙利人的起源，向东旅行，曾在拉达克一带的喇嘛寺生活了 9 年，精研藏文。后来他历尽坎坷，曾于 1823 年 6 月 20 日至 1824 年 10 月 22 日，1825 年 6 月 6 日至 1827 年 1 月，1827 年 8 月至 1830 年秋三次进入西藏。还结交了达赖喇嘛，以他为师学习藏族文化。编成了第一部藏英词典，包括藏字、语法、佛教用语的术语表，出版了英文版本的 Mahāvyutpatti，并收集汇编了大量来自各个领域的藏文资料。1842 年，他再次打算去西藏首府拉萨，并从那里向北方中国进发。进入维吾尔和蒙古人的地区，找到一些有关古代匈牙利人的消息来源，途中不幸患疟疾去世。此是他文集的第 2 卷。

hun/K563. 52/K848/：3

Korosi Csoma 1784 – 1842

Korosi Csoma- archivum. V. 3 / edited by Gyula Nemeth. —Leiden：Authorized Reprint，1967.

217 p. : illus. , map；21 cm. —克勒斯·乔玛文集第 3 卷

Includes bibliographical reference. —作者乔玛是匈牙利著名东方学家、藏学创始人。年轻时曾在罗马尼亚的一个基督教学院学习，后在德国的哥廷根大学学习。掌握多种语言。他为了寻找匈牙利人的起源，向东旅行，曾在拉达克一带的喇嘛寺生活了 9 年，精研藏文。后来他历尽坎坷，曾于 1823 年 6 月 20 日至 1824 年 10 月 22 日，1825 年 6 月 6 日至 1827 年 1 月，1827 年 8 月至 1830 年秋三次进入西藏。还结交了达赖喇嘛，以他为师学习藏族文化。编成了第一部藏英词典，包括藏字、语法、佛教用语的术语表，出版了英文版本的 Mahāvyutpatti，并收集汇编了大量来自各个领域的藏文资料。1842 年，他再次打算去西藏首府拉萨，并从那里向北方中国进发。进入维吾尔和蒙古人的地区，找到一些有关古代匈牙利人的消息来源，途中不幸患疟疾去世。此是他文集的第 3 卷。

hun/K563. 52/K848/：4

Korosi Csoma 1784 – 1842

Korosi Csoma- archivum. V. 4 / edited by Gyula Nemeth. —Leiden：Author-
ized Reprint，1967.

531 p. ：illus. ，map；21 cm. —克勒斯·乔玛文集第 4 卷

Includes bibliographical reference. —作者乔玛是匈牙利著名东方学家、藏
学创始人。年轻时曾在罗马尼亚的一个基督教学院学习，后在德国的哥廷根
大学学习。掌握多种语言。他为了寻找匈牙利人的起源，向东旅行，曾在拉
达克一带的喇嘛寺生活了 9 年，精研藏文。后来他历尽坎坷，曾于 1823 年 6
月 20 日至 1824 年 10 月 22 日，1825 年 6 月 6 日至 1827 年 1 月，1827 年 8 月
至 1830 年秋三次进入西藏。并结交了达赖喇嘛，以他为师学习藏族文化。编
成了第一部藏英词典，包括藏字、语法、佛教用语的术语表，出版了英文版
本的 Mahāvyutpatti，并收集汇编了大量来自各个领域的藏文资料。1842 年，
他再次打算去西藏首府拉萨，并从那里向北方中国进发。进入维吾尔和蒙古
人的地区，找到一些有关古代匈牙利人的消息来源，途中不幸患疟疾去世。
此是他文集的第 4 卷。

ita/H214/R717/2：

Roerich，Georges de.

Le parler de l'amdo：etude d'un dialecte archaique du Tibet / Georges de Ro-
erich. —Roma：Istituto Italiano per il Medio ed Estremo Oriente，1958.

159 p. ：map；26 cm. —（Serie Orientale Roma；18）—安多口语：一种
西藏古方言的研究

安多为地名，今甘肃、青海和四川部分藏区。7 世纪吐蕃王朝占据该地，
使之成为与唐王朝征战的基地，11 世纪这里又成了藏传佛教后弘期的基地之
一。这里的藏族使用藏语安多方言，也是藏语较早的方言之一。

ISBN PBK

ita/K297.5/T886/2：4（1）

Tucci，Giuseppe. 1894 – 1984

Indo-Tibetica. 4，Gyantse ed I suoi monasteri. Pt. 1，Descrizione generale
dei tempi / Giuseppe Tucci. —Roma：Reale Accademia D'Italia，1941.

302 p. ；26 cm. —（Reale accademia d'Italia；1）—《梵天佛地》，魏正
中，萨尔吉；上海，上海古籍出版社，2009.12。

意大利学者杜齐主编。意大利文。收有大量关于西藏文化、宗教的文献

及图片资料。杜齐是欧洲研究东方古代文化的著名学者，1894 年出生，罗马大学毕业，一战期间，任军职 5 年（1915～1919），二战期间，曾为意大利法西斯政权效力。自 1928 年起，数次到尼泊尔访问，并先后 7 次进入西藏地方"探险"、"旅行"，弄走大量历史文物、艺术珍品和珍贵文献。他足迹遍于前后藏及阿里，写过西藏的专著 10 余种。由于他的努力，在其担任所长的"意大利中东远东研究所"内，有一个享誉世界的西藏研究中心。他培养出一批长期从事西藏历史文化研究的专家，著名藏学家毕达克即是他的学生。研究所自 1950 年出版的《罗马东方丛书》中，即有十几部关于西藏的研究成果，西方学界认为杜齐的作品代表欧洲研究西藏的最高水平。《印度—西藏》是一套系列丛书，共 4 卷 7 册，自 1932～1941 年，由意大利皇家学院出版，此书是杜齐 1928～1939 年 7 次西藏探险考察的重要成果。第 1 卷，西北印度和西藏西部的塔和擦擦。第 2 卷，仁钦桑布和公元 1000 年左右藏传佛教的复兴。第 3 卷，西藏西部的寺院及其艺术特征。第 4 卷，江孜及其寺院。此书被誉为藏学的丰碑性著作，已收入《喜马拉雅丛书》第三辑第 7～10 卷，正在出英译本。2009 年 12 月该书中文版《梵天佛地》出版。

ISBN（hardcover）

ita/K297. 5/T886/2：4（2）

Tucci, Giuseppe. 1894 – 1984

Indo-Tibetica. 4, Gyantse ed I suoi monasteri. Pt. 2, Iscrizioni, testo e traduzione / Giuseppe Tucci. —Roma：Reale Accademia D'Italia, 1941.

330 p. ; 26 cm. —（Reale accademia d'Italia；1）—《梵天佛地》，魏正中，萨尔吉；上海，上海古籍出版社，2009. 12。

Includes index. —意大利学者杜齐主编。意大利文。收有大量关于西藏文化、宗教的文献及图片资料。杜齐是欧洲研究东方古代文化的著名学者，1894 年出生，罗马大学毕业，一战期间，任军职 5 年（1915～1919），二战期间，曾为意大利法西斯政权效力。自 1928 年起，数次到尼泊尔访问，并先后 7 次进入西藏地方"探险"、"旅行"，弄走大量历史文物、艺术珍品和珍贵文献。他足迹遍布前后藏及阿里，写过西藏的专著 10 余种。由于他的努力，在其担任所长的"意大利中东远东研究所"内，有一个享誉世界的西藏研究中心。他培养出一批长期从事西藏历史文化研究的专家，著名藏学家毕达克即是他的学生。研究所自 1950 年出版的《罗马东方丛书》中，即有十几部关于西藏的研究成果，西方学界认为杜齐的作品代表欧洲研究西藏的最高水平。

《印度—西藏》是一套系列丛书，共 4 卷 7 册，自 1932～1941 年，由意大利皇家学院出版，此书是杜齐 1928～1939 年 7 次西藏探险考察的重要成果。第 1 卷，西北印度和西藏西部的塔和擦擦。第 2 卷，仁钦桑布和公元 1000 年左右藏传佛教的复兴。第 3 卷，西藏西部的寺院及其艺术特征。第 4 卷，江孜及其寺院。此书被誉为藏学的丰碑性著作，已收入《喜马拉雅丛书》第三辑第 7～10 卷，正在出英译本。2009 年 12 月该书中文版《梵天佛地》出版。

ISBN（hardcover）

ita／K297.5／T886／2：4（3）

Tucci，Giuseppe. 1894－1984

Indo-Tibetica. 4，Gyantse ed I suoi monasteri. Pt. 3，Tavole ／ Giuseppe Tucci. —Roma：Reale Accademia D'Italia，1941.

various pagings：ill.，fold. map；26 cm. —（Reale accademia d'Italia；1）—《梵天佛地》，魏正中，萨尔吉；上海，上海古籍出版社，2009.12。

意大利学者杜齐主编。意大利文。收有大量关于西藏文化、宗教的文献及图片资料。杜齐是欧洲研究东方古代文化的著名学者，1894 年出生，罗马大学毕业，一战期间，任军职 5 年（1915～1919），二战期间，曾为意大利法西斯政权效力。自 1928 年起，数次到尼泊尔访问，并先后 7 次进入西藏地方"探险"、"旅行"，弄走大量历史文物、艺术珍品和珍贵文献。他足迹遍布前后藏及阿里，写过西藏的专著 10 余种。由于他的努力，在其担任所长的"意大利中东远东研究所"内，有一个享誉世界的西藏研究中心。他培养出一批长期从事西藏历史文化研究的专家，著名藏学家毕达克即是他的学生。研究所自 1950 年出版的《罗马东方丛书》中，即有十几部关于西藏的研究成果，西方学界认为杜齐的作品代表欧洲研究西藏的最高水平。《印度—西藏》是一套系列丛书，共 4 卷 7 册，自 1932～1941 年，由意大利皇家学院出版，此书是杜齐 1928～1939 年 7 次西藏探险考察的重要成果。第 1 卷，西北印度和西藏西部的塔和擦擦。第 2 卷，仁钦桑布和公元 1000 年左右藏传佛教的复兴。第 3 卷，西藏西部的寺院及其艺术特征。第 4 卷，江孜及其寺院。此书被誉为藏学的丰碑性著作，已收入《喜马拉雅丛书》第三辑第 7～10 卷，正在出英译本。2009 年 12 月该书中文版《梵天佛地》出版。

ISBN（hardcover）

ita／K297.5／T886／：1

Tucci，Giuseppe. 1894－1984

Indo-Tibetica. 1，"Mc' od rten" e "ts'a ts'a" / Giuseppe Tucci. —Roma：Reale Accademia D'Italia，1932.

158 p.，[43] leaves of plates；26 cm. — （Reale accademia d'Italia；1） — 《梵天佛地》，魏正中，萨尔吉；上海，上海古籍出版社，2009.12。

意大利学者杜齐主编。意大利文。收有大量关于西藏文化、宗教的文献及图片资料。杜齐是欧洲研究东方古代文化的著名学者，1894 年出生，罗马大学毕业，一战期间，任军职 5 年（1915～1919），二战期间，曾为意大利法西斯政权效力。自 1928 年起，数次到尼泊尔访问，并先后 7 次进入西藏地方"探险"、"旅行"，弄走大量历史文物、艺术珍品和珍贵文献。他足迹遍布前后藏及阿里，写过西藏的专著 10 余种。由于他的努力，在其担任所长的"意大利中东远东研究所"内，有一个享誉世界的西藏研究中心。他培养出一批长期从事西藏历史文化研究的专家，著名藏学家毕达克即是他的学生。研究所自 1950 年出版的《罗马东方丛书》中，即有十几部关于西藏的研究成果，西方学界认为杜齐的作品代表欧洲研究西藏的最高水平。《印度—西藏》是一套系列丛书，共 4 卷 7 册，自 1932～1941 年，由意大利皇家学院出版，此书是杜齐 1928～1939 年 7 次西藏探险考察的重要成果。第 1 卷，西北印度和西藏西部的塔和擦擦。第 2 卷，仁钦桑布和公元 1000 年左右藏传佛教的复兴。第 3 卷，西藏西部的寺院及其艺术特征。第 4 卷，江孜及其寺院。此书被誉为藏学的丰碑性著作，已收入《喜马拉雅丛书》第三辑第 7～10 卷，正在出英译本。2009 年 12 月该书中文版《梵天佛地》出版。

ISBN （hardcover）

ita/K297.5/T886/：3 （1）

Tucci, Giuseppe. 1894 – 1984

Indo-Tibetica. 3，I templi del tibet occidentale，E il loro simbolismo artistico. Pt. 1，Spiti e Kunavar / Giuseppe Tucci. —Roma：Reale Accademia D'Italia，1935.

219 p.，[91] leaves of plates；26 cm. — （Reale accademia d'Italia；1） — 《梵天佛地》，魏正中，萨尔吉；上海，上海古籍出版社，2009.12。

意大利学者杜齐主编。意大利文。收有大量关于西藏文化、宗教的文献及图片资料。杜齐是欧洲研究东方古代文化的著名学者，1894 年出生，罗马大学毕业，一战期间，任军职 5 年（1915～1919），二战期间，曾为意大利法西斯政权效力。自 1928 年起，数次到尼泊尔访问，并先后 7 次进入西藏地方

"探险"、"旅行"，弄走大量历史文物、艺术珍品和珍贵文献。他足迹遍布前后藏及阿里，写过西藏的专著10余种。由于他的努力，在其担任所长的"意大利中东远东研究所"内，有一个享誉世界的西藏研究中心。他培养出一批长期从事西藏历史文化研究的专家，著名藏学家毕达克即是他的学生。研究所自1950年出版的《罗马东方丛书》中，即有十几部关于西藏的研究成果，西方学界认为杜齐的作品代表欧洲研究西藏的最高水平。《印度—西藏》是一套系列丛书，共4卷7册，自1932～1941年，由意大利皇家学院出版，此书是杜齐1928～1939年7次西藏探险考察的重要成果。第1卷，西北印度和西藏西部的塔和擦擦。第2卷，仁钦桑布和公元1000年左右藏传佛教的复兴。第3卷，西藏西部的寺院及其艺术特征。第4卷，江孜及其寺院。此书被誉为藏学的丰碑性著作，已收入《喜马拉雅丛书》第三辑第7～10卷，正在出英译本。2009年12月该书中文版《梵天佛地》出版。

ISBN（hardcover）

ita/K297.5/T886/：3（2）

Tucci, Giuseppe. 1894 – 1984

Indo-Tibetica. 3，I templi del tibet occidentale，E il loro simbolismo artistico. Pt. 2，Tsaparang / Giuseppe Tucci. —Roma：Reale Accademia D'Italia, 1936.

208 p.，［76］leaves of plates；26 cm. —（Reale accademia d'Italia；1）—《梵天佛地》，魏正中，萨尔吉；上海，上海古籍出版社，2009.12。

意大利学者杜齐主编。意大利文。收有大量关于西藏文化、宗教的文献及图片资料。杜齐是欧洲研究东方古代文化的著名学者，1894年出生，罗马大学毕业，一战期间，任军职5年（1915～1919），二战期间，曾为意大利法西斯政权效力。自1928年起，数次到尼泊尔访问，并先后7次进入西藏地方"探险"、"旅行"，弄走大量历史文物、艺术珍品和珍贵文献。他足迹遍布前后藏及阿里，写过西藏的专著10余种。由于他的努力，在其担任所长的"意大利中东远东研究所"内，有一个享誉世界的西藏研究中心。他培养出一批长期从事西藏历史文化研究的专家，著名藏学家毕达克即是他的学生。研究所自1950年出版的《罗马东方丛书》中，即有十几部关于西藏的研究成果，西方学界认为杜齐的作品代表欧洲研究西藏的最高水平。《印度—西藏》是一套系列丛书，共4卷7册，自1932～1941年，由意大利皇家学院出版，此书是杜齐1928～1939年7次西藏探险考察的重要成果。第1卷，西北印度和西藏西部的塔和擦擦。第2卷，仁钦桑布和公元1000年左右藏传佛教的复兴。

第 3 卷，西藏西部的寺院及其艺术特征。第 4 卷，江孜及其寺院。此书被誉为藏学的丰碑性著作，已收入《喜马拉雅丛书》第三辑第 7 ~ 10 卷，正在出英译本。2009 年 12 月该书中文版《梵天佛地》出版。

ISBN （hardcover）

ita/K827. 5/K633

Klaproth, M.

Breve notizia del regno del Thibet, dal far francesco orazio / M. Klaproth. —
Paris：[s. n.]，1835.

79 p.；19 cm. —西藏地区概况

本书最早刊于 1730 年，1835 年 1 月载于意大利文的《亚洲学刊》杂志，此书是该杂志的抽印本。书中还有些藏文或梵文字母或词汇。

ISBN （hardcover）

itaK297. 5/T713

Toscano, Giuseppe M.

La prima missione cattolica nel Tibet / by Giuseppe M. Toscano. —Hongkong：
Imprimerie de Nazareth, M. E. P.，1951.

320p. ：74ill；26cm. —西藏第一个天主教会

Includes bibliographical references and index. —复印本—本书主要叙述西方天主教会在西藏的早期传播，讲述传教士当年入藏的情况，对研究西方人在西藏传教及进行文化交流提供了很多材料。意大利藏学家杜齐 1948 年 4 月为本书撰写序言，本书意大利文，共 10 章，有附录、索引，全书有插图 74 幅，很多人物照片十分生动，地图 4 幅。

ISBN：

rum/K281. 4/A2861

Ahmad, Zahiruddin.

Sino-Tibetan relations in the seventeenth century / Zahiruddin Ahmad. —Roma：Istituto Italiano Per il Medio ed Estremo Oriente，1970.

343 p.；26 cm. —十七世纪的汉藏关系

Includes bibliographical references. —本书收于意大利学者杜齐出版的《罗马东方丛书》中，主要讲述 17 世纪的汉藏关系。全书 12 章，包括：前言。

1. 起源。汉族起源、藏族起源、其他起源。2. 土地和人民。3. 西藏的重生。东西部蒙古的转换，西藏内战 1603 ~ 1621 年，1637 ~ 1642 年，1642 年事件的意义，达赖履行的世俗角色，1578 ~ 1644 年的汉藏关系。4. 顺治（1644 ~ 1962）。5. 吴三桂（1659 ~ 1673）。6. 吴三桂（1673 ~ 1681）。7. 噶尔丹（1）。8. 噶尔丹（2）。9. 噶尔丹（3）。10. 噶尔丹（4）。11. 1697 ~ 1703 年。12. 向 18 世纪过渡。后有词条注释，参考书目，图表。

rum/K297. 5/W9832

Wylie, Turrell V. 1927 –

A place name index to George N. Roerich's translation of the blue annals / Turrell V. Wylie. —Roma：Is. M. E. o. , 1957.

42 p. ; 21 cm. —乔治翻译的《青史》地名索引

Includes bibliographical references and index. —《青史》是 14 ~ 15 世纪著名的藏学史书，书中除叙述吐蕃王室传承的历史之外，还有关于西藏佛教创建和发展的历史，尤其对噶举派的叙述，更为详尽。此书一向被推崇为研究藏史的信实史籍，受到国内外学者的普遍重视，原文为藏文。乔治将其译为英文，本书作者怀利为译本编制英文地名索引。怀利是美国人，博士，华盛顿大学藏语、藏史助理教授，专门研究西藏历史。曾在意大利的"中东远东研究所"内，在杜齐的指导下从事研究工作，是美国研究藏族中心的活跃人物。

图书在版编目（CIP）数据

中国社科院图书馆民族学分馆馆藏西文涉藏书目提要/
魏忠著 . 一北京：社会科学文献出版社，2013.3
（中国社会科学院老年学者文库）
ISBN 978 - 7 - 5097 - 3883 - 2

Ⅰ.①中… Ⅱ.①魏… Ⅲ.①地方文献 - 图书目录 -
西藏 Ⅳ.①Z812.275

中国版本图书馆 CIP 数据核字（2012）第 253056 号

·中国社会科学院老年学者文库·

中国社科院图书馆民族学分馆馆藏西文涉藏书目提要

著　者／魏　忠

出版人／谢寿光
出版者／社会科学文献出版社
地　址／北京市西城区北三环中路甲 29 号院 3 号楼华龙大厦
邮政编码／100029

责任部门／人文分社（010）59367215　　　责任编辑／宋淑洁
电子信箱／renwen@ ssap. cn　　　　　　　责任校对／张　曲
项目统筹／宋月华　魏小薇　　　　　　　　责任印制／岳　阳
经　销／社会科学文献出版社市场营销中心（010）59367081　59367089
读者服务／读者服务中心（010）59367028

印　装／三河市尚艺印装有限公司
开　本／787mm×1092mm　1/16　　　　　印　张／19.75
版　次／2013 年 3 月第 1 版　　　　　　　字　数／353 千字
印　次／2013 年 3 月第 1 次印刷
书　号／ISBN 978 - 7 - 5097 - 3883 - 2
定　价／89.00 元